마음챙김과 정신건강

치료, 이론과 과학

Chris Mace 저 | 안희영 역

Mindfulness and Mental Health

by Chris Mace

●● 역자 서문

MBCT(Mindfulness-Based Cognitive Therapy) 개발자인 마크 윌리엄스, ACT(Acceptance & Commitment Therapy) 개발자인 스티븐 헤이에즈 등이 강력하게 추천하고 있는 『마음챙김과 정신건강』은 마음챙김을 심리치료 분야에 통합하는 데 관련된 다양한 현안을 개관하고 있으며 마음챙김이 정신건강 분야에 실제적으로 무엇을 제공할 수 있는지에 관한 방향을 제시하고 있다. 또한 치료학은 물론, 초기 불교철학, 뇌과학과 심리철학, 이상심리학, 긍정심리학을 넘나들면서 마음챙김 치료법의 장점과 한계 등을 심도 있게 다루고 있어 심리치료에 종사하고 있는 임상가나 연구자들은 물론, 이 분야를 전공하는 대학원생들에게도 유익한 정보와 안목을 제시할 것으로 기대한다.

필자도 강조하고 있듯이 마음챙김은 특정한 효과를 위해 독립적으로 사용될 수 있는 치료 방법이면서도 기존 심리치료의 영역 내에서도 없어서는 안 될 필수 요소다. 이 책은 마음챙김의 기원에서부터, 마음챙김 과학, 마음챙김 심리치료, 마음챙김과 정신질환, 마음챙김의 임상적 활용, 그리고 정신건강과 마음챙김이라는 주제

별로 마음챙김에 근거한 심리치료의 핵심을 잘 기술하고 있으면서도 최근 과학적 연구의 한계까지 규명하고 있다. 필자의 폭넓은 안목을 담고 있는 이 책은 마음챙김에 근거한 심리치료의 최신 연구 현황을 한눈에 파악하는 데 실질적으로 도움이 될 수 있을 것이다.

2년 전 이 책을 처음 접하고 서울불교대학원대학교 심신치유전공 스터디 그룹의 강독 교재로 추천하였고, 몇 달에 걸쳐 함께 공부하면서 널리 소개하면 좋겠다는 의견이 있어 번역을 하게 되었다. 그 과정에서 그룹 발제를 이끌고 초벌번역 틀 마련에 기여한 이재석 선생에게 고마움을 전한다. 그리고 윤문 작업을 도와준 신경희, 김성희, 김문옥 선생의 노고에도 감사의 마음을 전한다. 이 책 특유의 매우 난해한 문체와 용어 그리고 역자의 과문한 탓으로 많은 고심을 하였지만 부족한 부분들에 대해서는 독자 여러분의 이해와 조언이 있기를 기대한다. 이 책의 출간을 위해 한결같은 지지를 보내주신 학지사 김진환 사장님, 편집부 이세희 차장님과 직원 여러분의 노고에도 깊은 감사의 말씀을 드린다.

2010년 여름
안희영 손 모음

저자 서문

이 책에 대한 작업을 시작하기 전에는 주의력이 정신질환과 정신건강에 대한 나의 생각에 얼마나 영향을 미쳤는지를 깨닫지 못했다. 1980년대에 나는 피에르 재닛이 주의력 감퇴를 히스테리 질병의 신호라고 묘사하는 데 큰 흥미를 느꼈다. 재닛에 의하면 히스테리 환자(대개 여성)는 말하면서 손가락을 자유롭게 움직이지 못한다는 점이 다른 환자들과 달랐다. 이렇게 간단해 보이는 실험이 한 번도 평가된 적이 없었다는 것을 알고 나는 두 가지 동작이 한꺼번에 동시에 일어날 때의 방해요인을 양적으로 측정하는, 그리고 어느 작동이 방해에 가장 민감한지 확인하는 컴퓨터화된 실험 도구를 개발하는 데 몇 개월에 걸쳐 심혈을 기울였다. 그 당시 내게는 컴퓨터 프로그래밍에 대한 지식이 지금처럼 많지 않았지만, 히스테리 증상을 보이는 환자를 대상으로 그 실험결과는 엉망이었다. 이 환자들은 너무도 많은 사례에서 그 작업을 제대로 수행하지 못하는 것을 보여 주었는데, 반복된 연습에도 불구하고 가장 간단한 형식으로 요구되는 행동도 학습하지 못했으며, 요구되는 것과 정반대로 행동하기도 했다. 그 연습을 통해 주의력을 조작하려는 많은 시도에서 그것을 정의함에 있어서도 어려움에 직면하게 됨을 잘 알 수 있었다. 비록 '히스테리'를 정의하려는 노력에 의해 그러한 어려움이 줄어들기는 했지만 말이다.

당시에는 '정보처리'와는 반대개념인 '주의'에 대한 관심을 시대에 뒤떨어지는 것으로 인식하고 있었다. 멜드먼 같은 정신병리학자들은 이미 몇 가지의 정신병 증상에서 환자를 허약하게 만들고 있는 요인들 중, 주의가 아주 중요한 열쇠가 될 수 있다는 것을 증명하였다. 그는 또 하나의 정신장애가 언제 다른 장애로 변화되는지에 대해 유용하고 분명한 범주도 만들었다(Meldman, 1970). 그 후로 나는 다른 요인들에 관하여도 고민하면서 임상심리치료에 심혈을 기울였다. 나를 자주 당혹스럽게 만드는 것 중 하나는 왜 어떤 치료에서는 잘 적용되는 데 아주 유사한 다른 치료법에서는 예상과 다르게 그렇지 못한가라는 문제였다. 그렇게 하려는 의도만 있다면 치료가 실패했을 때 합리화하는 방법이 많아진다. 그러나 수백 가지의 심리치료 개입에 대해 논의하고 감독하고 시행해 본 결과, 나는 치료 내에서 인식되지는 않지만 주의와 관련된, 종종 치료 과정에서 핵심이 되는 측면이 있다는 것을 알게 되었다.

또 하나의 문제는 심리치료 이론에 대한 실전에서 일어나는 것을 언급할 때 나온다. 서로 다른 임상 상황에서 도움이 되는 것은 가장 예상치 못한 곳에서 왔다. 나는 치료의 학파와 모델 사이에 있는 명백한 차이점들이, 종종 주장되고 있는 것처럼 정말 필요한가 또는 도움이 되는가에 대해 계속 의문을 갖게 되었다. 주의를 변화시킴으로써 효과를 가져올 수 있다고 주장하는 심리치료법의 등장은 이 경계 사이에 끼어들어 모든 측면에서 선호되는 설명에 도전한다. 이런 혁신들이 개인뿐만 아니라 무엇이 치료적인가에 관해 생각하는 우리의 방식에도 변화를 줄 수 있다는 가능성은 흥미로운 것이었다.

마음챙김 주의의 특성은 세 번째 종류의 전문가적 관심과 맞닿아 있다. 내 작업의 중요한 한 가닥은 때로 내켜 하지 않는 학생들을 가르치는 것이다. 나는 의대생들에게 심리치료를 가르치거나 심리치료사들에게 연구에 대해 가르치면서, 익숙하지 않은 언어와 잘못된 기존의 가정에 직면하여 사람들이 실제로 이미 알고 있는 것을 부정하거나 잊어버리는 것을 보고 계속해서 놀라고 있다. 마음챙김은 내면을 보고 이미 거기 있는 것을 알아차리라고 단순히 초대함으로써 눈에 잘 보이지 않게 강화되는 경향성에 대한 일종의 교정 수단을 제공하는 것처럼 보인다.

여기서 하나의 비유가 도움을 줄 수 있을지 모르겠다. 현재는 급속하게 줄고 있긴 하지만 영국에는 아직도 밤이 깊어지면 하늘의 별빛을 뚜렷하게 볼 수 있는 지역이 많이 있다. 그 별빛에 경외감이 들든 들지 않든 그 광경은 문자 그대로 무한하다. 그것은 또한 보는 위치에 따라 모양이 각각 다르게 보인다. 지난 세기만 해도 밤하늘은 우리의 방향 감각의 지표였을 뿐 아니라 모든 주요 문화권에서 예술, 철학, 과학적인 영감의 원천이었다. 그러나 밤하늘의 별빛은 문이나 셔터에 의해서뿐만 아니라 바로 우리 앞의 땅을 비추는 고정된 불빛에 의해서도 쉽게 없어질 수 있다. 인공조명은 세상의 많은 일들을 할 수 있게 해 준 대신, 하늘의 경관을 보는 것을 차단시켜 버렸다. 가로등이 언제나 같은 장소에 서 있으며, 그 효용성이 분명한 한, 그것을 소등하는 것은 비합리적이다. 그러나 의도적으로 조금 덜 보려고 하면 더 멀리 볼 수 있다는 비유는 진실성이 있다. 덜 보려고 하면 누구나 어디서나 볼 수 있다는 가능성 또한 있다. 더 미묘한 무언가를 보기 위해 불빛으로부터 눈을 돌리려는 결심은 지역적 소비를 위해 제작된 새로운 쇼 같은 것만을 보는 것이 아닌, 잊혀진 무언가를 회상하는 것을 포함할 것이다.

이 책에서 소개할 것은 마음챙김의 의미가 무엇이며, 마음챙김이 무엇을 할 수 있고 무엇을 할 수 없는지에 관한 탐구다. 의식의 다른 측면들처럼 마음챙김도 형태가 없고 말이 없고 눈에 보이지 않는다. 그러므로 여기 제시된 잠정적 결과는 사람들이 마음챙김을 해 본 결과 어떠한 변화가 있었는지에 대한 설명이 되어야 한다. 이러한 발견에서 당신이 원하는 방식으로 해 나가며 마음챙김이 무엇을 제공하고 있는지 알게 될 것이다. 이 주제에 대한 모든 사항을 점검할 수 있는 하나의 언급이 그 과정을 도울 수 있다. 당신이 앞을 더 잘 볼 수 있도록 누군가가 당신을 대신해서 친절하게 스위치를 켜 줄 새로운 조명 시스템의 존재를 믿도록 당신은 초대받고 있는가? 아니면 당신이 형상을 넘어 일어나는 모든 현상을 다른 조명 아래서 볼 수 있도록 사소한 장애물이라 할지라도 제거되고 있는가?

2006년 10월
Chris Mace

●● 들어가며

마음챙김(mindfulness)은 자각의 한 방식이다. 마음챙김 자각(mindful awareness)은 수용적이며 배타적이지 않다. 감각, 생각, 느낌이 단지 있는 그대로 경험된다. 마음챙김으로 자각한다는 것은 이상하게도 '마음'이 없을 수 있다는 것을 의미한다. 생각이 재잘대더라도 생각과 함께 일어난 다른 것들 이상으로 주의를 받지 않는다. 자각을 제한하는 일상적이고 반응적인 방식이 줄어들면서 있는 그대로의 것을 알아차리는 있는 그대로의 감각이 나타난다. 동시에 마음챙김 한다는 것은 마음이 침묵한다거나 확장한다거나 우주적 사랑을 내뿜는 것을 의미하지 않는다. 자각 속에서 이러한 것들이 일어날 수 있지만 그 자체가 과정은 아니다.

어떤 사람들에게는 다른 사람들보다 마음챙김 경험이 더 쉽게 찾아오는 것 같다. 고대의 혹은 새로운 훈련을 시도함으로써 마음챙김을 키울 수 있다. 그러나 이런 훈련들이 결코 결과를 보장해 주지는 않는다. 최근까지 사람들이 '마음챙김'을 더 하려고 노력할 때 그것은 공동체나 조직과 연계된 수련과 믿음의 상호 연관된 시스템의 일부로서 본질적으로 영적인 목적을 위한 것이었다. 종종 수련이 평정과 안녕의 주관적인 느낌을 가져올 수 있지만 이것은 그러한 맥락에서 주요한 목적도 아니었으며 그러한 주관적 효과의 원인을 시스템 내의 단 하나의 요소에 두는 것도 가능하지 않다.

현재 우리는 즉각적인 의사소통, 문화적 융합, 종교적 불관용의 시대에 살고 있다. 현대인의 삶에서 개인적 행복이란 대부분의 사람들이 생각하는 것보다 개인적 환경과의 관련이 적다. 2020년부터는 우울증이 세계보건기구(WHO)의 문제 목록을 완전히 지배할 기세다. 이러한 상황을 함께 고려해 보면 다른 경향들이 이해될 것이다. 정신건강 문제를 완화하고 예방하기 위해 새로우면서 잠재적으로 강력한 방법을 찾는 데 있어 핵심은 사실 자체를 변화시키기보다 사실에 대한 반응을 변화시키려고 하는 방법을 받아들이고 있다. 또한 어느 누구의 종교적 민감성도 자극하지 않는 방식으로 이것을 제안하는 소망도 이해할 수 있다.

마음챙김에 근거한 접근법의 수는 계속해서 증가하고 있고, 그 영향력의 범위도 확대되고 있다. 그것들이 지속될지, 만약 그렇다면 어떤 형식으로 번성할지를 예상하는 것은 시기상조일지 모른다. 그러나 정신건강 전문가와 내담자가 마음챙김 접근법을 무시하기는 이미 쉽지 않아 보인다. 게다가 사람들이 마음챙김 접근법이 스트레스를 완화하는 상당한 힘을 갖고 있다는 것을 직접적으로 경험한다면, 혹은 사람들이 마음챙김 접근법의 기본 철학을 수긍한다면, 많은 공감을 얻을 수 있을 것이다. 이 책은 마음챙김이 정신건강에 현실적으로 무엇을 제공할 수 있는지—좁게는 정신장애의 관리 측면에서, 아니면 보다 넓게는 잠재된 가능성을 실현하는 측면에서—에 관한 방향을 제시하기 위한 것이다.

마음챙김이 기여할 수 있는 부분을 조사함에 있어서 이 책은 몇 가지 서로 다른 영역을 탐색한다. 주요한 영역은 치료학은 물론 초기 불교철학, 뇌과학과 심리학, 이상심리학, 그리고 긍정심리학이 될 것이다. 각각의 영역은 그 독특한 지형에 의해서뿐만 아니라 그것의 관계, 그리고 그것이 지지하고 있으며 지울 수 없게 관련되어 있는 인간 문화에 의해서도 특징지을 수 있는 대륙에 비유될 수 있다. 첫 번째 대륙(초기 불교철학)에 대해 살펴보자. 여기서는 종교적 공동체가 번성했고, 내면의 삶에 대한 관심이 다른 모든 문화 형태를 지배했다. 두 번째 대륙(뇌과학과 심리철학)에서는 이성의 힘과 나머지 자연계를 바라보아야 할 필요성에 대한 흔들리지 않는 믿음은 환경의 지배, 그리고 사회 공학 분야의 끊임없는 실험을 가져왔다. 세 번째(이상심리학)와 네 번째 대륙(긍정심리학)은 무엇이 바람직하고 바람직하지 않은지, 무엇이 옳고 그른지에 대한 분명한 자각을 가진 도덕적 나침반을 통해 자신을 규정한다는 점에서 서로 관련성을 맺고 있다. 그러나 그들의 관습(mores)은 너무 달라 서로 자신이 옳고 다른 쪽은 바람직하지 않으며 옳지 않다고 주장한다.

다섯 번째 대륙(치료학)은 나머지 대륙들의 심장부에 놓여 있다. 가시적이거나 지적인 성과의 측면에서는 보여 줄 것이 가장 적을지도 모른다. 그것의 강점은 만남과 감화의 기술과 관련이 있다. 그러한 대륙은 깊은 열정과 외부로부터의 불신을 일으키며 다른 대륙에 서서 보면 검은 대륙으로 보인다. 외부인의 매혹이 이 분야에 생명력을 부여하지만, 그들의 두려움은 이 분야를 완전히 지지하지 못하도록 만든다.

물론 이런 대조는 실제 세계와 아무런 관련성을 갖지 않는다. 그러나 그것은 동양철학, 과학, 정상 혹은 이상심리학, 심리치료 사이의 몇몇 차이점을 드러낼 수 있다. 탐험은 길의 어디에서 시작될 수도 있다. 그리고 지도책은 마음대로 펼쳐 보아도 좋다. 이 책에는 나중의 장이 앞에 나온 장을 참조하는, 계획된 길이 있지만, 완전 초심자에게는 이 주제가 만만치 않게 다가올 것이다. 특히 첫 두 장은 처음 읽을 때는 건너뛰고 나중에 다시 읽어도 좋다. 전략적인 독자들의 항해를 돕기 위해 각 장의 마지막에 간략한 요약을 제공했다.

끝으로 이 시험적인 스케치가 미래의 개정을 위한 기초가 되기를 희망한다. 마음챙김에 대한 관심은 특히 정신건강 전문가들 사이에서 급속도로 증가하고 있다. 그리고 언제 새로운 작업이 중요한 기여를 할 수 있을까 결정하는 것은 어렵다. 이러한 종류의 첫 책에서 어쩔 수 없이 빠뜨리게 마련인 부분에 대해 필자가 더 잘 깨닫도록 해 주는 어떠한 제안이라도 감사하고 친절하게 받아들이겠다.

영국 코번트리 워릭 대학교 심리학부

차 례
Contents

Chapter 1

마음챙김의 이해: 기원

마음챙김 없는 앎과 이해에 관련된 어떠한 정신 작용도 존재하지 않는다.

—『염처경』에 대한 주석, 냐나포니카(1965: 194)

Mindfulness and Mental Health

마음챙김에 대한 다양한 정의

* 마음챙김이란 특수한 방식으로, 즉 의도적으로 현재 이 순간 비판단적으로 주의를 기울이는 것을 말한다.

—카밧진(1994: 4)

* 마음챙김은 자신이 하고 있는 것을 스스로에게 상기시킨다. 그것은 사물을 있는 그대로 보며 모든 현상의 진정한 본성을 본다

—구나라타나(1992: 156)

* 마음챙김 속에서 명상가는 모든 사건을 마치 처음 일어난 듯이 보도록 자기 경험의 맨사실(bare facts)에 직면한다.

—다니엘 골먼(1988: 20)

* 마음챙김이란 의식을 현재의 실재에 살아 있도록 하는 것이다.

—틱낫한(1991: 11)

* 마음챙김이란 수용적인 태도로 현재의 경험을 알아차리는 것이다.

—거머(2005b: 7)

마음챙김 한다는 것은 무엇인가? 그것은 특수한 방식으로 주의를 기울이는 것이다. 그 특수한 방식이 무엇인지 말할 수 있는가? 말할 수 있다. 위에 인용한 것은 여러 저자들이 마음챙김을 정의하려고 한 시도들이다. 어떤 이는 불교의 관점에서, 어떤 이는 심리학의 관점에서 마음챙김을 정의했다. 위 정의들은 다른 어떤 경험보다도 바로 지금 나타나고 있는 것에 대한 살아 있는 주의를 강조하

고 있다. 그리고 지금 현재의 경험을 어떠한 판단도 없이 받아들이는 것을 강조하고 있다. 이러한 점들의 이면에, 이들 마음챙김에 대한 정의들 간에는 미묘하지만 중요한 차이가 있을 수 있다. 주석가들이 각자 마음챙김의 어떤 측면들을 다른 측면들에 비해 강조하거나 우선시하고 있기 때문이다.

그렇다면 마음챙김 자각(mindful awareness)을 대표할 수 있는 특성은 무엇인가? 몇몇 정의에서, 마음챙김 자각은 의도적인 노력에 의해 방향이 설정되는 것이다(카밧진이 이런 의미에서 사용하는 '의도' 라는 용어는 도움이 된다). 또한 마음챙김 자각을 집중으로부터 생기는 제한된 주의와 대비하여 폭넓고 포괄적이며 수용적인 자각으로 특징짓는 이도 있다(예: Speeth, 1982; Goleman, 1988). 마음챙김은 특정한 대상을 갖는가? 위의 정의에 따른다면 그렇지 않은 것 같다. 그러나 시각과 청각을 통해 분명하게 드러나는 외부 대상에 대한 갖가지 마음챙김의 강조와 더불어, 호흡이나 신체감각, 사고나 감정과 같은 내적 과정에 대한 자각은 마음챙김을 가르치는 다양한 방법들의 핵심이었다.

마음챙김 자각은 특정한 성질을 갖는가? 마음챙김에 대한 대부분의 설명에서 수용과 비판단이 두드러지게 나타난다. 그것은 위에 인용한 정의들을 통해서도 확인된다. 그렇다면 마음챙김에 어떤 정서적 색조가 들어 있는가? 어떤 이들에게 마음챙김은 완전히 중립적이며 평정의 경험이 강조된다. 또 어떤 이들에게(틱낫한 스님을 포함하여) 마음챙김은 사랑이나 친절과 같은 특정한 긍정적 정서와 긴밀히 연관되어 있다.

몇몇 주석가들에게 마음챙김의 핵심 특징은 '언어를 초월하는 것'이다. 마음챙김 자각의 직접성은 그것의 전개념적(preconceptual) 특성, 그리고 사고를 통해 경험에 이름 붙이기 이전에 작용하는 특성의 결과다. 이 점은 다소 분명하게 드러나지 않은 면이 있다. 냐나포니카 스님이 지적하듯이(1994: 80-81) 불교 교본에는 경험에 대한 의도적 명칭 붙이기가 마음챙김의 수단으로 사용되는 사례가 몇몇 등장한다. 실제로, 경험에 명칭을 붙이는 이 기술은 현대의 치료사들에 의해 환자들에게 '마음챙김 기술'을 가르치는 방법으로 이용되고 있다(3장 참조). 그리고 마음챙김은 현재성(presentness)과 관련 있다. 마음챙김을 한다는 것은 과거나 미래가 아닌 지금 현재 일어나고 있는 것에 깨어 있는 것이다. 이 점은 많은 현대의 논의들에서 마음챙김의 핵심 특성으로 간주되고 있지만, 불교 경전에는 이와 상응하는 부분이 없다. 대신 불교 경전은 때로 마음챙김의 핵심 측면으로 '기억(recollection)'을 강조한다.

마음챙김의 개념들 사이에 다양한 편차가 존재한다는 것은 많은 문헌을 들춰 보지 않아도 확인된다. 서로 다른 현상을 묘사하고 있는 경우도 있는데, 그럴 경우에는 정확한 분석이 필요하다. 혹은 서로 다른 마음챙김의 개념들이 자신보다 더 큰 무언가를 제대로 포착하는 데 제각기 실패할 수도 있다. 마치 여섯 사람의 맹인이 코끼리의 일부만을 만지는 형국이다. 마음챙김에 대해 가장 자세한 설명을 제공하는 구나라타나 스님은 "마음챙김은 말로 정의하기가 무척 어렵다. 왜냐하면 마음챙김이 너무 복잡하기 때문이 아니라 너무 단순하고 열려 있기 때문이다."라고 했다(Gunaratana, 1992: 154).

그는 어떤 영역에서든 가장 기본적인 개념이 가장 정의하기가 어렵다고 했다. 다른 모든 개념이 그것에 의존하고 있기 때문이다. 이 때문에 구나라타나 스님은 마음챙김이 무엇인가를 이야기하기보다 마음챙김이 무엇을 하는가를 말하는 것이 낫다고 판단했다. 그것은 마치 우리가 중력을 설명하려고 할 때와 비슷하다. 불행히도 이 단계가 반드시 어떤 해결책을 주는 것은 아니다. 대신에 그것은 마음챙김을 통해 이르게 되는 특정한 이해 혹은 앎이 있는가 하는 의문을 가지게 한다. 이것에 대한 의문은 아주 중요하다. 예를 들어, 북미에서는 '통찰명상(insight meditation)'과 '마음챙김 명상(mindfulness meditation)'이 같은 의미로 쓰인다. 이것은 마음챙김이 지각뿐 아니라 이해에도 영향을 미친다는 가정을 낳게 한다. 통찰에 대한 마음챙김의 기여에 대해 현대 연구가 무엇을 밝혀냈던 간에, 둘 사이의 연관은 초기 불교철학에서부터 존재해 왔다. 그리고 이 연관성은 왜 마음챙김 수련이 중요한가를 이해하는 데 반드시 필요하다. 마음챙김을 더 온전하게 이해하기 위해서는 불교적 맥락을 살펴야 하며, 적어도 그 기초만은 이해해야 한다.

불교심리학

불교는 지난 2천 5백 년 동안 다양한 변화를 거듭해 오면서 엄청나게 정교한 가르침의 체계를 형성해 왔다. 특정 세부사항에 대한 많은 이견이 있지만, 불교의 모든 가르침에 공통되는 핵심은 알아차림(awareness)이다. 아래의 설명에서는 주로 초기 불교 가르침을 다룰 것이다. 상좌부 전통의 불교 문헌들은 불교 창시자의 말과 수행에 더 명확한 연관을 갖고 있을 뿐 아니라, '마음챙김'의 현대적 적용에 있어서도 가장 큰 영향력을 갖고 있다. 여기서 마음챙김의 불교적 맥락을 살펴보는 주된 목적은 마음챙김이 무엇을 달성하기 위한 것인가를 검토하려는 것이다. 이것은 마음챙김의 방법을 이해하는 데도 유용하다. 그리고 마음챙김의 현대적 용도를 평가하는 중요한 예비 작업이기도 하다.

초기 불교 문헌에 대해 논의하기 위해서는 번역에도 신경을 써야 한다. 고대 팔리어와 산스크리트어의 의미 단위는 현대 언어의 그것과 거의 일치하지 않는다. 그 결과 번역이 훨씬 더 어렵다. 이러한 문제는 고대어의 동사가 현대어의 동사와 완전히 다른 행동양식을 전달하는 문법적 불일치 때문에 더욱 복잡해진다. '마음챙김'이라는 용어의 역사를 살펴보더라도 이런 주의가 필요함을 절감할 수 있다. '마음챙김(mindfulness)'이라는 용어는 1세기 전 불교성전협회(Buddhist Text Society)의 번역자 리스 데이비드가 팔리 문헌을 번역하면서 도입된 용어다. 그가 '마음챙김'이라고 번역한 원 팔리어 용어는 '사티(*sati*)'로서, 마음챙김 외에도 '알아차림(awareness)' '맨주의(bare attention)' 등의 역어가 존재한다. 그러나 '사티'라는 용어는 더 넓은 의미를 갖고 있다. 이 다양한 의미들 중 마음을 차분히 가라앉히는 능력 같은 것은 '마음챙김'이라는 용어 안에 일반적으로 통합되었다. 그러나 현대 저자들의 '현재'에 대한 강조에서 예상할 수 있듯이 과거에 대한 기억으로서의 사티의 부차적인 의미는 '마음챙김'이라는 용어 안에 일반적으로 흡수되지 못했다. 동시에, '악행을 피하고 선행을 행하며 언제나 현재에 깨어 있는 주의 깊음'(Thera, 1974: 180), 혹은 '게으르지 않음 혹은 광기의 부재'(Gunaratana, 1992: 158)를 뜻하는 '아파마다(*appamada*)'라는 팔리어 용어도 현대 문헌에서는 '마음챙김'으로 번역될 수 있다. 그러므로 '마음챙김'이라는 용어의 현대적 사용이 초기 불교 문헌과 완전히 일치하는 것이라고 하기는 어렵다(이 책에서 마음챙김이라는 용어는 '맨주의'라는 의미의 '사티'와 대체로 일치하는 것으로 사용할 것이다. 임상 현장에서의 마음챙김을 고려하는 많은 저자들이 마음챙김을 이런 식으로 사용하고 있다).

대체로 불교 이론은 신학이나 우주론이라기보다 정교하고 체계적인 심리학의 성격을 갖고 있다. 서양 심리학과 달리 불교의 개념은 언제나 실제 가르침을 뒷받침하기 위한 의도로 사용된다. 그것은 언제나 다양한 정신적 포로상태로부터의 해방을 성취하는 것과 연관되어 있다. 불교 개념은 일반적으로 두 가지 형태로 접근할 수 있다. 첫째는 경〔經, *sutra*(산스크리트어) 혹은 *sutta*(팔리어)〕의 모음으로, 이것은 붓다 혹은 붓다의 승인을 받은 제자가 이야기를 들려주는 방식이다. 승려와의 대화 속에서 생각은 더 구체화되고, 그것의 실제적 중요성은 우화에 의해, 그리고 특정 방식으로 행동하라는 명령에 의해 더 강조된다. 또 다른 형태는 '아비담마(*Abbidhamma*)'라고 알려진 체계적 심리학으로 공통 어휘를 통해 개념들이 체계화되며 개념들 사이의 연관성이 부호화된다. 그 결과물은 시스템의 서로 다른 부분들 아래에 놓여 있는 추상적 관계도를 제공하는 거

대한 참조 대요(reference compendium)다. 그러므로 아비담마와 경은 내용과 스타일 면에서 중요한 차이가 있다. 아비담마는 상좌부 경전보다 시간적으로 적어도 2세기 이후의 것이다.

얼핏 보면, 당시의 그리스 저작과도 유사성이 있다. 붓다와 동시대인이었던 소크라테스도 스스로 글을 쓰지는 않았지만 그의 생각과 가르치는 스타일은 소크라테스 자신이 등장인물로 나오는 플라톤의 대화편 초기에 묘사되어 있다. 그러나 붓다와 달리(그리고 플라톤 자신과 달리), 소크라테스는 제자들의 개인적 성장을 돕기 위해 자신이 전해 주어야 한다고 생각했던 이론적 생각을 아마도 갖고 있지 않았을 것이다(Mace, 1999b 참조). 아리스토텔레스의 손에 의해 그리스 철학이 보다 체계를 갖춘 것은 많은 이론화 작업이 이루어진 다음이었다. 불교 경전은 교훈적이고 암기 위주의 주입식 학습이라는 점에서 소크라테스의 대화와는 항상 다르다. 초기 그리스 철학의 체계화에 있어서, 어떤 사람이 어느 시기에 어떻게 기여했는가를 추적하기란 상대적으로 쉽다. 그러나 불교심리학의 모든 분파들을 붓다에게로 돌리려는 주장은 보통의 역사적 의미에서 다른 주창자들에게 불교 이론의 공을 돌리기 어렵게 만든다.

불교심리학의 핵심을 이해하기 위해 명상 수행에 대한 방대한 설명을 제공하는 논문을 검토할 필요는 없다. 『청정도론(*Visuddhimagga*)』(Buddhaghosa, 1999) 같은 매뉴얼은 명상 수행 중에 만나게 되는 많은 잠재적인 단계와 목표에 대해 특징적으로 분별하고 있지만 왜 명상 수행의 진전이 반드시 그런 형태를 띠어야 하는가에 대하여 설명하고 있지는 않다. 이런 점에서 불교의 가장 기본적인 교의와, 마음에 대한 불교적 관점을 이해하는 것이 중요하다.

교리적 불일치에도 불구하고 불교의 모든 종파들이 받아들이는 불교적 가르침의 핵심은 사성제에 나타나 있다. 사성제란, 삶은 고통을 가져오고, 이 고통의 원인이 있으며, 고통을 끝낼 수 있고, 고통을 끝내는 길이 있다는 것이다. 마음챙김이 전방에 등장하는 것은 위 네 가지 중 마지막 진리, 즉 해방이 성취되는 방법에 대한 설명에서다. 해방을 성취하는 방법은 여덟 개의 서로 연결된 단계, 즉 팔정도에 설명되어 있다. 이것은 도덕의 성취〔계(戒), *sila*〕, 집중〔정(定), *samadhi*〕, 지혜〔혜(慧), *panna*〕로 크게 구분할 수 있다. 여덟 가지 중 집중의 세 요소가 '바른 노력' '바른 알아차림(right awareness)' 그리고 '바른 마음집중'이다. 마음챙김은 '바른 알아차림'의 필수 구성요소다(종종 '바른 마음챙김'으로 번역되기도 한다). 마음챙김은 집중에 이어서 지혜를 구성하는 '바른 이해' '바른 생각'을 성취하는 데 필요한 정신적 훈련의 기초다.

팔정도가 어떻게 해방으로 이끄는가를 이해하기 위해서는 팔정도의 근저에 있는 존재론을 이해해야 한다. 불교적 사고에서, 존재는 세 가지 본질적 특성을 지닌다. 그것은 불만족 혹은 고통으로 번역되는 고(*dukka*), 무상(*anicca*), 무아(*anatta*)다. 이 세 특징들은 상호 의존적이어서 셋 중 하나의 보편성을 이해하면 다른 둘을 이해하는 데 도움이 된다. 현상계에 있어 붓다는 세계와 우리 자신에 대한 경험을 구성하는 다섯 개의 서로 구분되는 무더기 형태를 언급했다. 그것은 바로 물질(色, *rupa*), 느낌(受, *vedana*), 지각(想, *sanna*), 정신적 중식작용(行, *sankhara*), 의식(識, *vinaya*)의 다섯 가지다.

지각의 편중과 그것이 사고와 같은 다른 기능과 맺는 관계를 설명함에 있어 불교심리학은 불교 수행을 지지한다. 사건이 이 다섯 가지 무더기(오온)를 통해 앎으로 이어지는 일련의 단계가 있다. 초기 불교 문헌에서 주된 가르침은 일반적으로 경에서 제시되었으며, 아비담마에서는 보다 체계화되었다. 일반적으로 경이 접근하기가 훨씬 용이하며, 이것이 불교의 핵심 개념을 설명하는 데 이용될 수 있다.

밀환경(蜜丸經)

『밀환경』〔'중간 길이' 강론인 『맛지마니카야』의 권 18(Namamoli & Bodhi, 1995)〕에 보면, 붓다가 앉아서 명상을 하고 있을 때, 어떤 남자가 위협적으로 다가와서 붓다가 주장하는 것이 무엇이냐고 묻는다. 붓다는 감각적 쾌락으로부터 초월을 성취한 사람의 경우 더 이상 지각 과정에 의존하지 않기 때문에, 다른 사람들이나 세상의 신, 지배자들과 싸우지 않으며, 그런 사람은 혼란, 걱정 그리고 어떤 종류의 갈애로부터도 자유롭다고 답한다. 질문했던 남자는 얼굴을 찡그리더니 아무 말도 하지 않고 떠난다. 붓다는 자신의 제자들에게 가서 그 만남에 대해 이야기한다. 제자들은 지각이 어떻게 감각적 즐거움, 혼란, 걱정, 갈애 없이 사는 사람을 더 이상 유지시키지 않는가를 붓다에게 물었다. 붓다는 제자들에게 '정신적 증식작용'의 색깔을 띤 지각과 개념의 근원을 보이야 힌다고 대답했다. 거기서 기뻐하거나 집착할 만한 것을 더 이상 아무것도 발견할 수 없다면 갈애와 혐오, 망상과 의심, 그 밖의 불건전한 마음 상태는 완전히 종식된다는 것이다. 이 말을 하고 붓다는 떠났다.

제자들은 붓다의 답변이 충분하지 않다는 것을 깨닫고 붓다에게 좀 더 완전한 설명을 요청하지 못했던 것에 대해 스스로를 책망했다. 그들은 붓다가 인정한 성인을 찾아가 도움을 요청했다. 그 성인은 비구들이 자신에게 그 근원에 대한 질문을 하는 데 대해 처음에는 놀랐지만 이내 그들을 만족시켜 주기로 했다. 형상이 눈에 비칠 때 안식이 일어난다. 접촉으로부터 느낌이 생기고 느낌으로부터 지각이 생긴다. 지각으로부터 생각이 생긴다. 사고를 통해 생각은 정신적 증식작용으로 이어진다. 그런 다음 성인은 아주 중요한 대목을 말한다. "사람이 정신적으로 증식한 것이 원인이 되고, 그 정신적 증식에 의해 채색된 지각과 견해는 눈으로 지각할 수 있는 과거, 미래, 현재의 형태로 사람을 괴롭힌다."(Nanamoli & Bodhi, 1995: 203) 그런 다음 이와 동일한 순환의 순서가 차례대로 귀와 소리, 코와 냄새, 혀와 맛, 몸과 신체 감각, 그리고 마음과 마음의 대상에 적용된다. 매번 접촉과 느낌, 지각, 사고의 표현이 차례대로 인식된다. 매번 정신적 증식작용의 결과인 지각과 생각의 오염이 언급된다(이 증식작용 자체는 드러나지 않는다 하더라도). 그 성인은 설명을 계속한다. 눈이 없고 형상도 없고 눈의 의식도 없으면 접촉도 일어날 수 없다. 접촉이 없으면 느낌도 일어날 수 없다. 느낌이 없으면 지각도 일어날 수 없다. 지각이 없으면 사고도 일어날 수 없다. 사고가 없으면 정신적 증식작용에 의해 오염된 지각이나 견해에 둘러

싸인 존재도 일어날 수 없다.

어떤 사람이 더 이상 기뻐하거나 집착할 것을 찾을 수 없게 되면, 집착과 혐오, 망상과 의심, 그 밖의 불건전한 마음 상태가 어떻게 완전히 종식되는지에 대해, 그는 이와 같이 이해하고 있다고 말한다. 비구들은 그의 말을 듣고 안심이 되었다. 비구들이 이 사실을 붓다에게 말씀드리자 붓다는 자신이라도 그와 똑같이 설명했을 것이라고 말한다. 그리고는 비구들에게 방금 그 성인에게 들은 것을 잘 기억하라고 말씀하셨다. 한 비구가 이 이야기의 소생적인 효과를 배고픔과 탈진으로 허약해진 다음의 밀환(蜜丸)에 비유하자 붓다는 비구들에게 나중에 이것을 밀환 강론으로 기억해도 좋겠다고 제안했다.

그 이야기는 여기서 끝나지만, 이 경(*sutta*)은 그 기억을 돕기 위한 리듬과 반복으로 가득하다. 이 경의, 무더기에 대한 단순한 다섯 단계 설명은 의도적인 정신적 정화에 의해 그것(오온)들을 분해하는 데서 얻는 이득을 설명하는 것과 분리될 수 없다.

『아비담마』라는 보다 체계적인 저작에서는 동일한 정신 수준에 대한 보다 차별화된 설명이 제시되고 있다. 『아비담마』에서는 지각의 17단계가 설명되고 있지만(요약된 도표는 Lancaster, 2004: 110을 보라), 이것들은 본질적으로 『밀환경』에서 소개한 단계들로 축소될 수 있다. 인지가 형상, 느낌, 지각, 정신적 증식, 그리고 의식이라는 다섯 가지 광범위한 무더기와 연결되는 이 단순한 모델과 함께하자면, 몇 가지 중요한 제한점들을 첨가해야 한다. 하나는 이 번역들 중 어느 것도 원전의 용어와 진정으로 일치하는 것은 아니란 점이다. 이것이 실질적으로 왜 중요한가에 대해서는 두 가지 예가 언급될 것이다.

'느낌'을 의미하는 용어 '웨다나(*vedana*)'는 신체적, 정신적 느낌에 두루 걸쳐 적용된다. 그것은 인식과는 별개로, 대상에게 향하거나 대상으로부터 멀어지는 기본적인 움직임만을 언급할 뿐이다. 그러므로 느낌은 언제나 세 가지 특성(끌림, 밀쳐 냄, 중립) 중 한 가지에 해당된다. 그리고 경에 소개된 정신적 형성의 순환을 끊기 위한 실질적 훈련에서는 이들 각각을 만날 때 동일한 평정심을 가지고 대하는 것에 가치를 둔다. 이런 사실에도 불구하고 미국 불교의 영향력 있는 주창자들은 여기서의 '느낌'을 훨씬 감정적인 방식으로 해석했다. 그들은 경의 '웨다나'를 참조함으로써 '마음(heart)을 치유하는' 과정의 일부로서 슬픔과 분노의 감정을 해결하도록 하는 것으로 사용한다(Kornfield, 1993 참조).

반대로, 웨다나는 정신적 증식(상카라, *sankhara*)과 마찬가지로 때로 '반응(reaction)'이라는 용어로 번역될 수 있다. 그러나 '상카라'의 정신적 반응은 '정신적 형성'이 경험을 결정할 때 발휘하는 적극적인 부분에 의해 균형이 맞춰진다. 그래서 '반응'이라는 용어보다 (정신적) '형성' 혹은 '성향(disposition)'이라고 하는 편이 더 낫다. '상카라'는 자각에 즉각적으로 현존하는 공들인 생각이나 기억뿐 아니라(반복을 통해 확립되고 깊어지는) 무의식이라고 말할 수 있는 마음의 습관까지 가리키는 용어다. 의식(*vinaya*)은 무더기에 종속되어 있지만(그러므로 조건화와 한계를 갖는다), 다른 네 개의 무더기를 궁극적으로 포함한다는 점에서 독특한 존재론적 위치를 갖고 있다.

이 모든 무더기들이 공유하는 가장 중요한 특성은 그것들이 모두 조건화되어 있다는 것이다. 그렇기 때문에 이것들을 '집착의 다섯 무더기'〔五取蘊〕라고 한다. 조건화되어 있기 때문에 이것들은 고통에 기여한다(*dukka*). 괴로움의 개념 전체는 명백히 고통스러운 것으로부터 제한된 것에 이르기까지 중요한 균형을 이룬다. 인간의 경험은 다섯 종류의 모든 무더기의 참여가 있을 때에만 가능하다. 이 다섯 무더기의 상호작용은 대개 현재 경험을 제한하기도 하고 미래의 경험을 조건화하기도 한다.

『밀환경』의 다섯 무더기의 설명은 불교의 여섯 가지 감각 개념에 의존하고 있다. 감촉, 냄새, 맛, 시각, 소리의 다섯 감각에 더하여 마음을 여섯 번째 감각기관으로 간주된다. 각 감각 체계를 차례대로 반복적으로 언급하는 것이 다소 쓸데없는 일처럼 보일지 모르지만 각 감각 체계의 독립성을 인식하는 것은 각각의 감각들과 마음에도 별개의 주의를 주도록 만든다. 마음의 대상은 생각과 같은 정신적 내용이다. 마음에서 일어나는 경험은 다른 감각기관을 통해 일어나는 경험과 마찬가지로 조건화되기 쉽다. 마음의 조건화는 영원함과 자아의 허망한 모습을 형성한다. 영원함과 자아는 주관적인 심리적 삶이 기초하고 있는 것으로, 부상(*anicca*)과 무아(*anatta*)라는 불교적 실재 개념과는 반대되는 것이다.

지각에 대한 불교적 견해의 몇몇 특징은 서구의 가정과 맞지 않는다. (불교에서는) 모든 지각의 통로가 결국에 이르게 되는 감각하는 '나'라는 것이 없다고 한다. 대신, 보는 과정은 듣는 과정과 다르며, 각각의 감각 양식(sense modality)은 의식 그 자체의 형태와 연결되어 있다. 지각은 어떤 객관적 외부 실체로부터 안정적이고 경험하는 자아에 이르는 선형적 과정이 아니다. 그보다는, 지각의 과정에서 기본적인 형상들이 서로 연결되는 방식은 그 형상들이 걸러지는 정신적 형성 작용에 의존한다고 본다. 따라서 오염된 지각은, 심지어 감각의 의식적 등록 이전에도 실제로 불가능하다는 결론이 따른다. 이는 각 단계에서 왜곡이 경험을 편향된 것으로 만들기 때문이다. 서구의 '능동적' 정신작용과 '수동적' 정신작용 사이의 이분법은 이 점에서 잘못된 것이다. 왜냐하면 지각은 언제나 능동적이기도 하고 수동적이기도 하기 때문이다. 전체 체계는 인지에 대한 서구 철학에서의 가장 철저한 설명, 즉 임마누엘 칸트의 설명과 비교할 수 있다(Kant, 2003). 칸트는 지각의 명백한 통일성을 설명하기 위한 선험적 정신 구조를 내놓아야 했다. 불교적 설명에 의하면, 그런 명백한 통일체가 반드시 필요한 것이라기보다 다소 강압적으로 부과한 것이며 지각의 질이 경험자의 경험을 독특하게 조건화하는 상카라 혹은 정신적 형성에 따라 서로 다를 수 있다는 것이다.

마음챙김의 토대

마음챙김은 사성제에서 말한 해방의 필요조건이며, 마음챙김의 완성은 붓다가 발견하고 그의 제자들이 따르도록 했던 방법의 핵심 구성요소다. 팔정도 안에서의 세 단계에 대해서는 이미 언급했다. 하나의 그룹은 도덕적 준비(바른 생활, 바른 행위, 바른 말)의 형태이고 다른 그룹은 있는 그대로 세계를 이해하는 것(바른 견해와 바른 의도)이다. 나머지 하나의 그룹은 행위의 첫째 그룹, 그리고 이해의 둘째 그룹과 구분되는 것으로 정신적 훈련(바른 노력, 바른 집중, 바른 마음챙김)의 특수한 형태다. 종종 이 세 번째 그룹은 첫 번째 그룹인 도덕적 준비가 올바른 견해와 올바른 의도라는 지혜로 실현되는 수단이 된다고 가르친다. 이 가르침은 마음챙김의 습득을 해방을 성취하는 데 있어 핵심적인 위치에 놓는다. 집중과 노력의 적절한 연습과 더불어 올바른 마음챙김은 인지가 그 구속을 떨치고 해방이 따라오게 하는 데 필요한 무더기의 소멸을 가져온다.

행동으로부터 정신적 정화과정을 거쳐 지혜에 이른다는 이러한 설명도 감화력이 있기는 하지만, 유일한 설명은 아니다. 루퍼트 게틴(Rupert Gethin)은 전통적 목록의 여덟 단계가 이 순서를 따르지 않으며 세상을 고통의 관점에서 이해하고자 하는 몇몇 시도가 해방을 위한 노력(striving)보다 선행될 필요가 있다는 점을 지적한다(Gethin, 1995: 84). 게틴은 어떠한 순차적인 개념도 부인한다. 그는 팔정도가 모든 면에서 동시에 발전해야 하며 완전한 성공은 해방의 수단일 뿐 아니라 해방의 결과물이기도 하다고 주장한다.

마음챙김의 실질적 중요성은 그것의 습득 방법에 관한 가르침 속에서 확실히 강조되고 있다. 이것은 마음챙김의 네 가지 토대(혹은 확립)로 알려진 것이다. 이것을 설명하는 경(*sutta*)은 붓다의 선언으로 시작한다. "비구들이여, 존재의 정화, 비탄과 슬픔의 극복, 고통과 슬픔의 소멸, 올바른 길의 증득, 열반의 실현을 위한 단 하나의 길이 있다. 그것은 마음챙김의 네 가지 토대다." (Walshe, 1995: 335)

이 말 때문에 아마도 이 경〔『대념처경(大念處經, *Mahasatipatthana*)』〕이 유난히 인기가 있었던 것일 것이다. 모리스 월시(Maurice Walshe)라는 번역자는 "일반적으로 이 경은 전체 팔리어 경전 중에서 가장 중요한 경전으로 간주된다."고 말한다(Walshe, 1995: 588). 『대념처경』은 마음챙김 수련이 초기 불교에서 어떻게 가르쳐졌는가를 탐구할 수 있는 좋은 방편을 제공한다. 『밀환경』과 마찬가지로 『대념처경』도 그 의도나 구성에 있어 매우 실제적이다. '파타나(*patthana*)'를 '토대(foundation)'로 번역한 것은 이 책이 이론서임을 암시할 수도 있다. 그러나 이 경전의 주제는 명상가가 어떻게 자신 내부에서 마음챙김을 확립하는가에 관한 것이다.

『대념처경』이 다루고 있는 네 가지 토대는 몸에 대한 관찰(*anupassana*), 느낌에 대한 관찰, 마음에 대한 관찰, 마음의 대상에 대한 관찰이다. 『대념처경』에서는 이들 네 개 영역 중 처음과 마지막 것이 가운데 둘보다 더 많은 관심을 받는다. 몸에 대한 관찰을 키우는 훈련은 여섯 섹션에 걸쳐 상술되고 있다. ① 호흡에 관하여, ② 자세에 관하여, ③ 분명한 이해에 관하여, ④ 몸의 혐오감에 대하여, ⑤ 물질적 요소에 관하여, ⑥ 아홉 개의 묘지에 관한 묵상. 이들 다음에는 느낌(*vedana*)에 대한 관찰과 마음(*citta*)에 대한 관찰이 이어진다. 마음의 대상(*dhamma*)에 관한 관찰이라는 마지막 장에서는 불교 사상의 다섯 가지 핵심 교리에 대한 지침을 제공한다. ① 다섯 가지 장애〔五蓋〕, ② 집착의 다섯 무더기〔五取蘊〕, ③ 여섯 개의 내적 그리고 외적 감각 기반〔十二處〕, ④ 일곱 가지 요소의 깨달음〔七覺支〕, ⑤ 네 가지 고귀한 진리〔四聖諦〕.

『대념처경』은 이 네 가지 마음챙김의 토대를 훈련하는 사람이라면 누구나 '가장 높은 지혜(*anna*)'를 바로 지금 여기서 얻을 수 있다는, 혹은 집착이 조금이라도 남아 있는 경우라도 적어도 불환(不還, non-return)의 상태를 성취할 수 있다는 약속으로 끝맺는다(전자는 완전한 해방에 해당된다. 불환의 상태는 미래의 해방에 이르기 전에 더 이상 속계에 환생하지 않는다는 의미다).

『대념처경』의 이 부분에는 구체적으로 어떤 훈련이 포함되어 있는가? 일반적으로 '호흡에 대한 마음챙김'이라고 번역되는 몸에 대한 관찰의 첫 번째 사항에는 앉은 자세에서 호흡의 들고 남에 주의를 두는 명확한 지침이 들어 있다. 이 첫 번째 단계는 '알아차리며' 들숨과 날숨을 호흡하는 것이다. 그다음은 호흡이 길면 길다고 알고 짧으면 짧다고 아는 것이다. 다음 단계는 명상자가 들숨과 날숨을 쉴 때 자신을 몸 전체로 느끼도록 훈련하는 것이다. 이렇게 하면 몸과 호흡이 안정된다고 한다. 여기서 호흡의 변화를 지각하는 데 요구되는 '앎'과 나무를 자르는 목수가 길게 혹은 짧게 나무를 자를 때의 앎이 서로 비유적으로 연결된다. 이것은 몸 전체를 자각하는 방식에도 적용된다. 또 새로운 아이디어가 소개되는데 그것은 명상자가 몸을 '안으로, 밖으로 혹은 안팎으로' 관찰하라는 것이다. 다음으로 몸 안에서 일어나는 요소와 사라지는 요소, 그리고 둘 다를 관찰하라는 권고가 이어진다. 이런 방식으로 '이것이 몸이다'라는 자각이 마음챙김과 앎을 통해 확립된다.

여기서 '안으로, 밖으로 혹은 안팎으로' 관찰하라는 말이 매우 혼란스러울 수 있다. 이것은 그저 부수적으로 한 표현이 결코 아니다. 이 표현은 『대념처경』 전체에 걸쳐 새로운 훈련이 추천될 때마다 매우 자주 반복되고 있다. 현대의 명상 지도자들은 이 구절에 대해 별로 말하지 않는다. 그들은 밖으로 관찰한다는 것은 타인의 호흡에 대한 자각을 말하며, 안으로 관찰한다는 것은 자신의 호흡에 대한 알아차림을 말하는 것이라고 한다(예: Silananda, 2002: 24–25). 그러나 어떻게 해석될지라도 『대념처경』에서 이것과 다른 모든 훈련에서 이 측면은 아주 중요한 것으로 보이지 않는다. 왜냐하면 호흡에 대한 마음챙김에 대한 경(Nanamoli & Bodhi, 1995: 941–948), 혹은 동일한 전집 안의 신체 마음챙김에 대한 경과 같은 다른 설명들에서는 이것이 생략되고 있기 때문이다.

『대념처경』이 갖는 권위에도 불구하고 실제 수행과 대념처경의 지도 사이에, 심지어 승단 내에서도 많은 편차가 있었다. 명상 중에 호흡과 몸 자체에 대한 주의의 측면에서, 신체에 알아차림을 두는 훈련은 상당히 강조하는 반면, 이후에는 신체에 대한 '관찰(contemplations)'을 다소 소홀하게 다루고 있다. 위빠사나(vipassana) 명상 국제 학교를 설립한 고엔카는 신체에 대한 혐오와 묘지 관찰에 대해 언급한다. "이것은 내면의 실제를 관찰할 위치에 있지 않은 사람들을 위한 시작이다. 번뇌가 그들을 쉬지 않고 압도한다. 일단 적절하게 생각할 수 있게 되면 그들은 호흡 또는 직접적 감각을 가지고 수련할 준비가 된다." (Goenka, 1988: 48)

그러나 『대념처경』은 각 관찰이 지닌 요점을 그것 나름의 방식으로 되풀이해서 말하고 있다. "진실로, 나의 이 몸이라는 것도 똑같은 성질을 지닌 것이다. 그처럼 될 것이며 그로부터 벗어날 수 없을 것이다." 그래서 이 긴 단락의 시작과 마지막에서 이렇게 말한다. "(수행자는) 몸에서 일어나는 요소를 관찰하고, 몸에서 사라지는 요소를 관찰한다. 혹은 일어나고 사라지는 요소 모두를 몸에서 관찰한다. 혹은 '여기 몸이 있다'라는 마음챙김이 앎과 마음챙김에 필요한 정도로 수행자 안에서 확립된다. 수행자는 홀로 세상의 아무것에도 집착하지 않으며 머문다."(Thera, 1965: 118) 끊임없는 일어남과 사라짐에 대한 순간순간의 이해는 대개 진보로 간주되기 때문에(무상에 대한 직접적인 통찰이다), 이 '관찰'은 마음챙김의 계발에 있어 가장 중요한 기능을 갖는다.

마음챙김의 토대에 대한 경은 '몸에 대한 관찰'에 관한 모든 장을 마치면 나머지 세 장으로 이어진다. 이 가운데 수행자가 직면하게 되는 풍경을 개관하는 다양한 가르침이 담긴 '마음의 대상에 대한 관찰'에 관한 마지막 장이 특별히 상세하다. 오온과 육근, 사성제(팔정도가 내포된)를 포함한 이들 중 대부분은 이미 언급되었다. 아직 언급하지 않은 나머지 둘은 서로를 보완한다. 그것은 다섯 가지 장애와 일곱 가지 깨달음의 요소다. 다섯 가지 장애(욕망, 악의, 졸음, 들뜸, 의심)는 처음부터 마음챙김 자각을 확립하려는 시도를 방해하는 요소들이다. 깨달음의 일곱 가지 요소들(마음챙김, 고찰, 활력, 환희, 고요, 집중, 평정)은 통찰을 통한 해방으로 이끄는 긍정적인 정신 요소의 보다 긴 목록들이다. 이것들 중 마음챙김이 가장 핵심적인 위치를 차지하고 있다. 다른 요소들도 모두 계발되어야 하는 것들이지만, 마음챙김은 세 가지의 활동적인 요소(고찰, 활력, 환희)와 세 가지의 수동적인 요소(집중, 고요, 평정)를 중재해 주는 것으로 간주된다. 마음챙김의 가장 중요한 기능은 최적 수준의 활동성이 유지되도록 적극적 요소와 수동적 요소가 절묘하게 조화를 이루도록 유지하는 것이다(Thera, 1994: 89).

여러 훈련들은 근본적으로 유사한 도전을 제기하는 것 같다. 즉, 현재의 대상이 있는 그대로의 것으로 이해될 필요가 있다는 것이다. 일어나고 사라지는 분명한 경험으로, 비개인적으로 그리고 집착 없이 경험되어야 한다는 것이다. 이것은 경의 처음 세 장에 걸쳐 논의된 몸, 감각, 마음 상태의 다양한 측면들에 적용된다. 마지막 마음의 대상에 관한 장은 부정적인 내용(다섯 가지 장애)과 긍정적인 내용(칠각지)을 담고 있다. 이것들은 통찰과 해방으로 나아감에 있어서 본질적으로 파괴적이거나 촉진적인 것으로 여겨지기 때문에 (이전의 장에서 논의한) 대상에 대해 비슷한 방식으로 분별하는 처음 단계는 그 대상들이 일어났던 환경에 적극적인 주의를 주는 단계에 자리를 내준다. 이런 방식으로 장애는 그 장악력을 상실할 것으로 기대된다. 그리고 깨달음의 요소는 그것들을 경험하면서 더 강화된다.

사성제에 대한 개요를 설명한 다음 결론부에서 '정신적 대상'을 다루고 장은 그 앞의 것과 매우 유사한 종결부를 갖고 있다.

> 혹은 '마음의 대상이 있다'는 그의 마음챙김은 앎과 마음챙김에 필요한 정도만큼 그 사람 안에서 확립된다. 그는 홀로 세상

의 아무것에도 집착하지 않고 머문다. 그러므로 진실로 비구들이여, 비구는 마음의 대상에 관한 관찰을 연습하며 사성제의 마음 대상에 머문다(Thera, 1965: 125).

겉으로 보기에, 이것은 통상적으로 가장 핵심적인 가르침에 대한 미묘한 끌림에 저항함으로써 맨주의를 훈련하는 능력을 강화시키라는 지시다. 실재에 대한 직접적이고 비개념적인 통찰이 있을 때까지 자각을 순수하게 하라는 것이다. 그러나 냐나포니카 스님(Nyanaponika Thera, 1994)과 아마데오 솔-레리스(Amadeo Sole-Leris, 1992)는 마음의 대상이 실재에 대한 근본적 원칙일 때 자각을 순수하게 하는 작업이 변화한다는 것을, 대략 양립하는 방식으로 제안한다. 오온의 우주론, 그리고 사성제의 영성적 메시지와 관련해서 자각을 순수하게 하는 작업은 다른 모든 경험을 이 틀에 직접적으로 관계시키는 과업들 중 하나가 된다. 따라서 각각의 경험은 그 무더기에 따라 범주화될 필요가 있다. 그래서 명상가는 실재에 대한 기본적 구분을 지닌 본능적 능력을 계발시킨다. 각각의 반응 혹은 행동은 사성제의 빛에 비추어 경험될 것이다. 거기 남아 있는 어떠한 집착도 느슨해지고 고, 무상, 무아의 보편성에 대한 지속적이고 의식되지 않는 이해가 확립된다. 그 결과는 경이 말하는 직접적 자각을 지닌 직접적 이해다.

경은 사실상 그 처음으로 돌아가는 것으로 끝맺는다. 경은 수행자가 얼마나 길게 혹은 얼마나 짧게 명상하는가는 중요하지 않다고 주장한다. 네 가지 토대가 설명된 대로 계발되었다면(수행자가 독립적이고, 관찰된 것에 더 이상 집착하지 않는다면) 최종적 앎이 '지금 여기서' 획득된다. 그렇지 않고 집착의 흔적이 남아 있다면 그 수행자의 운명은 돌아오지 않는 자(불환자, non-returner)가 되는 것이다.

이 경은 짧지만 광범위한 내용을 담고 있다. 경은 네 가지 마음챙김의 토대를 자세하게 설명하지 않는다(몸에 대한 마음챙김을 달성하는 데에는 보다 자세한 방법이 있다. 예를 들면, 불교의 39가지 인체 구성요소 모두에 별개의 주의를 주는 것이다). 그러나 경은 지시와 설명 모두를 제공한다. 여느 핵심 문헌과 마찬가지로 이 경에도 사소한 검토와 논쟁의 소지가 있는 많은 구절들이 있다. 그중 몇몇은 이미 지적했고, 다른 몇몇은 여기서 더 깊이 들어갈 필요가 없다. 그러나 마음챙김이 무엇이고 또 무엇이 아닌지를 이해하는 데 있어서, 경에서 다루어지고 있는 한 가지 주제는 여전히 필수적이다. 그것은 마음챙김이 분명한 이해와 맺는 관계다.

마음챙김과 분명한 이해

우리는 이미 마음챙김이 어떻게 과거 사건에 대한 기억뿐 아니라 자기자각이라는 의미에서 기억의 의미를 가질 수 있는지 살펴보았다. 과거 사건에 대한 기억은 자각의 직접성이 증가함에 따라 수반되는 무엇이지만 전체 상황 혹은 게슈탈트에 대한 자각은 고전적으로 '분명한 이해'라고 이름 붙인 것으로 변해 간다. 이것은 흔히 마음챙김과 함께 발견된다. 실제로 마음챙김의 확립에 관한 경에서, '마음챙김'은 종종 둘 모두를 동시에 가리키는(번역된 『대념처경』에서 마음챙김과 앎에 대한 공동 참조에서처럼) 복합어(사티-삼파잔나, *sati-sampajanna*)를 번역하는 데 사용되고 있다. 냐나포니카 스님은 다음과 같이 구별한다.

> 마음챙김은 대개 행위의 올바른 목적 혹은 적합성, 그리고 다른 배려에 대한 분명한 이해와 연결된다. 그래서 다시 한 번 마음챙김은 그것 자체로 보이지 않는다. 그러나 마음챙김의 실제적이고 잠재적인 힘을 끌어내기 위해서는 마음챙김을 그 기본적이고 순수한 형태, 즉 소위 맨주의의 형태에서 이해하고 의도적으로 계발할 필요가 있다. 맨주의에 의해 우리는 연속적인 지각의 순간에 실제로 우리에게 그리고 우리 안에서 일어나는 것에 대해 분명하고 전념적인 자각을 이해한다. 이것을 '맨(bare)'이라고 부르는 것은 그것이 행동이나 말, 정신적 설명으로 반응하지 않고 지각의 맨사실들(bare facts)에 주의를 기울이기 때문이다(Thera, 1994: 72-73).

'분명한 이해'는 네 개의 서로 다른 지시 대상을 갖고 있다. 즉, 목적에 대한 이해, 적절함에 대한 이해, 명상을 지속하는 데 대한 이해, 실재에 대한 이해가 그것이다. 이것은 '몸에 대한 관찰'을 다루는 경의 두 번째 장에서 분명하게 알 수 있다. 이것의 하위 섹션은 특히 '몸에 대한 분명한 이해'를 다루고 있다. 거기서 맨주의의 대상으로서 몸을 사용하는 것을 넘어 의도적인 주의가 몸의 자세와 움직임, 그리고 일상생활의 규칙적인 활동들에 주어진다. 솔-레리스는 이렇게 말한다.

> 마음챙김의 영역을 확장하는 것에 추가하여 이 훈련은 '분명한 이해'라는 또 하나의 요소를 소개한다. 이것은 지각적 수준에서의 마음챙김 관찰에 대한 지적 수준에서의 보완이라고 할 수 있다. 앉아서, 서서, 혹은 누워서 아무 움직임 없는 자세로 전적으로 몰두하면서 명상이 수행될 때 사실상 순수한 지각의 마음챙김을 연습하는 것이 가능하다. 그러나 의도, 판단, 의사결정 등의 요소가 포함되는 보다 복잡한 활동에 관련하여서는 그렇지 못하다. 이들 정신적 요소에 대해서도 위에서 설명한 훈련에서 볼 수 있는 맨감각(bare sense) 정보에 주었던 것과 같은 종류의 의도적인 주의를 줌으로써 모든 행위에 대한, 그리고 그 목적으로 달성하는 최선의 방법에 대한, 그리고 각 행위의 정확한 본성에 대한 분명한 이해가 계발된다(Sole-Leris, 1992: 87).

다른 곳에서는 맨주의와 실재에 대한 '분명한 이해'가 분리되지 않는다. 원본 경은 반복적으로 '사티-삼파잔나'를 언급하고 있지만, 경에 대한 네 개의 주요한 영어 번역본에서는 모두 자각과 더불어 이해의 증진을 말하고 있다.

관련된 모음집의, 이름을 붙이지 않은 어느 경은 이들 능력의 상호 의존성에 대해 더 분명하게 말하고 있다. '마음챙김 토대에 대한 연결된 강론'에서 붓다는 이렇게 선언한다. "비구들이여, 비구는 마음챙김과 분명한 이해에 머물러야 한다. 이것이 그대들에 대한 우리의 가르침이다."(Bodhi, 2000: 1628) 제목이 없는 이 짤막한 경은 다음으로 마음챙김의 네 가지 토대에 대한 요약으로 이어진다(몸에서 몸을 관찰하고, 느낌에서 느낌을 관찰하며, 마음에서 마음을, 정신적 현상에서 정신적 현상을 관찰하는). 그 뒤를 이어 분명한 이해가 어떻게 그리고 언제 훈련되는가에 대한 가르침이 이어진다. 이 설명들은 비구가 앞뒤로 걸을 때, 앞과 옆을 쳐다볼 때, 팔다리를 펴거나 구부릴 때, 옷을 입고 가사나 발우를 들고 갈 때, 먹고 마시고 씹고 음식을 맛볼 때, 화장실에 있을 때, 서 있거나 앉아 있을 때, 잠에 들거나 깨어날 때, 말을 하거나 침묵할 때 등 이 모든 경우에 분명한 앎을 지니고 행동할 것을 명한다. 이 경은 마음챙김과 더불어 분명한 이해의 중요성을 상기시키는 것으로 끝맺는다(Bodhi, 2000: 1628).

다소 현학적인 구분인 것처럼 보이는 것을 장황하게 이야기한다는 것은 별 실익이 없어 보이지만 이 책의 두 가지 주제에 있어서는 적절하다. 하나는, 6장에서도 다루어지겠지만 마음챙김 수련의 개인적 보상에 관한 것이다. 비록 경이 마음챙김과 해방을 연결 짓고 있지만 분명한 이해와 같은 추가적인 수련이 갖는 함의는 그런 성취를 위해 마음챙김 자체만으로는 충분하지 않다는 것이다. 두 번째 주제는 마음챙김이 다음 장에서 논의되는 과학적 과정에 의해 탐구될 수 있도록 정확하게 분리, 정의되는 것의 중요성과 관련되어 있다.

마음챙김의 모호성

마음챙김과 분명한 이해 사이의 긴밀한 상호연관성은 이 장의 시작 부분에서 말한 마음챙김의 모호성을 설명하는 데 약간 도움이 된다. 다른 연관성을 이해하기 위해서는 '마음챙김의 토대'를 구성하는 훈련들을 넘어, 그 밖의 다른 기술들이 아주 흔히 상좌부 불교를 배우는 이들에 의해 동시에 학습된다는 것을 인식하는 것이 실질적으로 중요하다. 다른 기술로는 자애나 연민, 타인을 위해 기뻐하는 것 등의 보다 고상하고 사회적인 감정을 계발하는 '브라흐마위하라(*Brahmaviharas*)' 혹은 '완성'이라는 것을 증강시키기 위한 훈련들이 포함된다. 함께 수행할 경우 '브라흐마위하라'는 맨주의의 능력을 강화시키는 것으로 알려져 있으며 그 반대도 마찬가지다.

이런 배경에 대해 자각하는 것은 불교심리학에서 마음챙김에 높은 중요성을 부여하고 있다는 것을 설명하는 데 도움을 줄 뿐 아니라 마음챙김이라는 개념에 서로 다른 주석가와 수련가들이 조금씩 다른 뉘앙스를 두고 있다는 것을 이해하는 데도 유용하다. 마음챙김의 폭을 이해하는 데 있어서 지도자들이 전통적인 가르침을 어떻게 이용하는지 보여 주는 최근의 두 가지 사례가 있다.

모건과 모건(Morgan & Morgan, 2005: 76)은 깨달음의 일곱 요소와 마음챙김 수련 사이의 상호연관성에 대해 설명했다. 조사, 활력, 환희, 집중, 고요, 평정이라는 자질의 의도적 계발을 통해 마음챙김을 배우는 데 대한 확립된 전통이 존재한다(사실 이 전략은 마음챙김에 관해 두 번째로 가장 흔히 사용되는 교본 경전인 『입출식념경(*Anapanasati Sutta*)』의 핵심을 이루고 있다)(Nanamoli, 1964). 이 요소들에는 긴밀한 연관성이 있으므로 '마음챙김'이 그들 중 어느 것이든, 어느 정도는 취할 수 있지만, 이 과정에서 마음챙김은 약화되지 않는다. 『입출식념경』을 직접적으로 사용하는 지도자들(예: Rosenberg, 1998)의 방식으로 모건과 모건은 주의를 깊게 하기 위하여 학생들에게 이 자질들을 적극적으로 계발할 것을 권함으로써 이 방법을 실질적으로 사용한다.

마음챙김에 관한 서로 다른 개념을 조화시키려는—그리고 근저의 동기나 '완성'의 초개인적 영향을 중시하는 개념을 옹호하려는—흥미로운 시도는 샤피로와 그의 동료들(2006)로부터 시작되었다. 마음챙김을 의도, 주의, 비판단의 측면에서 정의한 카밧진의 널리 인용되는 정의를 언급하면서 그들은 마음챙김의 질에 있어서의 차이들은 '의도' '주의' '태도'라고 이름 붙인 세 가지 축의 측면에서 이해될 수 있다고 제안한다. 이들 각각이 모두 마음챙김에 기여하지만 각 개인에 의해 경험되는 결과는 의도나 주의, 태도의 특성에 달려 있다고 그들은 말한다. 이런 목적을 위해서라면 '주의(attention)'는 주의를 기울이는 것, 그리고 얼마나 오랫동안 주의가 지속적이고 선택적이냐 하는 예보적 인지(precursive)를 말하는 것이다. '태도(attitude)'란 어떻게 주의를 주느냐를 말한다. 이것은 곧 주의 기울이기를 특징짓는 평정, 호기심, 수용 같은 자질들을 말한다. 연민이나 자애 같은 긍정적 감정을 마음챙김에 필수적이라고 보는 샤피로에게(그녀는 '가슴-마음챙김(heart-mindfulness)'을 말한다. 5장 참조) 온화함과 친절함의 자세는 마음챙김과 분리될 수 없다. '의도(intention)'는 마음챙김 수련으로 이끄는 동기와 왜 그것을 수행하는가에 관한 것이다. 그러므로 의도에 대한 이러한 이해는 주의를 주는 방식에 있어서의 의도적인 감각과도 다르고 불교적 개념인 '바른 의도'와도 다르다. 불교적 개념의 '바른 의도'는 욕망 없음, 친절함, 연민과 같은 자질을 포함시키는 데 있어 실제로는 샤피로가 말하는 '태도'에 더 가깝다. 일단 이것이 이해되면 의도, 주의, 태도의 이 측면들은 앞에서 논의한 팔정도 안의 도덕(계), 명상(정), 지혜(혜)라는 전통적 하위 범주와 일치한다.

마음챙김의 '기원'에 관한 논의는 팔리 경전으로부터 나온 초기 불교 문헌에 주로 의존하는 것이 적절해 보였다. 이것은 오늘날에도 계속해서 초기 문헌에 그 기반을 두고 있는 전통들이 마음챙김 자각에 대한 실질적인 독점권을 갖고 있다는 뜻은 아니다. 그 후에 갈라져 나온 다른 전통들은 그 철학에 있어 상당히 다르지만, 그들 역시 기본적인 존재론에 있어서는 여기서 설명한 것과 다르지 않다. 또한 마음챙김은 비록 그 문헌들에서 강조되고 있지는 않지만 다른 전통의 일상적 수련에 있어서도 핵심을 이룬다. 번역자 모리스 월시는 이렇게 말한다. "극동의 대승분파 중에서 사념처의 정신에 가장 가까운 것은 중국과 일본의 선(禪)이다."(Walshe, 1995: 588) 월시는 중국과 일본의 선, 그리고 사념처는 그 목적과 이론, 방법에 있어 서로 다르지만 그들 사이의 연관성은 (비록 잘 눈에 띄지 않는다 하더라도) 매우 긴밀하고 강력하다고 주장한다. 이 주장을 뒷받침하기 위해 그는 세 가지 공통된 요소를 예로 든다. (자신의 마음을 포함한) 실재와의 직접적 대면, 직접적 관찰과 내관에 의한 개념적 사고의 초월, 지금 여기에의 강조가 그것이다(Walshe, 1995: 589).

신경과학자인 제임스 오스틴(James Austin)은 선과 위빠사나가 '어떤 것에도 열려 있는 비반응적인 맨주의'를 계발하기 위해 유사한 방법을 채택한다는 점에서, 그리고 정식 수업 사이의 비공식 수련이 공식 정좌명상만큼 중요하다는 점에서 서로 밀접한 관련을 맺고 있다고 말한다. 여기서 오스틴의 이 말은 마음챙김의 기원을 넘어 마음챙김의 다른 측면으로 나아가는 데 도움을 준다.

> 지금까지 우리는 마음챙김 명상이 어떻게 시작되었는지 알아보았다. 그러나 이제부터 마음챙김 명상은 진화할 것이다. 이 점이 마땅히 강조되어야 함에도 그런 경우는 드물다. 마음챙김 명상은 진화해 가면서, 내적 그리고 외적 측면에서 점점 더 직관적인 노선을 따라 나아갈 것이다. 그래서 어떤 짧은 상황에서는 맨 주의를 기울이는 것이 흘러넘치는 것(outflowing)으로 바뀔 수 있다. 그것은 현재 순간의 놀랍고도 평범한 사건들에 대해 완전히 이해하는 신성한 접근법이다. 또 다른 경우에 맨주의는 내면으로 향한다. 이제 그 기능은 내성과 자기분석을 포함하는 것으로까지 확장된다. 이제 개인적 문제는 저절로 직관의 재료가 된다. 사실상 그것은 이제 심오한 내성에 제시하는 주제들을 관찰하는 방법에 있어서 정신분석과 유사하다(Austin, 1998: 127).

주의 깊은 독자라면 오스틴이 주의의 지각된 흐름의 측면에서 '내적' 그리고 '외적' 관찰이라는 이슈를 적절하게 해결했다는 것을 눈치챌 것이다. 그는 또한 우리를 현재 두 가지 연구 영역, 즉 과학과 심리치료로 데려간다.

결 론

마음챙김에 대한 현대적 정의는 반응과 판단이 없는 즉각적이고 수용적인 앎을 반영한다. 초기 불교 문헌에서도 마음챙김 혹은 '맨주의'로 알려져 있는, 습관적 반응을 통한 경험의 정교화에 앞선 이런 형태의 자각을 언급하고 있다. 마음챙김은 일상에서의 매우 조건화된 자각과는 매우 다르다. 그것은 조건 지어지지 않은 자질을 계발하는 연습을 통해 계발될 수 있다. 전통적으로 이것은 몸(호흡을 포함)에 대한 훈련된 주의, 느껴진 반응에 대한, 그리고 마음의 패턴에 대한, 모든 경험에 있어 실재의 근본적 성질에 대한 이해를 포함한다. 물론 실재에 대한 이런 직접적이고 즉각적이며 역행할 수 없는 앎—이것이 불교에서 고통에 대한 유일한 대안이다—을 가능하게 하는 정신적 정화를 완성하는 데는 다른 요소들이 요구되기는 하지만 이런 방식으로 마음챙김을 계발하는 것은 해방을 위한 선결조건이다. 실제에 있어 마음챙김은 분명한 이해와 같이 그것과 매우 밀접하게 관련된 능력과 함께 계발된다. 이런 능력들이 언제나 명확하게 구분되지 않아 마음챙김과 불교심리학 내에서 마음챙김이 가장 밀접하게 관련을 맺고 있는 긍정적 정신 능력 사이의 상호작용은 '마음챙김'에 대한 설명에서 발견되는 가장 흔한 모호성을 보완해 준다.

Chapter 2

마음챙김의 이해: 과학

셀 수 있는 모든 것이 중요한 것이 아니고, 중요한 모든 것이 셀 수 있는 것도 아니다.

–프린스턴 대학교 알베르트 아인슈타인 연구실의 문구

Mindfulness and Mental Health

불교 내에서 마음챙김을 정교화한 지 2천 5백 년이 지난 지금 앞 장에서 제기된 질문들에 접근하는 많은 연구방법들이 가능해졌다. 이 질문들에는 마음챙김이란 무엇이며 그것이 몸과 마음에 어떻게 영향을 미치는가도 포함된다. 예를 들어, 마음챙김이 독특한 의식 상태라고 한다면, 수면의 서로 다른 단계와 연관된 다양한 신체적, 정신적 각성 상태의 차별화를 가능하게 했던 것과 동일한 신경생리학적 용어로 마음챙김의 특성을 묘사하는 것이 상대적으로 수월할 것이다. 심리 과학은 마음챙김을 특징짓는 경험을 확인하고 측정하는 데 있어 도움을 줄 수 있어야 할 뿐 아니라 지속적인 마음챙김 수련의 결과를 밝혀내는 데도 도움을 주어야 한다.

뇌의 변화

명상 상태에 대한 전기생리학적 탐구의 역사는 오래되었으나, 사실 실망스러운 것이다. 연구는 분산되었고 방법론적으로 일관성이 없으며 제대로 통제되지 않았다. 연구자가 '마음챙김' 특유의 발견에 대해 언급할 때 그들은 연구들 간에 신뢰할 만하고 비교 가능한 방식이 아닌, 색다른 방식으로 그 용어를 사용한다. 명상에 대하여 엄청난 양의 전기생리학적 연구가 1970년대와 1980년대에 이루어졌다. 그것은 초월명상(TM)의 인기 때문이었다. 초월명상은 진언(만트라)에 기초한 명상으로 대개 깊은 이완상태가 이어진다. 명상을 분류하는 사람들은 초월명상을 그것의 주관적인 특질에 기초해 '집중' 수행의 범주에 포함시킨다(예: Goleman, 1988). 초월명상의 주요 효과를 이완의 효과와 구분해야 할 필요가 있었다. 발견되는 내용이 일관적이지 않다는 반대 주장에도 불구하고(예: Pagano et al., 1976; Stigsby et al., 1981), 알파파와 세타파의 뇌 진동수의 일관된 증가와 광범위하게 연결지어졌다(예: Dilbeck & Bronson, 1981; Gaylord et al., 1989). 그러한 발견은 초월명상에만 특유한 것은 아니다. 클로닝거(Cloninger, 2004)는 이런 종류의 변화를 그가 '마음챙김'이라고 이름 붙인 상태에 귀속시켰다. 클로닝거는 졸음 상태에서는 알파파가 지배하고 일상적으로 깨어 있는 상태에서는 베타파의 활동이 증가하는 것과는 다른, 보다 의식적인 상태가 어떻게 뇌파 추적상에서 더 큰 일관성뿐 아니라 다중 진동수의 동시 발생과 연결되는지를 지적한다. 그가 말하는 '마음챙김' 상태는 전두 피질 영역에서의 세타파와 함께 나타나는 느린 알파파(7~9Hz), 그리고 일상적 각성 상태에서보다 줄어든 베타파 활동으로 특징지어진다. 그는 또한 이런 변화를 대뇌 혈류량의 변화에 관한 초기 연구와 연결한다. 이 초기 연구들은 마음챙김 명상을 전두엽과 시상(視床)의 세 표면 모두로 들어가는 혈류량의 증가와 관련을 맺는다. 그는 전두엽이 주의의 내적 집중과, 그리고 시상이 불특정하고 광범위한 피질 활동과 관련된다고 주장한다.

분명히, 명상 연구에 있어 가장 놀라운 생리학적 발견은 상이한 여러 (명상) 전통의 열광자들 사이의 차이점이 더 분명하게 드러난 숙련된 수행자들에 대한 연구다. 그중 가장 유명한—아마 가장 암시적이기도 한—연구는 카사마츠와 히라이(Kasamatsu & Hirai,

1966)가 좌선 명상의 조동종(Soto Zen) 승려들을 조사한 것이다. 명상이 진행됨에 따라, 알파파의 진폭은 증가하고 진동수는 감소하는 경향이 나타났다. 그런 다음 세타파가 나타나고 진폭이 증가했다. 오랜 명상 경험을 가진 승려들에게 이런 변화는 더 두드러졌다(피험자 중에는 20년 이상의 경험을 가진 그룹도 있었다). 그중 가장 경험 많은 명상자들 몇몇에 대해 15초 간격으로 20번의 찰칵하는 소리와 함께 그들의 반응을 기록하고 분석하는 심화 조사를 실시했다. 반복되는 찰칵 소리에 대해, 그들은 자동적 습관으로 반응하지 않는다는 것이 발견되었다. 예를 들면, 알파파의 순간적인 차단이 일어났는데 이것은 그들이 훈련의 결과 매 자극을 마치 그것을 처음 듣는 듯이 반응한다는 것을 암시하는 것이었다. 이 실험은 일반적으로 선(禪)의 완성과 관련 있는 '초심자의 마음'에 대한 과학적 증명인 것처럼 보였다(앞 장에서 지적한 것처럼 선의 이런 측면은 마음챙김 자각을 떠올리게 한다).

그러나 유감스럽게도 이 연구는 그 후 한 번도 만족스럽게 반복된 적이 없었다. 수년의 경험을 지닌 초월명상과 요가 명상자에 대한 연구 시도는 두 집단 모두 훈련받지 않은 통제 집단과 마찬가지 방식으로 습관화되어 있다는 것을 보여 주었다(Becker & Shapiro, 1981). 비록 그들은 조동종 승려들과 달리 눈을 감고 수행했지만! 심지어 7년 반 경력의 선 수행자도 습관적으로 반응했다. 이를 검토하면서 오스틴(Austin, 1998)은 최초 연구의 대상이었던 승려들이 아마도 깊은 몰입 상태에 들어가 그들의 뇌가 찰칵 하는 소리는 물론 다른 모든 외부적 자극을 피질하(subcortical) 수준에서 차단한 것이라고 주장했다. 그러나 카사마츠와 히라이의 최초의 보고는 검사 중 선승들 자신의 경험에 대하여 기술하고 있다.

> (선의 대가들은) 자신들이 평소 깨어 있는 상태에서보다 모든 자극을 더 분명하게 인식했다고 보고했다. 이런 마음의 상태에서 내부 또는 외부의 자극에 영향을 받지 않으면서도 그에 반응할 수 있다. 그는 대상을 인식하고 반응하지만 그것에 구속당하지 않는다. …… 어느 선승은 이런 마음의 상태가 길에서 지나가는 모든 사람을 보면서 호기심이 생겨도 뒤돌아보지 않는 상태와 같다고 했다(Kasamatsu & Hirai, 1966: 593).

진정한 반복이 행해지기 전에는 발견 결과를 명확하게 해석하거나 그것이 마음챙김 명상의 장기적 효과와 어떤 관련이 있는지 판단하기는 불가능할 것으로 보인다.

대상 없는 티베트 명상을 오랫동안 수행한 여덟 명의 피실험자를 상대로 한 최근의 연구가 있었다. 티베트 명상에서 그들은 오로지 스스로 순수한 연민의 감정에 열려 있을 뿐이다. 이 연구는 다른 종류의 독특한 발견으로 연결되었다(Lutz et al., 2004). 그것은 이전 연구들에서보다 더 빠른 진동수에서 율동적 활동에 대한 신중한 분석이다. 감마 영역은 초당 40회전 정도다. 쉬는 동안 이들 명상가들은 통제 집단의 느린 활동과 대비하여 훨씬 큰 감마 영역의 활동을 보인다는 것이 발견되었다. 이 차이는 명상 기간 동안 더 커졌다. 감마 활동이 갖는 힘, 그리고 둘 사이의 공시성(synchrony)은 분명했던 두피의 전극 위치 사이의 거리는, 둘 모두 명상 경험이 많을수록 증가했다. 멀리 떨어진 두 영역 사이의 공시성은 대개 뇌의 일시적인 기능적 재조직화의 결과로 해석된다. 각각의 뉴런이 서로 독립적으로가 아니라 동시성을 띤 조합으로서 작동하기 시작하는 것이다. 이것이 갖는 함의는 명상 경험이 쌓임에 따라 이런 조직화가 더 넓은 영역에 걸쳐 나타날 수 있는 능력이 증가한다는 것이다. 러츠(Lutz) 등은 그들이 보고한 감마 활동의 중요성이 다른 어떤 비병리적 그룹—명상가와 비명상가 모두—에서는 나타나지 않았다고 보고했다. 한편 그들은 다른 연구들에서는 그런 빠른 진동수가 항상 분석되지 않았다는 사실을 인정한다. 향후 명상에 대한 모든 생리학적 연구는 그렇게 할 필요가 있다. 이 연구를 다른 연구와 연결시키는 데 있어 감마파 활동의 증가가 전두엽 피질과 섬엽(insula)에서 가장 두드러지게 나타났다는 관찰은 적절한 것으로 보인다.

주제를 마음챙김 명상으로 옮기다 보니, 다른 종류의 수련에 관한 연구라기보다는 차라리 마음챙김에 관한 연구로 인정될 수 있도록 피험자의 수련에 관한 충분한 명확성을 보여 주는 연구는 세 건밖에 없다. 모두가 비교적 최근의 연구들이다. 첫 번째 연구에서 던과 동료들(Dunn et al., 1999)은 이완과 '집중'과 '마음챙김' 사이의 뇌전도 차이를 정의했다. 이완은 눈을 감고 편안히 앉아 있는 것으로, 집중은 호흡의 움직임에 주의를 두면서 명상하는 것으로 간주되었다. 마음챙김은 사건들을 명확하게 경험한다는 목표를 가지고, 또 때로 '봄' '들음' 같은 지각과 느낌에 동시적으로 이름을 붙이면서 주의가 그 사건들 사이로 자유롭게 흐르도록 허락하는 것으로 정의되었다. 집중 세션은 언제나 자리에 앉은 상태에서 한다. 마음챙김은 앉거나 걷는 동안 연습한다. 10명의 학생 참여자들은 두 기술을 10주 동안 번갈아 가며 배운다(집중을 먼저 한 다음 마음챙김). 마음챙김을 배우는 동안에도 집중 훈련은 계속했다. 그러나 훈련이 끝난 후 그리고 중요한 뇌전도(EEG) 기록 세션이 있기 이전에 세션과 숙제가 각각에 똑같은 시간—대략 30시간 정도씩—이 노출될 수 있도록 했다. 뇌전도 기록은 모든 세 가지 조건에서 시행되었다. 학생들은 기록 기간에 걸친 규칙적인 언어 자극에 대한 반응으로 자신의 경험의 깊이를 보여 주었다.

다섯 개 진동수 대역 각각에서 두피에서의 활성 분포를 조사함에 있어서 세 가지 조건들 사이의 비교가 이루어졌다. 마음챙김 명상과 집중 명상의 뇌전도상 차이는 마음챙김 하는 동안 네 종류의 유의미한 활동을 더 크게 보여 주었다. 델타(좌측 후두 두정엽과 양측 전전두엽), 세타(좌측 전전두엽), 알파(양측 후두 두정엽), 그리고 베타 1(13~25Hz)(좌측 전두와 양측 후두 두정엽). 던과 그 동료들이 베타 2(25~37Hz)라고 이름 붙인 다섯 번째 조건은 감마 스펙트럼의 가장 느린 부분에 속했다. 거기서의 그림은 훨씬 더 복잡했다. 집중 기록은 양측 후두극에서 더 많은 활동을 보인 반면, 전두극에서는 마음챙김 하는 동안 좌측이 집중 시에는 우측이 훨씬 더 큰 활동을 보였다. 이 진동수에서 두정엽 그리고 우측 측두 부분에서 현저한 활동 차이를 보여 주는 영역이 산재되어 있었으며 마음챙김을 할 때마다 활동이 더 커졌다.

던과 동료들(1999)은 비록 마음챙김 하는 동안의 발견들이 처음에는 직관에 반하는 것이었지만 여기서 차이의 일관성이 인상적이라고 느꼈다(느린 파동의 활동과 빠른 파동의 활동은 여기서 서로 결합한다기보다 대개 보완적이다). 그들은 이렇게 추론했다. "뇌가 고요하고 이완되어 있어서 델타파와 세타파가 많아진다. 그러나 뇌는 동시에 깨어 있고 주의 깊은 상태여서 알파파와 베타 1파의 활동이 증가한다." 그래서 "뇌의 전기생리학적 반응은 …… 명상자의 주관적 보고와 일치한다." 던과 동료들은 자신들의 작업이 초월명상에 관한 방대한 연구문헌들에서 나타나는 모순을 해결했다는 점에서 중요하다고 생각한다. 그 연구문헌들에는 전혀 다르며 상충되는 것처럼 보이는 발견들이 모두 그들의 연구 내에서 행해진 관찰의 영역 안에 속한다. 이것은 초월명상이 집중과 마음챙김의 요소를 모두 가졌다는 것을 암시한다. 그들은 미래의 연구자들이 집중 혹은 마음챙김을 함께 연구하기보다 별개로 연구하도록 촉구했다. 또한 그들은 다른 연구자들에게 향후 연구에서 양적 측정과 함께 질적 차이점도 지속적으로 지켜보도록 요청했다.

마음챙김 명상자에 관한 두 번째 주목할 만한 연구도 초보 명상자를 대상으로 한 것이었다. 이것은 카밧진의 8주간 '마음챙김에 기초한 스트레스 완화(MBSR)'에 참여함으로써 마음챙김 훈련을 하는 것이었다(3장 참조). 데이비드슨 등(Davidson et al., 2003)은 8주의 MBSR 프로그램이 뇌 활성화에 미치는 영향에 관한 통제 연구를 실시했다. 여기서 '활성화(activation)'는 알파파 영역(8~13Hz)에서 진동수의 스펙트럼 밀도를 선택적으로 모니터하는 전기 활동에 대한 컴퓨터 분석(뇌의 전기적 활동 지도 그리기)에 의해 측정되었다. 이것은 활성화와 반비례 관계로서, 활성화가 없을 때 알파파 활동이 표준 EEG상에서 관찰된다. 뇌의 전두엽에서는 한쪽이 다른 한쪽보다 우세한 비대칭적 활성화가 신경생리학 문헌에 등장하는 특수한 정신 상태와 일관되게 나타났다. 예를 들어, 좌측 활성화가 더 큰 것은 긍정적인 감정과 연관되어 왔다. 그것은 또한 면역 기능의 향상(자연살해세포의 활성으로 측정한)과도 관련되어 왔는데, 데이비드슨의 연구에서는 이러한 면역기능의 향상이 또 다른 매개변수가 되었다.

자원자들의 뇌 활성화와 면역기능은 MBSR을 시작하기 전, 끝마친 직후, 그리고 4개월 후에 각각 측정되었다. 일시적으로 긍정적인 그리고 부정적인 기분을 유도하는 표준 절차 직후에 언제나 샘플 기록을 하였다. 면역기능은 인플루엔자 항체 역가(力價)를 통해 측정되었다. 25명의 피험자들의 결과를 16명의 통제 집단과 비교했다. 처음에는 두 집단이 크게 다르지 않았다. MBSR 참여자들은 프로그램 직후, 그리고 4개월 후의 추수 검사에서 통제 집단과 차이를 보였다. 그들에게는 긍정적이고 부정적인 감정이 유도되는 동안에 전방 좌우측의 비대칭이 증가했다. 또한 그들의 항체 역가는 이 시기에 훨씬 더 커졌다. 샘플 내의 이형(異形)들을 검토했을 때 비대칭 활성화와 증가된 항체 역가 사이에는 강력한 정적 상관관계가 있음이 발견되었다. 이것은 전두 부위의 활성화가 면역 반응의 향상과 직접적인 관련을 맺고 있음을 뜻한다. 비대칭 활동성의 분포에 대한 연구는 이것이 전전두 부위에서보다 정중선(正中線) 가까이에서 더 강하다는 것을 발견했다. 데이비드슨은 국재화(localisation)가 함의하는 것을 검토하기보다, 이 참여자들이 왜 기대만큼의 전두엽의 차이 또한 보여 주지 못했는지에 대한 하나의 이유로 가능한 것으로서 긍정적인 정동에서의 상당한 향상을 보이지 못한 것을 주목했다. 이 연구에 대한 또 다른 보고서에는 흥미로운 관찰이 포함되어 있다(Goleman, 2003: 345). 참여자들은 훈련 기간 동안 자신들의 수련 기록을 계속 기록하는 데 동의했다. 지도자이자 공동연구자인 카밧진에게는 세션이 종료될 때까지 이것을 공개하지 않았다. MBSR 프로그램 후의 뇌 활성화와 면역 상태에 대한 분석은 훈련 시간 중에서 마음챙김 수련에 보낸 시간과 어떠한 상관관계도 없음을 보여 주었다. 이 사실은 각 피험자들이 얼마나 '마음챙김'을 했는가에 대한 별도의 확증 없이는 해석하기가 어렵다. 이 연구는 훈련 이후 결과의 차이가 공식적 수련의 영향보다는 몇몇 참여자들이 다른 일을 하는 동안 마음챙김으로 옮겨 가는 능력이 더 커졌다는 것을 반영한다. 혹은 그것은 결과를 예측하는 데 있어 기대와 같은 다른 변수들이 어느 쪽의 수련보다 더 중요하다는 주장을 지지한다. 전두부 활성화의 비대칭성에 관한 데이비드슨의 대부분의 다른 연구들은 고해상도 f-MRI의 도움을 받았다. 뇌전도 결과에서 나타난 변화들이 f-MRI에서는 얼마나 근접하게 복제되는가를 보는 것은 매우 흥미로운 일일 것이다.

세 번째 연구 역시 통제된 것으로서 언론의 많은 관심을 받았다. 특이하게도 그것은 생리학적인 연구라기보다 해부학적인 연구로서, 뇌 피질과 명상 경험 사이의 관련 가능성을 검토한 것이었다. 피험자들은 '내적 그리고 외적 자극에 대한 마음챙김 주의'로 특징지어지는 '통찰' 명상 지도자와 학생들이었다(Lazar et al., 2005: 1894). 그들은 최소 2년에서 평균 9년에 이르는 명상 경험을 가진 이들로서 모두 규칙적으로 수련할 뿐 아니라 집중수련에도 참가한 경험이 있었다. 피험자들의 수련 강도가 모두 달랐기 때문에, 명상의 햇수를 추가 측정하여 총 명상 경험을 나타내는 지표로 사용하였다. 앉아 있는 동안의 호흡수가 다른 연구들에서는 명상 경험이 증가할수록 점진적으로 낮아지는 것이 관찰되었다. 20명의 명상가의 피질 두께에 대한 측정이 명상이나 요가 경험이 전혀 없는 15명의 통제 집단과 비교되었다. 명상가들의 피질이 몇몇 영역에서, 좌우 반구 모두에서 일관되게 두꺼웠으나 통제 집단 사람들의 피질 두께보다 전반적으로 두껍지는 않았다. 기존 연구문헌과 그리고 감각 경험에 대한 명상의 강조로부터의 효과를 보여 줄 가능성이 높은 것으로 가정된 영역에서 자세한 비교가 행해졌다. 이 비교는 전두 피질의 좌우 양측(브로드만 영역 9번과 10번)과 오른쪽 섬엽(청각 피질 영역을 포함한) 부근에서 분명한 차이를 보였다. 오른쪽 전두 피질에서의 두께 차이는 왼쪽보다 덜 분명했지만 그것들은 피험자의 나이와 직접적으로 연관되었다. 피험자의 나이가 많을수록 피험자 내의 차이(in-subject difference)가 커졌다. 이것은 명상이 두께를 증가시킨다기보다 노화에 따라 자연스럽게 얇아지는 과정을 방지함을 시사하는 것이다.

이 연구의 또 다른 주요한 발견은 대뇌 피질의 두께와 명상 경험의 상관관계로부터 나왔다. 이 상관관계는 전두 피질에서는 발견되지 않았으나 나이를 조정한 후에는 섬엽 두께와 부분적인 상관관계가 있었으며, 하부의 후두-측두 시각 피질 영역에서만 강한 상관관계가 관찰되었다. 이 연구의 영역 간 성격이 이들 관련성으로부터 인과성을 추론하려는 시도를 손상시키는 것이긴 하지만 그것은 명상적 주의가 명상 과정에서 활성화되는 뇌의 각 영역에서 뉴런의 증가를 자극한다는 증거로 받아들여지고 있다. 다른 명상 전통의 수련자들에 대한 비교할 만한 연구는 아직까지 행해지지 않았다. 복제시험이 가능하다는 점을 감안할 때 이 결과가 얼마나 마음챙김 명상에 국한된 것인지는 아직 불분명하다.

자기보고식 질문지에 의한 마음챙김 측정

마음챙김을 측정하는, 적어도 일곱 개의 질문지가 고안되고 검증을 거쳤지만, 지금 현재는 오직 세 개만이 출판되어 공개 등록되어 있으며 나머지 또 하나는 자유롭게 유통되고 있다. 이 모두는 각 개인의 반응에서부터 서면으로 된 자기보고식 형태에 이르기까지, 그들의 마음챙김에 대한 측정을 제공하고자 한다. 이것들은 사용 범위나 내용, 결과에 있어서 서로 매우 다르다.

마음챙김 주의 및 자각 척도(Mindful Attention and Awareness Scale: MAAS)(Brown & Ryan, 2003)는 널리 알려진 15개의 자기보고식 질문지다. 이 질문들은 주의를 지속하고 주의산만을 견디는 능력에 관계되며, 모호성(ambiguity)의 부재, 수용성(acceptability), 식별력(discrimination)에 기초하여 점진적으로 선택된 질문지다. 이 질문들 중 어떤 것도 주의 및 자각 향상을 위한 특별한 기술과는 관련이 없다. 그것은 저자가 마음챙김의 원천과 관계없이 마음챙김의 자연적 '편차(variation)' 탐구에 관심이 있다는 사실과 일치한다. 이 질문지는 특정 상황(예를 들면, 걸을 때, 식사할 때, 운전할 때 등)에서 주의가 얼마나 잘 유지되고 있는지, 이런 행위들이 얼마나 자동적으로 수행되는지 질문하기 때문에 그것은 이 구성개념에 대한 높은 형식(face) 및 내용 타당성을 가지고 있다. 이 질문지에 대한 응답은 자각을 유지하는 능력에 대한 단일 총점으로 측정된다. 선(禪) 명상가 그룹이 명상을 하지 않는 통제 집단보다 점수가 높게 나왔지만 환자 그룹을 상대로 MBSR 이전과 이후의 MAAS 점수를 비교한 결과 유의미한 차이가 나타나지 않았다(Brown & Ryan, 2003). 이것은 MBSR 프로그램 이전에 측정한 이 환자들의 MAAS 점수가 예상 외로 높았던 데 따른 것으로, 다른 상황에서도 이럴 것이라고 추론하기는 어렵다(저자가 다른 종양 전문의들과 교신한 결과에 의하면 불치병 환자들의 현재 순간 자각 능력은 매우 높다고 한다).

MAAS는 주의 및 자각에 비해 수용 및 비판단을 제대로 측정하지 못한다는 비난을 받아 왔지만 그것은 의도적으로 한 결정이었다. 브라운과 그의 동료들은 더 큰 후보자 집단과 작업을 할 때 수용(acceptance)과 주의(attention) 점수는 나란히 증감하는 경향을 보여, 이들 사이에 매우 높은 상관관계가 있음을 발견했다. 그들은 수용이 주의 및 자각 점수로부터 신빙성 있는 추론을 할 수 있기 때문에 따로 고려할 필요가 없다는 것을 알았다.

비숍 등(Bishop et al., 2003)이 만든 토론토 마음챙김 척도(The

Toronto Mindfulness Scale: TMS)는 그 성격과 목적에 있어 MAAS와 무척 다르다. 이것은 공식 수련을 통해 이르게 되는 마음 상태로서의 마음챙김을 조작화하기 위해 시작되었다. 즉, 마음챙김 개입 후의 명백한 이점이 심리적으로 미치는 영향에 직접 관련될 수 있도록 하기 위한 것이다. TMS는 정서 장애를 겪는 환자들을 대상으로 한 것으로 주의의 지속성을 유지하고 경험에 대한 인지적 정교화(elaboration)를 예방하는 피험자의 능력을 평가하기 위한 의도로 만들어졌다. 이것은 마음챙김 명상 직후에 답을 하도록 고인되었으며, 각 항목들은 특히 명상 중의 경험에 대해 언급한다. TMS는 10개 항목으로 된 간단한 척도로서 내적 감각과 사고에 대한 최근의 자각, 그리고 이런 것들에 대한 반응 정도에 대해 질문한다. 질문지 항목들은 명상 숙련자와 초보자 혹은 비경험자를 가장 잘 구분하는 많은 후보 항목들 중 선택되었다. 요인분석에 의하면 항목들이 모여 단일 구성을 나타내고 척도는 한 자리 숫자로 나오는데, 이것은 성취된 마음챙김이 원래 자리에 있는 것을 표현한 것으로서 그 명상 방법에 대해 충실히 따랐다는 것을 의미한다. 상태에 대한 측정 점수이므로 회기에 따라 점수 편차가 심했으며 명상 경험이 풍부할수록 높은 점수를 얻는 경향이 있었다. TMS는 현재 마음챙김 명상 수련이 심리적 변화의 달성에 대해 직접적인 기여를 측정할 수 있는 유일한 방법이다.

켄터키 마음챙김 기술 질문지(The Kentucky Inventory of Mindfulness Skills: KIMS)(Baer et al., 2004)는 마음챙김 훈련의 또 다른 전통에서 생겨났다. 여기서 '기술(skill)'이라고 하는 것은 DBT(Dialectical

Behaviour Theraphy)의 마음챙김 훈련 모듈 내에서 마샤 리네한(Marcia Linehan)에 의한 기술을 가리킨다(3장 참조). 이 모델에서 마음챙김 코칭에 두드러진 네 가지 구성개념은 관찰(observing), 판단 없는 수용(accepting without judgement), 묘사(describing), 알아차림을 유지하면서 행동(acting with awareness)하는 것이다. 이 네 가지 구성개념에 따라 항목을 추출한 다음 하위척도들(subscale) 사이의 중복을 최소화하는 방식으로 추가 조정하였다. 마음의 일상적 습관이라는 측면에서 이들 네 가지 구성개념을 각각 측정하는 39개의 질문을 도출하였다. 따라서 이 질문지는 마음챙김 기술 훈련 이전과 이후 어느 때나 마음챙김 능력을 측정하는 데 사용할 수 있다.

프라이부르크 마음챙김 질문지(The Freiburg Mindfulness Inventory: FMI)(Buchheld et al., 2002)는 그 구성개념이 다소 복잡하지만 단일 점수로 표시되는 또 하나의 자기보고식 측정이다. FMI의 30개 질문 항목은 숙련된 위빠사나 명상자들의 마음챙김에 대한 견해를 토대로 작성되었다. 30개 항목을 크게 '현재 순간에 대한 탈동일시적 주의' '자신과 타인에 대한 비판단적, 비평가적 태도' '부정적 마음 상태에 대한 개방성' '과정 중심의 통찰적 이해'라는 네 항목으로 구분한 다음 요인분석을 실시하였다. FMI는 위에서 소개한 다른 측정법들보다 더 오랫동안 확립되어 왔으며 질문의 범위도 다른 측정법들보다 광범위하다. 첫 번째 요인은 그것 자체로 광범위하며 그 제목이 암시하듯이 이제 마음챙김의 분명한 측면을 나타내는 것처럼 보이는 항목들을 실제로 포함한다. 이 요인 내에서 자각의 예리함('나는 식사할 때나 요리할 때, 청소하거나 이야기할 때 내 몸의 감각을 느끼고 있다'에서와 같은)과 비반응성('나는 내 느낌에 빨려 들어가지 않고 느낌을 지켜볼 수 있다'에서와 같은)이 나란히 제시된다. 다른 척도들과 달리 FMI는 마음챙김의 한 구성요소가 되는 것보다 더 큰 '마음챙김'을 획득한 결과로 증가하게 되는 것처럼 여겨지는 특징들을 의도적으로 포함한다(이것은 이 척도의 다른 세 하위 항목들에 속한 대부분의 항목들을 설명한다). FMI는 명상 경험자와 비경험자를 분명히 구별해 낼 수 있는 척도라는 것이 밝혀졌다. 그러나 FMI는 주의 과정과 그것의 결과 사이의 관련을 마음챙김 측정이 동시에 평가해야 하는 무엇으로서가 아니라 심화 연구의 주제로 삼으려는 연구자들에게 쉽게 추천될 도구는 아니다.

이들 측정법들 사이의 상호관련성과 보완성은 이들 설명으로부터 분명해질 것이다. 이제 이 척도들이 동일한 것을 얼마나 멀리까지 측정하고 있는가, 그리고 그것들이 집단적으로 '마음챙김'의 의미 범위를 잘 반영하고 있는가 하는 중요한 질문이 제기된다. 루스 배어(Ruth Baer, 2006)는 다섯 가지 질문지에 대한 비교 연구를 통해 이들 질문을 탐구했다. 이 연구에서 다섯 가지 질문지가 함께 다수 학생 표본에 적용되었다. 이로써 모든 질문지들로부터 나온 종합 항목들(pooled items)에 대한 요인분석뿐 아니라 규칙적으로 적용되는 서로 다른 도구로부터 나온 점수의 상호관련성 연구가 가능해졌다. 관련된 질문지는 FMI, MAAS, KIMS 그리고 발표되지 않은 두 개의 척도였다. 여기에는 열두 항목으로 구성된 '인지 정동 마음챙김 척도(Cognitive Affective Mindfulness Scale: CAMS)'라고 하는 것이 있는데 이것은 그 구조나 범위에 있어 KIMS와 매우 유사하다고 한다. 그리고 열 개 항목으로 구성된 '마음챙김 질문지(Mindfulness Questionnaire: MQ)'가 있는데 이것은 정신이상 환자를 대상으로 한 질문지로서 부정적 경험에 대한 반응에 강조점을 두고 있다고 한다. 토론토 마음챙김 척도(TMS)는 발표된 연구에 포함되지 않았다. 이것은 사용 가능한 항목 풀(item pool)이 KIMS나 CAMS의 항목들에 무게 중심을 두었다는 것을 의미한다. KIMS와 CAMS는 경험에 이름 붙이기와 마음챙김으로 행동하기를 자각의 직접성이나 수용성 같은 측면과 동등한 위치에 놓는다.

요인분석을 통해 5요인 해법이 생겨났는데 처음에 편차의 33%밖에 설명해 주지 못했다(총 편차의 낮은 비율은 표본들 사이에서 명상 경험이 부족한 데서 부분적인 원인을 찾을 수 있다). 이 구조는 다섯 요인 각각과 가장 높은 배타적 상관관계를 갖는 항목들을 선택하는 데 도움을 주었다. 그것은 새로운 복합 39항목으로 된 도구, 즉 5요인 마음챙김 질문지(Five Factors Mindfulness Questionnaire: FFMQ)가 만들어지게 했다. 이 요인들은 관찰(observing), 비판단(non-judging), 비반응(non-reactivity), 마음챙김 묘사(describing mindfully), 마음챙김 행동(acting mindfully)이었다. 이는 배어 자신의 KIMS에 '비반응'을 추가한 것일 뿐 거의 동일한 구조다. 이 비반응 하위척도에서는 KIMS로부터 나온 항목이 없다. '비반응' 항목은 모두 FMI와 MQ로부터 온 것으로 부정적인 경험에 의해 고통받거나 주의가 혼란스럽지 않게 되는 것에 대해 질문한다. 그러나 그 조사가 시사하는 것은 비반응 하위척도와 비판단 하위척도 사이의 차이가 비판단 하위척도를 더 현저하게 사용하는 KIMS 용어 사용을 반영한다는 것이다. FMI와 달리 KIMS는 경험을 수용하는 것에 대해서보다 경험에 대한 반응(경험한 다음의 판단 내리기)에 대해 질문하는 경향이 있다. FFMQ 내에서 사용된, MAAS에서 온 항목들은 KIMS에서 온 몇몇 항목들과 함께 '마음챙김 행동(acting mindfully)'에만 초점을 맞추었다.

이렇게 자세하게 이야기하는 것은 가능한 약점의 영역을 인식하는 데 있어 이런 광범위한 도구들의 개발의 역사가 중요하기 때문이다. 이어 배어(2006)는 숙련된 명상가들에 대한 매우 필요한 연구에서 FFMQ를 이용해 오고 있다. 그녀는 이 일련의 야심찬 조사에서 명상 경험과 심리적 기능 척도, 마음챙김 측면 사이를 연결지으려고 했다. 그리고 '명상'과 '마음챙김에 의한 심리 기능' 사이의 관련 증거를 찾으려고 했다. 이번에 그녀의 표본은 매우 숙련된 마음챙김 수련자들을 포함했다. 19%가 10년 이상의 경험을 가진 이들이었다. 그러나 FFMQ에 의해 측정된 모든 측면은 적어도 몇몇 긍정적 심리 기능의 지표와 상관관계를 맺고 있었음에도 명상 경험을 마음챙김의 측면으로 연결시키는 자료는 매우 분명했다. 단지 관찰과 비반응만이 실제로 명상 경험과 강력한 연관을 보였다. 보고된 경험에 따른 이 표본의 계층화(stratification)는 관찰 혹은 비반응의 성취가 얼마나 명상 경험과 일치하는지에 관한 예비 연구를 가능하게 했다. 이것으로부터 관찰의 질은 훈련 초기부터 꾸준히 개선되는 것으로 보이는 반면, 비반응은 보다 나중에야 개선되는 것으로 보인다. 물론 이런 종류의 영역 간 연구에는 내재된 한계도 있다. 그러나 사전에 확인된 일군의 수련자들이 계획된 측정을 통해 시간적으로 어떻게 변화하는지를 살핌으로써 그 한계는 줄어들 수 있다.

이 측정의 내용 타당성—질문을 통해 원래 측정하고자 했던 바를 실제로 측정하는가—에 대해 1장의 마음챙김에 대한 검토에 비추어 여기서 조금 더 언급하는 것이 좋을 것 같다. 확실히 1장에서 언급된 경험이 있으며, 전통적으로 마음챙김과 관련된 경험이 있으며, 또한 FMI에서만 나타나는 경험이 있다. 그것은 고요한 느낌, 그리고 지금 일어나고 있는 것(감각이 아니라 감정 및 행동과 관련하여)에 대한 호기심이다. 또한 FMI는 '우호' 같은 '태도'로 샤피로 등이 분류한 몇몇 측면을 언급하는 유일한 도구다. FMI의 내용이 다른 도구들과 다른 점은 또 있다. FMI는 응답자가 항목 2 '나는 내가 나의 생각과 동일하지 않다는 것을 안다'와 같은 내용을 통해 자신의 생각과 맺는 관계에 상당한 주의를 기울인다. 이런 종류의 항목은 다른 도구들, 심지어 FFMQ에도 나타나지 않는데 그것은 카밧진이 자신에게서 배운 사람들이 가장 소중하다고 평가하는 것으로 보고한 두 가지 것 중의 하나를 상세하게 묘사한 것이다(Salzberg & Kabat-Zinn, 1997). 흥미롭게도 카밧진이 가장 소중하다고 보고한 나머지 하나의 결과는 어떤 평가 도구에도 나타나지 않는다! 그것은 미묘하며 다음과 같은 그 자신의 말에 가장 잘 드러나 있다.

> 그들은 자신의 온 몸에 대한 더 큰 감수성 및 자각과 관련되는 특별한 호흡의 성질에 대해 새롭게 자각하였다. 호흡과 더불어 몸을 가졌다는 기적(비록 몸에 장애가 있다 하더라도)에 대한 더 큰 감사함이 따라온다. 매 호흡, 매 순간이 기적이며 당신

이 그것을 직접적으로 경험하기 시작할 때 그것은 당신 삶에 활력을 가져온다(Salzberg & Kabat-Zinn, 1997: 141).

FMI의 30개 질문이 수련자의 경험을 다소 넓게 활용하고 있다면, 이것은 FMI가 명상 경험자와의 폭넓은 논의 속에서 탄생했다는 것, 그리고 질문지의 구조를 결정하는 데 있어 이론이 상대적으로 중요성을 갖지 못한다는 것을 보여 준다.

'마음챙김 행동'이나 '묘사'가 그것이 제자리를 잡도록 많은 기회를 줌에도 불구하고, 배어의 가장 최근 연구는 마음챙김의 가장 두드러진 측면이 개방적이고 현재적인 자각을 유지하는 것(관찰), 그리고 수용적인 태도(비반응성)라는 것을 자기보고식 척도를 이용하여 확인하는 것 같다. 이것은 토론토의 연구 그룹 구성원들이 고안한 '제안된 조작적 정의'와 일치하는 것이다(Baer et al., 2004). 배어는 경험이 많은 명상가 표본에 걸쳐 FFMQ의 두 가지 척도 점수를 비교할 수 있었다. 이것은 관찰의 질이 예상했던 방향으로 명상 수련의 초기부터 점진적으로 향상된다는 것을 의미한다. 한편 비반응성은 초기의 지체 기간이 끝날 때까지는 대개 변화가 없었다(Baer, 2006). 이러한 차이에 대해서는 향후 연구가 이루어져야 할 것으로 보인다. 그 연구에서 명상을 처음 시작하는 사람은 정기적으로 추수조사를 받게 될 것인데, 그 이유는 이것이 이들 요소들 사이의 역동적인 관계에 대해 정확한 그림을 얻을 수 있는 유일하게 믿을 만한 방법이기 때문이다.

불행히도 그것들을 측정하는 가장 민감한 방법이 무엇인지는 아직 명확하지 않다. 기존에 발표된 질문지들 중 이들 요소와 상응하는 항목을 다수 포함하고 있는 것은 가장 오래된 FMI뿐이다. 그러나 그 구조에 있어서 이들 질문지는 서로 명확하게 구별되지 않는다. 배어의 FFMQ에서 '비반응성'을 가리키는 항목들이 FMI에서는 '현재 순간에 대한 탈동일시적 주의' 항목에 해당된다. FFMQ에서 '관찰'을 의미하는 네 개 항목은 FMI에서는 '현재 순간에 대한 탈동일시적 주의'와 '부정적 마음 상태에 대한 개방성' 사이에 고르게 나누어져 있다. 요약해서 말하자면, 마음챙김 경험의 이들 두 측면을 끌어내기 위해 어떤 질문이 필요한지 명확하게 하려면 다른 질문지들보다 확실히 더 선호할 만한 내적 구조를 갖춘 도구를 고안해야 한다.

최근의 연구는 마음챙김이 가르칠 수 있고 또 일정한 발달 곡선을 거치는 능력이라는 것을 확증해 주는 자료를 내놓고 있다. 누군가가 그 곡선상의 어디에 위치하고 있는가를 측정하기 위해서는 단일 능력으로서의 마음챙김이 아니라 마음챙김 경험을 더해 가면서 분명하게 구별되는 다양한 특성을 가진 것으로 파악할 필요가 있다. 이 스펙트럼의 양 끝에 위치한 사람들은 공통점이 매우 적을 것이다. 이 장의 처음에 제시한 신경생리학적 연구가 그것을 보여주었다.

질적 연구방법을 통한 마음챙김의 이해

마음챙김에 기반한 개입(특히 MBSR)의 효과를 양적 연구방법으로 연구하기 위한 노력으로부터 현재까지 두 가지 사실이 명백해졌다. 첫째는 MBSR 수련과 특정 결과를 연결시키는 어떤 연구에 있어서도, 눈으로 드러나는 이 효과가 MBSR 개입의 결과로 참여자가 마음챙김을 더 잘하게 되었기 때문에 생기는 것이라는 증거가 필요하다는 것이다. 많은 초기 연구들은 이런 목적에 도움이 되는 마음챙김의 '지표(marker)'가 없었다. 최근에는 이런 기능을 가질 수 있는 단계적 자기보고식 측정을 소개하고 검증하려는 많은 활동들이 있다. 그러나 마음챙김을 수용성, 지속적인 주의, 내적 감각의 자각, 기타 감각과 생각의 자각, 마음챙김 행동, 비판단적인 것 등의 요소들로 축소시킴으로써 마음챙김을 객관화하려는 시도는 '마음챙김 한다(be mindful)'는 것이 무엇인가에 대한 합의의 결여를 드러낼 뿐이다. 또한 이런 시도는 결과를 양화(量化, quantify)시킬 필요에 따라 생길 수 있는 한계를 드러내기도 한다.

일반적으로 질적 연구는 (심리학적) 연구 영역을 살펴보는 데 있어 몇 가지 방식으로 도움이 될 수 있다. 적절하게 수행된다면 그것은 무엇보다, 하나의 영역을 조사할 때 마주칠 수 있는 경험의 범위를 가리킬 수 있다. 둘째, 질적 연구는 각 개인의 특이성(idiosyncrasy) 때문에 발견 결과에 얼마나 많은 편차(variation)가 일어날 수 있는지 나타낼 수 있다. 셋째, 질적 연구는 개인의 보고 내용을 생활

환경이나 기타 개인적 요소의 관점에서 맥락화함으로써 그런 편차를 설명할 수 있다. 넷째, 질적 연구는 각 개인의 설명에 공통되는, 그러나 재설명(redescription)이 필요한 요소를 가리킴으로써 개념적 틀을 만들고 하나의 주제를 이론화하는 데 기여할 수 있다. MBSR 프로그램 같은 개입을 시도할 때 특정 내담자 그룹의 필요나 예상되는 효과를 이해하기 위한 개별적 연구가 현재 수행되고 있다(예: Mason & Hargreaves, 2001). 그러나 필자가 보기에, 심리학 내에서 마음챙김의 명료화(articulation)를 위해 질적 연구방법을 활용하는 작업은 계속적으로 실패하고 있는 것 같다.

질적 연구의 잠재력을 보이기 위해, 몇 년 전에 필자가 수행했던 탐색 연구(exploratory study)를 하나 소개하겠다. 이것은 마음챙김 수련을 하는 여섯 사람으로 구성된 하나의 포커스 그룹을 상대로 한 연구였다. 다섯 명의 여성과 한 명의 남성은 모두 마음챙김 지도와 수련에 상당한 개인적 경험을 갖고 있었다. 그들의 논의는 오디오테이프에 녹음되었으며 추후 분석을 위해 모두 녹취록이 작성되었다. 각 단계에서 참여자들은 개인적 경험으로 자신들의 설명을 기술하도록 요청받았다. 논의는 다음 네 가지 질문을 위주로 진행되었다.

1. 마음챙김 경험이 되도록 하는 것은 무엇인가?
2. MBSR 수련이 어떻게 스트레스를 감소시키는가?
3. 마음챙김은 시간이 흐름에 따라 어떻게 발달되는가?
4. 마음챙김 수련에서 부정적 결과가 있는가?

이 그룹의 진행은 그것 자체로 훌륭했다는 점을 말해야겠다. 때로 한 참여자의 관찰이 다른 참여자의 관찰과 일치하지 않는 경우도 있었지만 이럴 경우라도 존중과 관심으로 대했다. 질문 순서는 미리 정해 놓았지만 오직 첫 번째 질문만이 그룹이 논의에 착수하기 전에 분명히 제기되었다. 나머지 세 질문에 대해서는 그룹이 각 질문들 사이의 뚜렷한 구분 없이 논의를 이어 갔다. 논의 마지막에는 각 참여자들이 서로에게 듣고 배운 것에 대해 큰 감사를 표했다.

또 하나 언급해야 할 것은, 연구 당시 나는 세 권의 수련 중심 책을 제외하고 이 책에 인용된 연구문헌들에 대해 잘 알지 못했다는 것이다. 나는 마음챙김에 관한 주요 이론에 따라 그 발견들을 구분하거나 범주화하고 싶지 않았다. 따라서 연구 당시에는, 분명하게 나타났으나 아직 명명되지 않은 현상을 논의에서 기술하려면 다른 문맥으로부터 용어를 빌려오기보다는 용어를 새로 만들어야 할 필요가 있었다. 그것을 여기서 요약하는 데 있어 나는 최초의 분석에서 만든 용어들을 하나도 바꾸지 않았다.

녹취록에 대한 분석은 한 번 이상 행해졌다. 첫 번째 분석에서 하나 혹은 둘 이상의 질문들에 대한 대답으로서 참여자들의 의견을 조정하기 위해 그 질문들이 사용되었다. 바로 '주제 내용 분석(thematic content analysis)'이라는 것이다. 파악된 주제들은 눈에 보이는 중복이 있을 경우, 보다 큰 주제로 묶여졌다. 주제들의 상대적인 두드러짐은 발화의 빈도와 다른 그룹 참여자들로부터의 긍정적 의견을 자극한 정도에 따라 측정되었다. 이것은 다른 곳(Mace, 2006)에서 상세히 기술했다. 여기서는 지금 우리의 논의를 위한 함의를 조명하며, 간략한 요약 정도만 제시하겠다.

마음챙김의 특성

'마음챙김 경험이 되도록 하는 것은 무엇인가'라는 첫 번째 질문에 대해 모든 참여자들은 마음챙김 훈련의 일부인 경험과 그전 경험들 사이의 연속성을 인정했다. 가장 흔한 예가 요가였다. 그러나 음악 경험이 있는 두 참여자는 서양 클래식 음악의 연주와 연습을 명상적이며 마음을 챙기게 하는 수련이라고 생각했다. 알렉산더 테크닉을, 자각에 대한 강조를 통해 마음챙김 태도를 계발하는 것으로 본 참여자도 있었다. 논의에서, 참여자들은 마음챙김 경험의 특성과 기타 명상 경험—그들의 경험으로 볼 때 진실로 마음챙기게 하지 않은—과의 구분을 지어 보도록 격려되었다. 다양한 명상 경험을 가져 본 참여자들 덕분에 이것은 생산적인 시도였다. 이 점은 자세하게 탐구되지는 않았지만, 절반의 참여자들이 만트라에 기초한 기술인 초월명상 경험에 대해 언급했다. 이것은 다음과 같은 구분을 짓는 데 도움을 주었다.

1. 마음챙김은 '포괄적 자각(inclusive awarness)'이다. 초월명상과 비교하여 마음챙김 명상은 확장된 자각(expanded awarenss)의.느낌으로 이끌었다. 이 확장된 자각은 정신적, 신체적 감각뿐 아니라 명상이 행해지고 있는 공간까지도 포함한 많은 영역을 아우르는 것이다.
2. 마음챙김은 자아감(sense of self)을 유지한다. 마음챙김 명상

을 한 사람들은 자아감이 다른 명상에 참가하여 개인적 작인(personal agency)의 상실을 경험한 사람들만큼 약화되지 않았다. 그러나 이 점에 대해 참여자들 사이에 완전한 동의는 없었다.

3. 마음챙김은 특히 신체를 포함한다. 한 참여자는 바로 이 점이 마음챙김 명상과 기타 명상(초월명상을 포함한) 사이의 가장 중요한 차이점이라고 생각했다. 다른 참여자들도 이에 동의했다.

참여자들이 마음챙김 경험의 특성이라고 생각한 다섯 개의 추가적 특성은 다음과 같다.

1. 다른 것을 배제시키고 현재 있는 것에 대한 온전한 주의
2. 온전한 주의에 수반되는 평정심(equanimity)
3. 경험을 통제하려는 시도를 잠시 유예함. 있는 그대로 두기(letting be)
4. 생각으로부터의 탈동일시(disidentification)—생각은 바뀔 수 있고, 또 놓아 버릴 수도 있다는 느낌은 마음챙김 수련에서 특히 도움되는 측면으로 느껴짐
5. 일상에서의 자발적인 행동에 의존할 수 있음

마음챙김을 통한 스트레스 완화

이 그룹 참여자들이 가장 명확하게 공유했던 것은 MBSR의 경

험이었다. 그리고 참여자들이 자신의 개인적 삶에서 스트레스를 더 잘 다룰 수 있음을 발견했다는 데는 의문의 여지가 없었다. 참여자들이 실제로 어떻게 스트레스를 잘 다룰 수 있게 되었는지 발견하기 위한 주제가 논의에서 제기되었다. 참여자들은 신체적 통증의 경험보다도 정신적 스트레스, 특히 두려움의 경험에 대해 언급했다. 참여자들은 치통에서부터 만성 통증에 이르는 다양한 통증 경험을 말했다. 두려움의 제거가 이 맥락에서 강조되었다. 불치병 상황에 대한 논의에 있어, 스트레스는 앞으로 무엇이 일어날지 알지 못하며 죽을 수도 있다는 두려움과 가장 긴밀하게 연결되어 있는 것으로 나타났다. 참여자들이 이런 상황에 직면했을 때 스트레스를 감소시키기 위해 사용하는 특정 기술들은 마음챙김의 다양한 측면들을 반영했다. 생각은 생각일 뿐임을 깨달은 것의 가치를 강조한 한 참여자는 이것이 스트레스를 감소시키는 데 있어서 갖는 가치에 대해 언급했다. 보다 극단적인 위협 아래에서는 삶의 우선순위에 대한 재평가가 일어날 것이다. 그것은 삶의 매 순간에 가치를 부여하겠다는 결정을 가져온다. 치과 의자와 같은 단순한 환경에서 사용되는 특정 기술에는 MBSR의 '바디스캔'을 이용하여 호흡과 신체감각에 의도적으로 주의를 기울이기가 있었다. 타인과의 힘든 상황에 직면해서는, 표준 MBSR 가르침에서 벗어나는 기술이 사용되기도 했다. 그것은 사람과의 만남 이전에 두려움의 자리에 긍정적인 감정을 불어넣는 것이었다. 참여자들은 자신들의 준비성이 마음챙김 기술의 지속적인 수련과 더불어 더 커졌다고 말했다.

마음챙김의 점진적인 효과

스트레스에 직면하여 마음챙김을 적용하는 것과 마찬가지로, 마음챙김의 다른 측면들도 수련과 경험 축적으로 더 깊어질 수 있다. 지속적인 수련의 결과로서만 나타나는 것 같은, 마음챙김의 측면이 논의를 통해 확인되었다. 마음챙김의 경험이 그것이 최초로 의도된 영역을 넘어 확산되는 것이다. 나는 그것을 마음챙김의 '투과(permeation)' 측면이라고 부른다. '투과'는 마음챙김이 일상생활의 다양한 활동으로 점점 침투해 들어가는 과정에서뿐 아니라 온종일 알아차림을 지속하고 마음챙김 경험의 자동성이 증가하는 데서도 관찰되었다. 투과는 의도적인 노력 없이도 점점 더 자주 일어났다.

마음챙김에서 나타나는 또 다른 측면들은 타인에 대한 새로운 감각(타인에게 보다 민감하게 조율되는 느낌)과 참여자들이 보다 규칙적으로 경험하게 되는 다양한 긍정적 감정들이었다. 이 감각들에는 삶에 대한 흔들리지 않는 신뢰감, 깊은(그러나 심각하지 않은) 자애의 감정, 심오한 사랑의 감각 등이 포함되었다. 이런 감정들은 부차적인 것이 아니라 참여자들이 경험한 마음챙김의 핵심이었다. 동시에 마음챙김은 행위에 관한 것이 아니라 삶이 일어날 때 단순히 그것과 함께 있는 것에 관한 것이라는 느낌도 있었다.

마음챙김의 부정적 효과

논의의 마지막 단계에 이르러서야 참여자들은 마음챙김 수련이 가져올 수 있는 부정적 결과에 대해 언급했다. 참여자들은 공식 마음챙김 수련에 입문할 때, 또는 집중수련 환경에서 강도 높게 명상할 때의 경험에 대해 자세히 이야기했다. 거기에는 자신의 결심과 기대에 따라 살지 못하는 데서 오는 죄책감이 있었다. 또한 마음챙김 수련이 도움이 될 것임에도 불구하고 하지 않으려는 사람들에 대해 참기 어려운 감정을 느끼는 경우가 있다는 것을 인정했다. 또한 수련 과정에서 자신의 성격의 보다 힘든 측면에 대해 알게 되는 것, 그리고 현실의 무게 때문에 자신의 소중한 수련 계획을 그만두어야 하는 것에 혼란스러움을 느끼기도 했다. 그러나 이런 인식의 영향은 심각하거나 지속적인 고민의 원천이 아닌 것으로 보였다. 이런 어려움은 계속되는 수련 과정 속에서 평정심을 가지고 포용해야 할 필요가 있는 도전으로 이야기 되었다. 집중수행 참여로 인한 부정적 경험은 지속시간이 더 짧았다. 두 명의 참여자가 지속 시간은 짧았지만 마음챙김 주의의 대상이 되는 데 따른 생생한 인식 변화를 이야기했다.

질적 연구의 좋은 관행에 발맞추어 필자는 코딩과 녹취록 분석이 완료될 때까지 관련 문헌의 자세한 조사를 삼갔다. 뒤이은 그룹 참여자들의 보고와 마음챙김의 측정에 관한 현재의 문헌들을 비교하는 작업을 통해 적어도 질적 연구는 이미 조명되었던 마음챙김의 측면과 관련하여 그 경험들의 어떤 측면이 가장 두드러진 것인지 알 수 있었다.

참여자들이 경험을 '마음챙김'으로 보게 만든 여섯 개의 특징들 중 포함성(inclusiveness)과 일념성(single-mindedness)은 마음챙김 주의가 비선택적이며 완전히 집중하게 만든다는 진술과 일치한다. '평정'과 '내려놓기'의 특징들은 이제 마음챙김 주의의 구성요소로 부각되고 있는 '수용'과 '비반응성'을 반영한다(Bishop et al., 2004; Brown & Ryan, 2004). 생각으로부터의 '탈동일시'나 '자연스러운 행위'에 대한 관찰은 마음챙김을 조작하는 몇몇 시도에서도 인식되었던, 그러나 다른 곳에서는 인식되지 않았던 영역을 가리킨다. 생각으로부터의 탈동일시는 FMI나 TMS에서의 묘사 혹은 TMS가 기초하고 있는 인지적 '탈동일시'의 개념와 같은 용어로 묘사되고 있었다. 자연스러운 행동은 리네한(2003)이 강조하고 KIMS, CAMS, FFMQ(그리고 아마도 실제에 있어서는 MAAS까지도)에서 의도적으로 제시된 '마음챙김 하며 행동하는' 기술과 유사하다.

이들 참여자들이 내린, 기타 명상 경험과 마음챙김 명상 경험 사이의 여러 비교는 마음챙김에 관한 심리학적 문헌들에도 나타나 있다. 그룹 참여자들이 마음챙김 자각을 내적, 외적 대상에 대한 알아차림을 포함하는 모든 형태의 경험을 포괄하는 것으로 이야기했지만, 자가보고식 측정은 그것들이 질문하는 경험의 범위에 있어 큰 차이를 보인다는 사실이 이전에 제공된 설명으로부터 분명해질 것이다. 그러나 지금까지 살펴본 모든 마음챙김 척도들은 신체 감각에 대한 알아차림을 언급하고 있다. 신체 감각은 명상 경험을 경험의 내용과 구분하여 마음챙김으로 인식할 때 가장 '마음챙김적인' 종류의 집중이었기 때문에 그 강조는 정당한 것처럼 보인다.

그룹 참여자들은 쉽게 실감할 수 있는(보통의) 경험의 측면과 수년이 지나야 경험할 수 있는(불시에 나타나는) 측면들을 구별해 보라는 요구에 별 주저 없이 응했다. 위에서 요약한 질문지를 사용한 가장 최근의 연구가 있기까지 이전의 수련이 마음챙김 경험에 미치는 영향은 질문지를 사용한 연구에서, 이 장에서 인용한 신경생리학 연구나 심리 기능에서 볼 때 그것이 매우 중요하다는 것을 보여주고 있음에도, 상대적으로 탐색되지 못한 영역이었다. 기존의 단계별 측정은 명상 경험자와 비경험자를 구분하기 위한 의도로 설계되었다. 이것은 모든 수련자에게 공통적인, 그러나 경험을 쌓아 가면서 더 개발될 수 있는 마음챙김 기술을 확인하는 것이었다. FMI는 이 점을 시도했다는 점에서 주목할 만하다. FMI는 마음챙김 수련에 반드시 필요하다기보다 마음챙김 수련의 결과로 해석할 수 있는 항목들을 다수 포함하고 있기 때문이다.

FMI에는 자기에 대한 긍정적 태도에 관한 항목이 있다(예: '일이 잘 되어 가지 않을 때도 나는 자신에게 호의적이다' 등). 한편 MAAS나 FMI, TMS 등은 필자가 '투과'라고 부른 것의 다른 측면들에 상응하는 항목들을 가지고 있다. 이 세 가지 모두 주의의 범위와 연속성에 대해 관찰하게 하지만, FMI만이 마음챙김 경험의 자발성을 다루고 있는 것으로 보인다(예: '상황이 정신없고 스트레스를 받을 때도 나는 내적 평화와 편안함을 경험한다'). '타인에 대한 조율'은 어떠한 주요 마음챙김 척도에서도 다루지 않는, 포커스 그룹 참여자들에 의해 인식된 특징으로 남아 있다(이들 척도 중 오직 FMI만이 타인에 대해 언급하고 있다. 이것은 응답자가 타인에 대해 얼마나 참을성이 없는가를 측정하는 유일한 항목이다). 마음챙김에 기반한 치료적 접근에 대한 비판 중 하나가 대인관계를 소홀하게 다룬다는 것이기 때문에(예: Horowitz, 2002) 이것은 묘사적 중요성뿐 아니라 전략적 중요성도 누락하고 있는 것으로 보인다.

대인관계 외에도 단계별 척도에 있어 소홀히 다뤄진 부분에는 마음챙김의 보다 정서적인 측면—이 그룹에서 경험했듯이 '창발적 사랑(emergent love)'이나 '연민(compassion)' 같은—이 있다. 한편 FMI는 이 그룹의 논의와 다른 척도의 내용에서도 두드러지지 않았던 요소들을 포함하고 있다. 거기에는 '덧없음(transience)'('나는 내 경험이 얼마나 짧고 덧없는 것인지 알고 있다')과 '상위인지(metacognition)'('나는 지금 상황을 지금까지와 다른 관점에서 바라본다' '나는 내 행동의 이면에 주의를 기울인다') 같은 것들이 있다. 흥미롭게도 이들 항목들은 척도의 내적 요인 구조 내에서 안정된 지위를 찾지 못했던 것들이었다(Buchheld et al., 2002). 이것은 그것들이 일어나는 것은 우연이거나 마음챙김의 불필요한 측면이거나, 혹은 그것들 자체가 마음챙김 경험이 쌓여 가면서 나타나는 창발적 측면—이 탐색적 질적 연구에서는 파악할 수 없었던—임을 암시한다.

마음챙김의 체계적 연구라는 관점에서 볼 때 이 훈련은 많은 한계에도 불구하고 결코 무시할 수 없는 함의를 적어도 한 가지 가지고 있다. 그것은 연구 대상 현상의 범위에 대한 적절한 질적 탐색이 선행되어 믿을 만한 단계별 척도를 확립하는 데 도움을 주어야 한다는 것이다. 이것은 심리학 연구의 다른 영역에 있어서도 좋은 관행이다. 그런데 이처럼 가장 내관적인(introspective) 현상에 대한 탐구에서 그것이 무시되어 왔다는 것은 아이러니컬하다.

여기에 더하여 근거이론에서 차용한(Strauss & Corbin, 1990; Charmaz, 2001) 기법들을 가지고 더 자세한 '상향식(bottom-up)' 방식으로 더 깊이 대화의 숨은 구조를 탐색하기 위한 자세한 코딩 작업이 이루어졌다. 이 작업은 대화를 이끈 질문들과 상관없이 자료의 주제를 확인해 주었다. 대화의 내용에 화자들이 언급한 개념으로 이름을 붙일 수 있을 때마다 의미 단위들이 확인되어 모두 88개의 서로 구별되는 의미 단위들이 생성되었다. 그 의미 단위들의 의미론적 관계는 NVivo 2.0 같은 소프트웨어 프로그램으로 탐색되었다(Gibbs, 2002). 그리하여 점진적이고 계층적인 구조 내에서 그것들을 정렬했다. 의미 단위가 다른 단위에 완전히 포함될 수 없을 때는 나무 구조(tree structure)에서 더 추상적인 축 마디(axial nodes) 아래에 배열되었다. 점진적 반복을 통해 그룹 대화의 함축적인 내적 구조가 확인되었다. 그리고 그것들은 나무 구조 최상부에 위치한 세 개의 서로 독립적인 축 노드 근처에 정렬되었다. 그 세 개의 축 노드는 마음챙김(mindfulness), 질병(illness), 그리고 자아/정체성(self/identity)이었다. 이것들이 다른 모든 주제들을 포함했다.

'근거이론'(Charmaz, 2001)의 절차에 따른 논리적 결론을 이끌어 내기 위한 조사를 계속함으로써 개념적 위계구조의 정점에 위치한 단일 구성개념을 확인할 수 있었다. 이 논의의 모든 내용은 실제로 이 중심 이론을 자세하게 풀어 놓은 것에 지나지 않았다. 새롭게 나타난 그 구성개념은 '체화(體化, embodiment)'였다.

이런 종류의 탐색적 연구는 장래의 양적 조사에 대한 함의 외에 또 어떤 것을 우리에게 말해 주는가? 첫째는, 주제 분석을 통해 질문지로 확인되었던 것보다 더 많은 질적 특성들이 '마음챙김'과 관련되어 있다는 것을 확인할 수 있었다는 점이다. 이런 점에서 단 1회의 그룹 토론은 충분하지 않을 수 있다. 완전한 연구는 동일 모집단에서 나온 서로 다른 참여자 그룹들에 대해 새로운 그룹이 더 이상 새로운 주제를 만들어 내지 못할 때까지 동일한 과정을 거치게 만들어야 한다. '포화(saturation)'라고 이름 붙인 이 시점이 되어서야 그룹들이 '마음챙김'의 영역에 대한 충분한 탐구를 제공했다고 결론 내릴 수 있다. 이렇게 함으로써 FMI상의 항목으로 통합된 상위인지 또는 우호(friendliness) 같은 추가적 관찰들이 공동항목에 추가될 수 있다. 혹은 포화 상태에 이르렀더라도 공동항목에 들어오지 못할 수도 있는데 그것은 그것들이 여기서 제기되지 않은 마음챙김의 이해 방식을 대변하기 때문이다. 한 모집단의 마음챙김 경험과 다른 모집단의 경험 사이에는 더 이상 줄일 수 없는 차이가 있을 가능성이 존재한다〔이것의 가능성은 엘런 랭어(Ellen Langer)의 연구에서의 차별성을 보면 분명하다. 이것은 '마음챙김' 문제를 다양한 측면에서 바라보는 것과 같은 상위인지 기술과 완전히 동일시하는 비불교적 '마음챙김' 개념을 표현한다(Langer, 1989 참조). 이 책에서 논의된 어법의 범위 내에서조차 샤피로 등(2006)의 주의력뿐 아니라 의도와 태도의 결과물로서의 마음챙김의 공식화는 일관된 차이가 생길 수밖에 없게 만든다. 왜냐하면 의도와 태도는 훈련 체계에 따라 서로 다르기 때문이다〕.

만일 마음챙김이 MBSR 같은 수련자들에게 공통된 특정한 풍미(flavour)를 갖고 있다면, 그러나 그것이 예를 들어 위빠사나 수행자들과는 공유되지 않는 것이라면 두 번째 분석 방식인 근거이론은 두 수련의 핵심 초점 측면에서 차이를 명확히 하는 방법을 제공한다. 체화의 중심성이 모든 마음챙김 수련에 해당되는 것인지, 아니면 MBSR의 특징인지는 계속 지켜보아야 한다. MBSR에 대해서는 다음 장에서 마음챙김을 임상실습에 적용하는, 널리 사용되는 다른 방식들과 더불어 자세히 살펴볼 것이다. 이 분석 과정의 그룹 토론에서 체화를 핵심이론으로 언급한 이래로, 나의 추후 MBSR 경험 중 어느 것도 체화가 MBSR의 주요 구성 원리라는 것에 모순되지 않았다.

마음챙김의 심리적 효과: 투영검사법으로부터 나온 증거

진정으로 만족할 만한 마음챙김에 대한 측정법이 증가되고 있다. 마음챙김 훈련이 피훈련자의 마음챙김이 증가하기 때문에 효과가 있다는 객관적 증거가 전혀 없다는 비숍(2002)의 관찰에 도전하는 잠정적 증거들이 계속되고 있기 때문이다. 마음챙김 훈련과 관찰된 임상적 효과 사이의 매개 역할에 대한 연구가 계속되고 있다. 그리고 마음챙김 훈련에 뒤이어 변화가 일어나는 심리적 요인들에 대한 연구도 계속되고 있다. 그러나 이런 이유로 마음챙김이 가져오는 전반적인 심리적 변화의 성격에 대한 근본적 탐구보다 왜 마음챙김이 특정 과정을 통해 특정 효과를 갖는지에 대한 설명이 강요되고 있다. 만약 1장에서 살펴본 전통적 이론들이 어떤 근거를 갖는 것이라면 이들 효과들은 동시에 경험의 많은 측면들에 영향을 미치는 매우 폭넓은 것이 될 것이다. 고전적 불교 문헌과 현대 심리학 모두에서 이것이 표현된 하나의 방식이 바로 마음챙김 명상이 조건화된 마음을 되돌린다는 것이다.

이것에 대한 선구적 연구는 브라운과 엥글러(Brown & Engler, 1986)에 의해 1970년대에 행해졌다. 그 의도는 지각 및 인지 과정에서 드러나는 정신적 기능을 비교하기 위한 것이었다. 이 연구는 1960년대와 1970년대 성격과 심리갈등의 분석에 사용된 투영검사법에 명상가들이 반응하도록 함으로써 실시되었다. 여기에는 유명한 로르샤흐 검사(10개의 잉크 얼룩을 주고 그것들 사이에 자유로운 연관을 지어 보라는)도 포함되었다. 브라운과 엥글러는 세 검사자 그룹—3개월 집중수행에 참가한 미국 명상가들, 그리고 스승들에 의해 명상 수준이 매우 '깊다'고 평가받은 경험이 풍부한 미국 명상가들, 그리고 일군의 미얀마 명상가와 그 스승들—을 조사했다. 미얀마 명상가와 그 스승들 그룹이 포함된 것은 그들 모두 인정받은 깨달음의 상태에 있다고 말하고들 있기 때문이다(승려가 아닌 그 학생들은 모두 그 깨달음의 경험이 명상 시작 3년 이내에 찾아 온, 그리고 집중수행 경험이 미국 명상 '초보자'들의 경험보다 훨씬 적은 아내와 어머니들이었다는 점에서 가장 흥미로운 그룹이다). 투영검사법 결과를 분석하기 전에 표본을 분류했다. 배경이나 알려진 명상 경험에 의해서가 아니라 명상적 성취 수준에 대한 평가에 의해 분류했다. 이를 위해 깨달음의 다음 다섯 단계를 설정했다(브라운이 수행한 기존의 이론적 연구와 일치한다). 즉, 초보자 그룹, 집중(사마디, samadhi) 그룹, 통찰 그룹, 고급 통찰 그룹, 마스터(여기에는 남아시아 표본의 스승 단 한 사람만 있었다)가 그것이다. 각 학생들에 대한 분류작업은 적어도 두 사람의 전문가 스승의 합의와 이전 연구자들에 의해 개발된 명상경험프로파일(Profile of Meditative Experience: POME)(지금은 구할 수 없다)이라는 척도의 질문에 대한 학생들의 응답을 조합하여 실시했다. 이 질문지는 『청정도론』(Buddhaghosa, 1999) 같은 고전적 명상지침서와 현대의 명상 지도자들에게 제공되는 훈련법에서 선별한, 무려 6백 개 이상의 질문으로 구성되었다. 이것은 사람들의 명상 성취에 대한 지표로서, 그들 자신이 보고한 경험에 기초하여 위에 열거된 다섯 그룹 중 하나에 분류되도록 한다.

그 결과, 가장 큰 그룹인 초보자 그룹은, 3개월 집중수행 후에도 여전히 초보자로 남아 있는 15명, 집중은 얻었지만 통찰은 얻지 못한 13명, 그리고 3단계 진입에 필요한 직접적인 '통찰'을 획득한 3명으로 나누어졌다. 이들 세 명은 과거에 적어도 5년의 명상 경험을 갖고 있다는 점에서 함께 집중수행을 했던 다른 사람들과 달랐다. 명상 경험의 깊이를 인정받아 연구에 참가하도록 초대된 나머지 8명의 미국인들은 측정 후 '통찰' 그룹과 '고급 통찰' 그룹으로 동등하게 나뉘었다. 마스터 그룹의 유일한 참여자는 남아시아에서 나왔다. 다른 모든 남아시아 참여자들은 경험 기간이 상대적으로 짧았음에도 불구하고 '고급 통찰'을 갖고 있는 것으로 분류되었다. 다른 문화에서 온 사람들에게 이 명상 전통의 상대적 수용 가능성에 대한 중요한 질문을 제기하는 것 외에 나머지 9명의 미얀마 참여자들은 연구에 적극적인 기여를 하지 못했다. POME을 참여자들의 모국어로 번역하는 데 바친 노력에도 불구하고, 연구자들은 로르샤흐 해석에 있어서의 비교문화적 어려움이 검사 결과의 보고를 어렵게 했다는 사실을 절감했다.

이 결과는 좋지 않은 것으로 보일지 모른다. 왜냐하면 다른 참여자들의 수행에 대해 제공된 상세한 보고는 주목할 만하기—소속 그룹에 따라서 명확한 구분과 일관된 차이를 보여 주는—때문이다. 계속해서 초보자 그룹에 남아 있었던 참여자들에 대한 로르샤흐 검사는 그들이 집중수행 참가 이전에 실시했던 검사 결과와 의미 있는 차이를 보여 주지 않았다. 집중 그룹에 속하게 된 사람들은 '연상에 의한 정교화의 비생산성과 부족(unproductivity and paucity of associative elaborations)'에 있어서 주목할 만한 반응을 하였다. 그들은 자신들이 정교하게 연관 짓고 또 부서진 지각의 층을 재결합시킬 것을 요구하는 연구자들이 자신들을 힘들게 한다며 불만을 표시했다. 동시에 그들은 잉크 얼룩을 잉크 얼룩으로 보면서 그것의 모양, 색깔, 감촉 등을 언급하며 잉크 얼룩의 물리적 특성을 예민하게 자각하고 있었다. 그들에게 다른 이미지를 가지고 시도해 보라는 요구에 반응하게 하면, 이 이미지들은 매우 유동적이며 재빨리 변화하는 것으로 보고되고, 조사 대상자들은 이런 일이 일어나는 자기 내면의 과정에 대해 호기심을 가졌을 것이다.

통찰 그룹을 형성한 과거 집중수행 참여자와 초청 대상자들의 로르샤흐 검사 결과도 인상적이었다. 마치 피험자들의 상상력과 연상 과정에 해방이 있는 것처럼 그들은 '연상에 의한 정교화 노력에서 증가된 생산성과 풍부함'을 보여 주었다. 피험자들이 자유롭고 은유적으로 잉크 자극의 특성과 그것이 일으키는 감정적 반응에 대해 이야기하자 연구자들은 발달 화법(developing narratives)이 보일 수 있는 것에 대해 언제나 매우 수용적이라는 것을 주목하였다. 그들은 이것을 대상자들의 '증가된 실재 조율'의 증거로 언급했다.

검사를 평가하는 데 일반적으로 사용되는 해석적 기술에 비추었을 때, 그 화법은 성적 혹은 공격적 충동에 대해 개인적인 심리적 갈등의 증거를 보여 주는 반면에, 매우 삶에 긍정적인 내용을 담고 있었다.

소수의 '고급 통찰' 그룹에서는 세 가지 로르샤흐 검사 결과가 나왔는데 연구자들은 다시 한 번 다르지만 일관된 것임을 발견했다. 그들은 얼핏 보기에 첫 두 그룹보다 훨씬 더 정상적인 것으로 설명된다. 그들은 통찰 그룹처럼 생산적이지만 덜 확산적 방식으로 이루어지며 집중 그룹의 반응을 연상하게 하는 신체적 특징과 인지된 운동에 대한 주의를 동반한다. 그러나 그들이 다른 그룹과 구분되는 점은 이 그룹에서 4명 중 3명이 '잉크 자국을 형태와 에너지 혹은 형태와 공간의 상호작용으로 인지' 하는 경향을 반복적으로 나타낸다는 점이다. 이것은 잉크 자국이 잉크로서보다 에너지나 공간으로서 보인다는 것을 의미한다. 한편 대상자들은 구분되면서도 서로 연관된 수준을 가진 인식에 대해 이야기하고 있었다. 에너지와 공간에 대한 그들의 언급은 잉크 자국의 형태와 연관되지만 물질이 움직임으로 인식되는 세계의 다른 에너지 혹은 공간적 실체와의 체계적 관련성에 관한 논의 속에서 정교화되었다. 또한 연구자들은 전통적인 심리학적 관점에서 대개 많은 내적 갈등의 원천이라 할 수 있는 개인적 어려움을 설명함에 있어서, 이들이 비범한 수준의 비방어적 태도를 보여 주었다는 것도 언급하였다.

'마스터 그룹'의 로르샤흐 검사는 아시아 대상자로부터 나온 유일한 검사로 간주되었다. 마스터는 한 번도 잉크 자국을 마음의 투사 이외의 것으로 간주하지 않았다. 나아가 과거 로르샤흐 검사 경험이 없었던 마스터는 10개의 모호한 이미지들을 그것들이 제시된 순서대로 이용하여 인간의 고통 종식에 관한 붓다의 가르침과 관련된, 설득력 있는 담론을 만들어 냈다. 앞쪽의 카드로는 여러 종류의 고통을 묘사했고 중간 카드는 그것을 영속화시키는 마음의 습관을 묘사했다. 마지막 카드들은 해방과 그것의 자유로운 결과 과정을 묘사했다. 전체적으로 마스터는 자신의 이야기를 위한 이미지 선택과 음영의 차이에 특히 민감한 것에 있어서 각 잉크 자국의 특징을 통합했다.

투영검사법은 심리적 진단 도구로서 전반적인 인기를 잃었다. 그것의 해석적 도식은 정신역동 이론에 매우 의존해 있는데, 바로 그 모호성 때문에 임상 검사에 사용될 때 신뢰성에 의문을 갖게 만든다. 그러나 로르샤흐 반점 같은 검사 도구나 1930년대 머레이(Murray)와 모건(Morgan)이 개발한 주제통각검사(TAT)에 사용되는 그림 이야기 꾸미기 같은 도구들은 어떠한 해석적 도식에도 의존하지 않고, (대상자의) 투영된 정신적 내용을 드러내는 방법을 제공한다. 마음챙김이 인지적 경험의 조직화에 어떤 효과가 있다면, 이런 종류의 도구들이 넓은 범위의 경험과 성취를 아우르는 서양 명상가들의 다른 표본들에 대한 향후 연구에서 사용되지 않을 이유는 없어 보인다.

여기서 살펴본 네 종류의 연구—생리적, 질문지 기반, 질적, 투영—모두 현재 유사한 문제를 겪고 있다. 연구방법이나 표본 추출, 혹은 이 두 가지 모두의 비일관성은 그 어느 연구도 최적의 조건에서 조사되었을 때 그 방법론이 마음챙김에 관해 무엇을 밝혀 줄 것인지 보여 줄 수 있다고 주장할 수 없다는 점이다.

결 론

마음챙김에 관한 우리의 이해는 과학적 조사방법으로 뒷받침될 수 있다. 마음챙김을 특정한 뇌의 상태와 연결시키려는 시도는 기능적 영상 분석 기술의 발달에 의해 도움을 받아야 한다. 그런 시도들은 서로 다른 명상 관련 주관적 상태에 대한 구분에 있어서 명확성의 부족 때문에 제한되어 왔다. 경험적 연구에서 나온 증거로 볼 때 '마음챙김'이 정적인 상태가 아니라는 것은 분명해 보인다. 마음챙김의 분명한 특징은 적어도 개인의 수련 경력(아마도 강도)에 반영되어 나타난다. 마음챙김 고유의 심리적 특징과 그것의 결과를 나타내는 특징들을 구별하기 위한 추후연구가 필요하다. 누진적 효과가 고려된다 하더라도 '마음챙김'이 반드시 단일 현상은 아니라고 생각할 이유가 있다. 관련된 현상에 대한 탐색적 질적 연구를 시도하는 것을 연구자들이 모두 꺼리는 것은 물론, 수련자들의 경험을 고려하지 못하는 점은 마음챙김을 측정하는 척도를 만들려는 시도를 제한해 왔다. 마음챙김에 대한 앞으로의 과학적 조사가 일관되고 생산적인 것이 되려면 겉으로 보기에 서로 일치하지 않는 이런 미개척 분야들 각각에 대한 더 많은 연구가 필요하다.

Chapter 3 마음챙김 치료

떠도는 주의를 계속해서 되가져오는 능력이야말로 판단과 성격, 의지의 근간이다.
이 능력이 없으면 누구도 제대로 된 정신(*compos sui*)이라고 하기 어렵다.
이 능력을 계발시키는 교육이야말로 우수한 교육이다.

-제임스, 1927: 95

Mindfulness and Mental Health

마음챙김 수련의 전통적인 목표와 방법은 1장에서 소개했다. 정신건강 전 영역에서 그것이 갖는 함의는 정신적 고통을 경감하는 데 사용되는 심리치료 안에서 마음챙김을 사용하는 것에 의존해 왔다. 이것은 매우 다양한 형태를 띠는데, 거기서 마음챙김의 기여는 분명히 겉으로 드러날 수도 있고 그렇지 않을 수도 있다. 이 장은 정서적 어려움을 다루는 데 있어 마음챙김을 활용하는, 점점 더 범위가 확장되는 치료 접근법에 대해 고찰한다. 이 치료 접근의 영역은 잠재적으로 광대하며, 다른 것들보다 특히 우선순위를 줘야 할 필요가 있는 경우에는 치료 접근법들의 이용 가능성(특히 공중 정신건강 서비스 내에서)과 이론적 중요성을 반영할 것이다.

정신역동치료 안에서의 마음챙김

마음챙김을 심리치료 기법에 통합하는 것은 심리치료의 핵심으로 우리의 주의를 이끈다. 정신치료가 치료자와 환자 사이의 상호작용에 크게 의존하고 있다는 사실에 비추어 볼 때 임상 문헌에서 주의(attention)의 중요성이 별로 주목받지 못하고 있다는 사실은 놀랍다. 그에 대한 예외가 프로이트다. 그는 정신분석가의 주의가 정신치료에 필수적이라고 생각했다. 프로이트에 따르면

> 정신분석가는 '고르게 떠 있는 주의(evenly hovering attention)'를 유지해야 한다. …… 주의 능력에서 모든 의식적인 노

> 력이 유보되어야 한다. 그리고 '무의식적 기억'이 완전히 발현될 수 있도록 해야 하며, 혹은 기술적 관점에서 그것을 순수하고 단순하게 표현해야 한다. 즉, 치료자는 단지 듣기만 해야 하며 특별히 무언가를 마음에 새기고자 노력할 필요는 없다. 이렇게 하지 못할 경우 분석가는 자신이 이미 알고 있는 것만 발견하게 된다(Freud, 1912: 111-112).

독일어 *gleichshwebende Aufmerksamkeit*에는 뉘앙스가 있다. '고르게 유지되는' 주의가 아니라 '고르게 떠 있는' 주의라고 번역하는 것이 중요하다. 주의는 매우 깨어 있는 상태로 되돌려지는 것뿐만 아니라 그것이 경험의 영역에 걸쳐 떠 있으면서 고르게 퍼진다. 프로이트의 권고는 매우 단순하지만 그것을 실천하기는 쉽지 않다. 조용히 명료함을 모으는 단계에서 명료함을 없애는 효과를 갖는 해석적 선언으로 건너뛰려는 유혹은 거부하기 어렵다. '고르게 떠 있는 주의'의 이후 역사는 프로이트의 직속 후계자들에 의해 왜곡되었다. 엡스테인(Epstein, 1984)이 말하듯이, 판단과 이론화(theorisation)의 유보에 대한 권고는 분석가의 부분적이고 즉흥적인 해석에 대한 변명으로 변질되었다.

아마도 이것과 관련하여 영국의 정신분석가 윌프레드 비온(Wilfred Bion)은 정신분석가들이 자신의 주의 과정을 다듬어야 한다고 요구했다. 그는 자신의 책 『주의와 해석(*Attention and Interpretation*)』에서 이렇게 이야기한다.

> 정신분석가에게 자신의 욕망과 이해를 잊고 억제하는 능력은 필수적인 훈련으로 간주되어야 한다. 이런 훈련을 하지 않으면 분석가가 반드시 지녀야 하는 관찰력은 퇴락하고 말 것이다. 이런 훈련에 부지런히 노력하는 것은 분석가의 정신적 힘을 강화시키는 것이고, 이 훈련을 게을리하는 것은 분석가의 정신적 힘을 쇠퇴하게 만든다(Bion, 1970: 51-52).

비온의 우려는 정신분석가가 현상의 관찰에 자신의 주의를 충분히 사용하지 않는다는 점이었다. 비온은 이것이 문제라고 보았다. 그가 말하는 필수적인 훈련의 요점은 분석가의 의식이 자신의 선입견에 '물들지(saturated)' 않도록 하려는 것이다.

> 만약 정신분석가가 자신의 기억, 욕망, 이해를 구속하지 않고 마음대로 허용한다면 그의 의식은 습관적으로 선입견에 젖을 것이고, 이러한 '습관'은 정신분석가가 O로부터가 아닌 '의미'로부터 순간적이고 잘 훈련된 포화상태에 의존하도록 이끌 것이다(Bion, 1970: 51).

프로이트의 지침은 '맨주의(bare attention)'를 획득하는 전통적인 방법과 일관된 면이 있다. 그러나 비온에게는 이 점이 프로이트의 경우보다 분명하지 않다. 예를 들어, 비온은 분석가가 자신의 주의를 기억, 욕망, 이해로부터뿐 아니라 감각 지각으로부터도 거둬들여야 한다고 주장한다.

프로이트는 자신을 인위적으로 눈멀게 하는 것에 관해 말한다. 이런 인위적 눈멂 상태를 달성하기 위한 방법으로 나는 분석가가 자신의 기억과 욕망을 삼가는 것의 중요성을 지적한 바 있다. 그 과정을 지속하고 확장하면서 나는 삼가야 할 성질에 분석가의 이해와 감각 지각도 포함시킨다. 분석가가 자신의 기억, 욕망, 이해, 감각 인상을 유보하는 것은 완전한 현실 부정 없이는 불가능해 보인다. 그러나 정신분석가는 보통 현실이라고 알려진 것과는 다른 뭔가를 찾으려는 사람이다(Bion, 1970: 43).

비온은 분석가가 말 너머에 있는 정신적 실재(psychic reality)—그는 이것을 'O'라 했다—에 대한 초감각적 이해에 도달하기 위해서는 '직관'을 계발할 필요가 있다고 말한다. 비온은 이 과정을 확신(faith)의 F라고 부르며, 분석가가 이러한 확신에 익숙해지면 그것은 논리나 감각 증거만큼이나 신뢰할 수 있는 것이 된다고 주장한다. 분석가는 자신의 기억, 욕망, 이해를 일시적으로 유보함으로써 평소에는 숨겨져 있던 미분화된 느낌을 경험할 수 있다. 이것은 정신적 실재에 대한 직접적 경험의 일부가 될 수 있다.

이것은 명상 경험에서 흔히 보고되는 바이지만 비온은 이것과 명상과의 직접적인 연관성을 이야기하지 않는다. 그는 이 완전한 유보(곧, 명상)와는 별개로 다른 주의 훈련을 이야기한다.

함께 혹은 하나씩 기억, 욕망, 이해, 감각의 기능을 억제할 수 있다. 이런 것들의 기능을 억누르는 훈련을 하면 필요에 따라 그것들을 자유자재로 억제하는 능력으로 발전할 수 있다. 이것

> 은 한쪽 눈의 시력이 좋지 않으면 다른 쪽 눈을 더 많이 사용하게 되는 것처럼 하나의 기능을 억압하면 다른 기능을 더 활성화시킬 수 있는 이치다(Bion, 1970: 44).

그러나 비온은 감각 인상(sense impressions), 그리고 감각 인상이 만들어 내는 사고와는 전혀 다른, 직관으로 이해한 실재의 중요성을 일관되게 강조한다.

> 분석가가 실재와 더 가까워질수록 환자의 실재와 더 하나가 될 수 있다. 반대로 분석가가 실제 사건에 더 의존할수록 그는 감각 인상의 배경에 좌우되는 자신의 사고에 더 의존하게 된다(Bion, 1970: 28).

비온의 임상 철학이 불교의 관점과 얼마나 관련성을 갖는지는 계속해서 탐구해야 할 커다란 주제다. 1장에서 논의된 인지 이론과 일치되는 '선입견(preconceptions)'과 욕망에 부차적인 것으로서 비온이 사고를 이해한 데에는 많은 측면이 있다. 그러나 자신의 초심리학에서 비온은 종종 불교적이기보다는 베단타적이라 할 수 있는 영혼이나 진리 등에 관한 신비적 개념에 몰두한다.

프로이트와 비온의 비판은 분석가의 수용성과 관찰의 예민함을 연마하라는 것이었으며, 분석가의 일반적 마음 습관에 의해 흐려지는 특징에 대한 독특한 이해를 포함했다. 주의를 훈련하는 것은 분석가가 관찰과 분석을 더 효과적으로 하도록 도움을 주기 때문에 주의는 중요해진다. 또한 비온은 환자를 위하여 분석가는 주의 훈련을 게을리하면 안 된다고 강조한다.

> 만약 정신분석가가 자신의 기억과 욕망을 버리려는 노력을 하지 않는다면 환자는 이것을 '느낄' 수 있고 자신이 분석가의 마음 상태, 즉 정신분석가가 가지고 있는 '욕망'에 빠져 들어갈 수밖에 없는 상태가 된다(Bion, 1970: 42).

비온이 정신분석 과정에 관한 자신의 견해를 수립해 가고 있는 동안 캐런 호나이(Karen Horney)는 주의를 분석 기술의 초석으로 만들었다. 여기서 그녀는 이해와 주의를 연결시킨다.

> 나는 분석가의 주의와 이해의 질에 대해 생각해 보았다. 왜냐하면 분석가가 환자에게 줄 수 있는 모든 도움은 그의 이해로부터 나오기 때문이다. 약간 과장해서 표현하면, 분석가의 이해가 완전하다면, 분석 기법에 대한 어떠한 책도 필요치 않을 것이다(Horney, 1951: 99).

호나이는 효과적인 치료작업이 분석가의 주의의 질을 반영한다고 주장했다. 분석가의 주의의 질은 다음 세 가지(중복되는) 특징을 갖는다. 첫째, 전념(wholeheartedness), 둘째, 포괄성(comprehensiveness), 셋째, 생산성(productiveness)이 그것이다.

호나이가 말하는 전념이란 분석가가 자신의 작업에 집중 혹은 몰입하는 힘으로서 마음의 어떤 방향 성향도 후일에 참고하기 위해 기억하는 것이다. 환자에게 정성껏 봉사하는 것은 동시에 일종의 자기 망각을 필요로 한다고 그녀는 말한다.

> 전념으로 주의를 기울이는 것의 또 다른 측면은 무제한의 수용성(unlimited receptivity)이다. …… 모든 것이 자기 자리로 가라앉도록 내버려두는 것이다. …… 내가 말하는 집중력은 분석가의 느낌까지도 포함하는 것으로 냉정하고 거리를 둔 관찰을 말하는 것이 아니다. 무제한의 수용성은 당신의 모든 느낌과 함께 그 속에 존재하는 것이다. (호나이는 여기서 특히 환자에 대한 느낌을 말하고 있다) …… 내가 줄 수 있는 최상의 조언은 모든 것이 나타나고, 일어나고, 그리고 적절한 때에 관찰되어야 한다는 것이다(Horney, 1987: 20−21).

포괄성에 대하여 호나이는 말한다. "모든 것이 가라앉도록 내버려둔다'는 것은 '너무 일찍 선택하지 말라(Don't Select Too Early)'는 것이다."(21) 그녀는 수용성을 방해하는 개인적 맹목성을 포함하여 이것에 대한 많은 실질적인 문제들을 기술하고 있다. 그밖에도 너무 빨리 개입하는 것(왜냐하면 선입견이 경청을 방해하고 모든 것이 제자리를 잡아가는 것을 방해하기 때문이다) 등이 포함된다. 호나이는 분석가가 자기 자신에게 주의를 기울일 필요가 있다고 권고한다. 왜냐하면 분석가 자신이 현재 일어나고 있는 것에 주의를 기울이는 '도구'이기 때문이다. 이렇게 분석가는 관심과 무관심의 신호에 대한 자신의 주의를 모니터한다. 이것은 환자가 시시각각 노력을 기울이는 정도를 파악하는 것에 의해서 보완된다. 계속해서 분석가는 환자의 불편함과 그들에게 일어나는 변화에 지속적인 주의를 기울인다. 호나이는 그 범위가 무한하지만 차를 운전할 때처럼 "더 많이 이해할수록 더 많은 관찰과 인상이 행동을 같이하고 그것들에 주의를 기울이기가 더 쉬워진다."고 말한다(26-27).

세 번째 측면인 생산성은 아마도 가장 독창적인 것이다. 또한 이것에 대해 호나이가 상당히 다른 두 가지 설명을 하고 있다는 점에서 가장 문제가 많다. 두 가지 모두 "무언가가 움직이도록 하기" 위한 훈련된 주의의 (가치 있는) 경향을 반영한다(Horney, 1951: 189). 어떤 설명에서(Horney, 1987) 그녀는 무언가를 이해하는 분석가의 능력으로 생산성을 묘사한다. 또 다른 곳에서는(Horney, 1951) 주의의 생산성이 환자 자신에 대한 스스로의 자각, 분석가에 대한 신뢰, 갈등에 대한 두려움, 스스로에 대한 책임감의 수용에서 분명하게 드러난다고 한다.

환자에 대한 주의의 확장은 분석가가 숙련된 관찰자가 되도록 돕는 것 외에도 그 자체가 치료적일 수 있다고 호나이가 말한 것은 그녀가 당시 선불교를 접한 것과 무관하지 않다. 또한 비온이 직관을 그것 자체로 목적으로 본 이상 정신분석과 '치료'를 동일한 것으로 보는 것에, 그리고 측정된 진보에 대한 호나이의 신념과 일치하지 않는 '개선'의 가치(Symington & Symington, 1996: 171 참조)에 매우 회의적이었다는 것에 주목할 필요가 있다.

불교적 이해를 자신의 작업에 통합시킨 다른 두 명의 분석가들이 '맨주의'에 대해 명료하게 설명했다. 마크 엡스테인은 이렇게 썼다. "이런 종류의 주의가 그것 자체로 치유적이라는 것은 불교심리학의 근본적 교의다."(Epstein, 196: 110) 그리고 니나 콜타트(Nina Coltart)는 분석가의 작업의 모든 측면에 대한 주의의 중요성을 언급한 후에 맨주의의 치유적 잠재력에 대한 인식을 정신분석가에게 곧바로 적용시킨다.

> 불교의 가르침은 아무리 작은 것이라도 모든 형태의 괴로움을 경감시키는 직접적 목적을 가진 바와나(*bhavana*) 혹은 마음의 계발이라고 하는 것이다. 그 방법과 목적은 불가분의 관계로 서로 밀접하게 연결되어 있다. 그러므로 내게는 직접적 현재에 대한 중립적 주의—무엇보다 우리 자신의 마음에 대한 연구를 포함하는—가 가장 예리하고 믿을 수 있는 정신분석 기술의 치료 도구가 되어야 하는 것으로 보인다. 왜냐하면 정신분석에서도 우리는 고통을 덜기 위해 우리 자신과 타인의 마음의 작동을 연구하는 것을 목표로 삼기 때문이다(Coltart, 1992: 183).

> 나 자신의 수련, 그리고 불교가 환자들과 나의 임상 작업에 미친 영향과 관련하여 내가 처음으로 알게 된 것 중 하나가 주의의 심화다. 주의는 일종의 순수함을 갖고 있다. 그것은 혼란스러운 개념이 아니다. 그것은 다만 당신이, 모든 훌륭한 분석가가 알고 있듯이, 분석 중에 일어나고 있는 일에 더 직접적이고 순수하게 집중할 줄 알게 된다는 것이다. 당신은 지금 여기

당신과 함께 있는 이 사람에 대해 더 완전하게 집중할 수 있게 된다. 많은 세션들이 마치 명상과 유사해질 정도까지 말이다. 이런 일이 일어날 때 나는 대개 말을 많이 하지 않으며, 나의 사고 과정은 정지시킨 채 다만 환자에게 매우 세심하고 면밀한 주의를 기울인다. 비온이 'O'라고 불렀던 곳을 향해 나아간다. 내가 보기에 'O'라는 상태는 상대방의 변화하는 진실에 대한 직관적 이해의 질과 관련이 있으면서 '생각하지 않은(unthought-out)' 상태다. 이 모든 것이 나의 불교 수련의 결과로 더 쉬워졌다. 세션은 이제 더욱 명상과 비슷해진다. 이것이 불교가 나의 임상 수련에 미친 가장 강력한 영향이다(Coltart, 1998: 176-177).

마음챙김이 분석 과정에 핵심적인 과정을 증대시킬 수 있다는 아이디어에는 환자에 대한 관찰뿐 아니라 분석가 자신의 반응에 대한 자각도 포함된다.

당신이 위빠사나 명상을 많이 했고 생각과 반응으로부터 자유로울 수 있고 이 관찰의 분리된 태도를 유지할 수 있었다면, 그것은 역전이와 관련해서도 도움이 되었을 것 같다(Coltart, 1998: 178).

이들 두 연구자는 마음챙김 자각을 정신분석적 심리치료에 소개하는 매우 다른 방식을 보여 준다. 콜타트는 마음챙김 자각을 정신분석 치료에 통합하는 데 있어서 분석 절차의 규칙을 변화시키지 않았다. 위 인용문이 보여 주듯이 그녀는 면밀한 주의의 특질이, 기본적인 분석 기술을 변화시킬 필요 없이, 치료의 분위기와 활동에 영향을 미친다는 사실을 인식하고 있었다.

엡스테인은 불교 연구를 분야가 다른 정신치료 훈련 및 치료에 접목하여 많은 연구와 업적을 남겼다. 그는 오랫동안 정신분석적 사고, 특히 위니콧(Winnicott)의 그것을 자신의 치료 작업에 통합시켜 왔다. 그는 그것을 불교적 심리치료라고 부른다. 그러나 그는 보다 독특하고 절충적인 스타일을 채택했다. 자신의 첫 책에서 엡스테인은 마음챙김 훈련이 다른 치료자들이 개인적 자원을 발견하는 데 도움을 줄 수 있다는 것을 말했다. 그 자원이란 프로이트가 환자가 무엇을 투사하든지 강렬한 전이 속에서 작업하는 자신의 능력에서 보여 주었던 것인데, 엡스테인은 다른 치료자들에게는 이것이 대개 부족한 점이라고 느꼈다(Epstein, 1996: 183-184).

엡스테인은 환자에 대한 자신의 역할에 대해 환자가 자신이 경험하지 못한 두려운 감정에 뛰어드는 것을 가르치는 코치에 비유하는 보다 절충적인 입장을 옹호해 왔다. 그가 채택하는 방법에는 환자마다 다른데, 명상을 가르치거나 불교 이야기를 들려주는 것이 있다. 엡스테인은 치료를 찾는 사람들이 필요로 하는 것에 대해 정신역동 전통의 치료자들과 의견이 일치하지만 전문가의 반응 목록을 호나이보다 더 철저하게 재형성했다.

일반적으로 마음챙김은 다양한 수준에서 정신역동치료에 접목될 수 있는 것으로 보인다. 그러나 완전히 새로운 종류의 치료가 되기에는 부족하다. 이것은 주의의 정교화가 그 시초부터 정신분석 수련의 핵심이라는 것, 그리고 정신역동적 접근이 특정 문제 혹은 환자 그룹보다 그들의 방법에 의해 확인된다는 것을 보여 준다. 이제 마음챙김이 인지행동 정신치료에 미치는 영향에 대해 생각해 보기 전에 이 두 가지 특징을 공유하는 훈련 패키지를 요약해 보자. 이것들은 정신건강 분야에서 채택되었기 때문에 인지행동치료의 기술과 점점 더 연결을 맺고 있긴 하지만 여전히 '치료'로서 이름 붙여지는 것을 피하고 있다.

마음챙김에 근거한 스트레스 완화(MBSR)

카밧진(1990)의 작업은 마음챙김의 개인적 훈련을 영적 도움이나 정신치료적 처치 형태에서 구하지 않고도 더 많은 사람들이 그것을 접할 수 있도록 했다. 미국 건국 아버지들의 정신이 어떠한 특정 종교적 신념을 수용하거나 거부하는 것에 상관없이, 그리고 사람들이 자기 건강에 대한 지속적인 책임을 양보하거나 거부하지 않고 마음챙김을 누구나 접해 볼 수 있도록 하는 것 같다. 마음챙김에 근거한 스트레스 완화(MBSR) 프로그램은 고통스럽고 힘든, 만성 혹은 생명을 위협하는 질병으로 종합 병원에 입원한 환자들에 대한 표준 의학치료에서 하나의 보조적 선택안으로 성장했다. MBSR 훈련은 대개 환자들에게 그들이 심리적으로 혹은 정서적으로 손상되었다고 믿지 않도록 하는 것으로 시작된다. 마음챙김의 몇 가지가 소개된 다음 환자들은 자신이 8주 간의 정식 훈련 프로그램에 참가할 것인지 결정하게 된다.

참가하는 사람은 이 프로그램의 핵심 구성요소들을 통해 자신의 상태에 대한 태도, 그리고 자신의 삶 전반에 있어 알아차림을 더 하도록 도움을 받는다. 여기에는 공식 명상(요가 포함)을 사용해 마음챙김을 훈련하고 일상적인 활동을 하는 동안 마음챙김 훈련뿐만 아니라, 스트레스를 일으키고 지속시키는 요인들, 개인적 스트레스원에 내해 너 잘 알게 되는 자기 모니터링 훈련의 사용법, 느낌과 사고가 스트레스에 미치는 영향 등에 관한 일반적인 교육이 포함된다. 그리고 이 모든 것들에 대한 학습을 증진시키기 위해 주기적으로 그룹 토론을 사용한다. 매주 새로운 기술들이 순차적으로 등급을 높여 가며 소개된다. 적어도 이들 중 한 가지는 매일 적어도 30분씩 연습할 필요가 있다. 사용된 명상기술들은 참여자가 자신의 주의를 한 대상에서 다른 대상으로 옮기는 능력을 키우기 위해 선택되었으며, 참여자들이 자신에게 가장 맞는 과정을 앞으로 선택할 수 있도록 여러 다른 과정들의 효과를 관찰하고 비교하는 기회를 준다. 프로그램 세션 전반에 걸쳐 가장 자주 사용되는 확장 훈련은 '바디스캔'이다. 이것은 몸 전체에 걸쳐 주의를 옮기는 위빠사나 훈련의 수정된 형태다. 좌선명상은 호흡, 신체 감각 그리고 자세에 대해 자각하는 능력을 키워 준다. 그다음에는 소리, 생각, 감정에 대해 차례로 선택적 주의를 기울인다. 다음으로 '선택 없는 알아차림'을 훈련한다. 이것은 어떤 경험이 일어나든지 거기에 집착하지 않는 개방성을 키워 주기 위한 것이다.

한 예로 마음챙김 호흡에 대한 다음 지시사항이 이 방법과 일치된다.

예 1_

마음챙김 호흡에 대한 견본 지시사항(Mace, 2007)

1. 조용한 방에서 의자나 바닥에 앉아 편안하고 균형 잡힌 자세를 잡는다.
2. 허리를 곧게 세운다. 눈은 가볍게 감는다.
3. 자신의 몸이 받쳐지고 있는 접촉점에 대한 감각에 자각을 가져간다. 그것이 실제로 어떻게 느껴지는지 부드럽게 관찰한다.
4. 호흡을 하는 동안 가슴이나 배의 신체 감각에 대해 자각한다.
5. 호흡이 몸의 안과 밖으로 들어오고 나가는 동안 복부 벽에서 느껴지는 감각의 변화를 자각한다. 이 자각을 매 호흡, 그리고 한 호흡에서 다음 호흡으로 넘어갈 때 지속적으로 유지한다.
6. 호흡을 변화시키거나 통제하려고 하지 않고 자연스럽게 되도록 내버려둔다. 다만 매 순간 일어나는 감각을 관찰하기만 한다.
7. 마음이 방황하는 것을 알아차리면, 곧 복부의 움직임으로 다시 자각을 되돌려 오기를 계속한다. 매번 방황할 때마다 다시 되돌려 온다. 이것은 자각이 성장하도록 도움을 준다.
8. 자신에게 인내한다.
9. 15분이 지난 후 자각을 다시, 방 안에 앉아 있는 자신의 몸 전체로 가져온다.

몸에 대한 마음챙김은 두 종류의 움직임 명상을 통해 개발된다. 하나는 비교적 단순하고 신체적으로 힘들지 않은 요가 자세를 훈련하는 것인데, 이것은 마음챙김 주의의 초점으로서 새로운 신체 감각을 제공한다. 또 하나는 '걷기 명상'이라고 하는 일상적인 걷기 움직임이 다양한 속도로 반복되는데 이것은 신체 감각에 대한 자각을 깊게 하는 것이다. '요가' 순서가 전통적 하타요가에서 의도적으로 세세한 부분에서 수정된 것처럼, 다른 훈련들도 고전적인 수련들을 정확하게 모방하지는 않으면서도 유사점이 있다. 어떤 맥락에서든지 움직임이 있든 없든 간에 순수한 주의의 계발을 강조한다. 그래서 심지어 겉으로는 전통적 모델에 가장 가까운 걷기 명상조차도 전통 모델과는 다르며 MBSR의 다른 핵심 훈련과 유사하다. 왜냐하면 걷기 명상은 '지금 나는 이것을 한다…… 지금 나는 이것을 한다……'에 관한 어떠한 언급도 생략하기 때문이다.

MBSR 프로그램은 또한 비록 그것들이 명상의 성질을 개선시켜 준다 할지라도 순수한 주의와의 관련성이 별로 없는 기술을 사용할 수도 있다. 여기에는 시각화가 포함된다. 유도(誘導) 명상의 일부인 산 명상에서는 산을 마음속에 영상화하고 산을 닮아가는 과정을 통해서 기반성(groundedness)과 확고함(implacability)이 계발된다. 여기에는 자애와 같은 긍정적 감정을 키우는 기술도 포함된다. 이것은 그 과정의 4분의 3이 지난 후의 추가적인 종일 세션 때 소개된다.

이들 요소를 함께 묶어 주는 것은 개인적 반응의 패턴에 대한 지도 교육이다. 특히 주관적 스트레스와 연관된 패턴들에 특별한 주의를 기울인다. 신체 감각, 사고, 감정의 흐름을 더 민감하게 자각하는 것은 그것들의 상호의존성에 대한 자각을 키우는 데 도움이 된다. 프로그램이 진행되는 동안 참가자들은 유쾌하고 불쾌한 사건들, 그리고 타인들에 대한 자신의 반응 패턴을 기록하도록 한다. 수업 중 그들은 이것을 공개적으로 토론한다. 마음챙김 훈련이 이런 종류의 통찰을 지지하는 것이다. 어떤 순간에도 무엇이 일어나고 있는지에 관한 자각이 넓어짐에 따라 개인적 경험을 즐기는 능력, 거기에 빠져들지 않는 능력이 참여자들에 의해 대개 보고된다.

MBSR의 인기는 만성통증에서부터 건선에 이르기까지 다양한 증상들과 고통을 경감시키는 데 기여한다는 연구 증거에 의해 뒷받침되고 있다(재검토를 위해 Bishop, 2002; Baer, 2003; Grossman et al., 2004 참조). 여기에는 스트레스 반응(Marcus et al., 2003)과 면역 반응(Davidson et al., 2003)을 조절하는 호르몬에 MBSR이 미치는 영향에 관한 증거도 포함되었다. MBSR 프로그램이 환자들의 불안과 우울 수준에 미치는 영향은 지속적인 주제였다(Kabat-Zinn et al., 1992; Reibel et al., 2001). 심리적 건강에 그것이 미치는 영향은 다음 장에서 더 자세히 살펴볼 것이다. MBSR 수련이 치료자보다는 지도자에 의해 제공되는 훈련으로서 지난 15년간 실질적으로 변화되지 않았을지라도, 그것은 점차 증가하고 있는 특정 집단을 위한 목적으로 적용시킨 프로그램들의 원조였다. 이 프로그램들은 바디스캔과 좌선 같은 몇몇 핵심 훈련을 결합하는 경향이 있다. 그리고 대안적 심리교육 내용과 추가적인 전략을 가진다. (종종 증상 형성에 대한 그럴듯한 이론을 중심으로 형성된) 뚜렷한 임상적 요구를 목표로 하는 새로운 치료 프로그램 개발에 기꺼이 나서는 것은 인지행동 전통의 특징이 되어 왔다. 이것이 아마 인지행동치료의 방법이 광범위하게 수용되는 데 중요한 역할을 했을 것이다.

인지행동치료(CBT)

지난 15년 동안 인지행동 전통 안에서도 마음챙김을 심리치료에 통합하는 매우 다양한 방법들이 생겨났다. 인지심리학과 불교심리학은 정서적 불편함이 사고와 인지의 일정한 패턴에 의존하고 있다는 사실에 있어서는 대체로 의견의 일치를 보인다. 대부분의 정신역동치료와 대조적으로 최근의 인지행동치료는 광범위한 치료로서보다 특정 임상 필요 혹은 장애를 가진 사람들을 위한 개입으로 설계되는 경향을 보인다. 이런 목적들은 다음과 같은 새로운 '마음챙김에 근거한' 개입법이 많이 활용되는 것에 기여했다.

- 마음챙김에 근거한 인지치료(MBCT)
  (Segal et al., 2002)
- 마음챙김에 근거한 먹기 자각 훈련(MB-EAT)
  (Kristeller & Hallett, 1999)
- 마음챙김에 근거한 재발 방지(MBRP)
  (Witkiewitz et al., 2005)
- 마음챙김에 근거한 관계 증진(MBRE)
  (Carson et al., 2004)
- 변증법적 행동치료(DBT)
  (Linehan, 1993a)
- 수용 전념 치료(ACT)

(Hayes et al., 1999)

마음챙김에 근거한 인지치료(MBCT)

MBCT 창시자들의 임상적 접근은 이미 인지치료 내에서 주목을 받고 있다. 진달 시걸(Zindel Segal)과 정신분석가인 제레미 사프란(Jeremy Safran)의 대인 스키마에 관한 공동연구는 어떻게 관계적 요인을 치료의 핵심으로 가져오는가를 분명히 보여 준다(Safran & Segal, 1990). 인지를 제거하거나 바꾸려는 노력 대신 인지로부터의 '탈중심화(decentering)'가 지닌 치료적 유용성에 대한 인식은 '차별적 활성화(differential activation)'에 대한 잔 티스데일(John Teasdale)의 오랜 관심으로 인해 훌륭하게 보완되었다. 이것은 부정적 인식에 주어진 주의를 단절하는 방식이다. 부정적 인식은 자신의 기분 저하를 더 복잡하게 만들 수 있다. 그들은 마크 윌리엄스(Mark Williams)와 함께 사람들을 반복적인 우울증에 취약하게 만드는 요소들과 재발의 방지에 관하여 이론적이고 실질적인 관심을 공유했다. 주의의 변환에 기초한 치료 전략에 합의한 그들은 자신들이 처음에 생각했던 것보다 훨씬 더 철저한 마음챙김 수련 프로그램을 자신들의 치료 패키지 안에 설계하도록 만든 환경에 정직하게 적응했다(Segal et al., 2002: 55-57).

그 이름이 암시하듯이 MBCT는 MBSR의 틀에 특정 인지기술의 훈련을 추가한다(Segal et al., 2002). MBCT는 구성과 내용 면에서

MBSR과 매우 유사하다. 비록 MBCT가 30명 이하의 보다 작은 그룹에서 가르쳐지기는 하지만 그 정신 면에서도 유사하다. MBCT 치료자는 프로그램을 진행하는 동안 환자들을 지지하는 데 있어 마음챙김에 대한 자신의 개인적 경험을 가지고 있을 것으로 (그리고 유지할 것으로) 기대된다. 비교하자면, MBCT의 마음챙김 훈련은 신체 움직임을 덜 강조하고 대신 3분 '호흡 공간'을 통합했다(이것은 매우 짧은 시간에 신속하게 마음챙김 태도를 회복하는 방법이다. 현재의 사건과 반응을 의도적으로 재검토해 보고 내면의 고요한 감각을 회복시키는 수단으로 호흡에 마음챙김을 하는 것이다. 또 고요한 감각이 유지되고 지속되는 환경으로 다시 되돌아가는 움직임이다). 스트레스 교육 대신 역기능적인 사고와 그것이 신체 감각과 기분에 대해 갖는 특수한 관계를 모니터링하고 분석하는 연습이 포함되었다. 그러나 본질적으로 바뀐 것은 거의 없다. MBCT에서 분명하게 발휘된 부정적 인지로부터의 탈중심화는 MBSR이 항상 가르치고자 했던 사고에 대한 마음챙김과 동일한 것이다. 원래 MBCT는 우울증 재발의 과거력이 있는 환자들을 위한 예방적 개입법으로서 개발된 것이나, 그 자체가 치료적 개입법으로 점점 더 널리 사용되고 있다. 정신건강의 문제를 갖고 있는 환자 그룹들 각각의 특수한 필요에 맞추기 위해, 치료 접근법에 참가하는 데 있어 그들이 갖는 특수한 필요성뿐 아니라 인지적 관점에서 그들이 직면하고 있는 특수한 어려움까지 고려하여 여러 이형(異形)들이 개발되었다.

예를 들어, 마음챙김에 근거한 먹기 자각 훈련(MB-EAT)은 섭식장애를 가진 사람들을 위해 MBSR과 MBCT를 확장한 것이다. 그 결과로 만들어진 MB-EAT는 8주보다 길며, 섭식장애를 가진 사람들에게서 흔히 관찰되는 신체와 내면 상태에 대한 자각의 부족을 바꿔 놓는 마음챙김 수련을 전제로 한다. 실제로 크리스텔러와 핼릿(Kristeller & Hallett)은 포만감에 대한 민감성의 회복이 치료의 핵심이라는 것을 발견했다. 이들 환자 그룹에 대한 보완적 목표의 하나는 두드러진 죄책감과 함께 살아가는 수단을 제공하는 것이었다. 이런 이유에서 용서의 느낌을 키워 주도록 고안된 명상은 이 프로그램의 핵심 구성요소다(여기서 현대식 수련은 전통적인 불교 훈련을 따르고 있는데 집중과 마음챙김을 계발하려는 명상이 자애나 연민과 같은 긍정적인 사회적 감정을 계발시키는 다른 것들과 종종 병행된다). 동시에 그 이름이 시사하듯 MB-EAT는 명상 세션보다는 마음챙김이 가장 필요한 부엌에서의 마음챙김 수련에 특히 중점을 두었다. 이들 개입법의 목록이 지시하듯이 MBCT와 MBSR의 다른 변형들은 또 다른 임상적 필요를 충족시키기 위하여 만들어졌다. 그것들은 다음 장에서 자세히 다룬다.

MBSR에서 MBCT로 넘어가면서 마음챙김 개입은, 다른 치료와 더 비슷해져서 지도자는 치료자로 간주되는 것 같다. 정신장애 진단을 받은 사람들의 필요 인지에 부응하는 다른 적용들도 행해졌다. 주요한 예가 변증법적 행동치료를 위해 고안된 특수한 체제다.

변증법적 행동치료(DBT)

많은 정신건강 전문가들에게 DBT는 마음챙김을 다루는 유일한 치료법이다. 이것은 복잡한 철학을 가진 다소 복합적인 치료법이다. 이름이 암시하듯이 이것의 목적은 원래 행동적인 것이었다. 약물 과용이나 자상(刺傷) 혹은 고의적으로 위험한 상황을 찾는 등의 자해 행동을 줄이기 위한 것이다. 이러한 행동을 반복적으로 하는 사람들을 위해 만들어진 DBT는 그러한 행동이 특히 자주 나타나는(또 진단의 한 기준이기도 한) 경계선 성격장애(BPD)의 치료법으로 개발되었다. DBT의 몇몇 구성요소는 다른 것들보다 더 전달하기 어렵고 불필요한 것으로 보일 수도 있지만('변증법'의 개념과 가장 거리가 먼), 그것은 BPD 진단을 받은 사람들에게 공통적인 심리적 어려움의 근원에 대한 분명한 인식을 반영하는 치료 기술과 가르침의 패키지다. 실제로 이들 둘 사이에는 직접적으로 연결된다. 즉, BPD 진단을 받은 사람은 성인기뿐 아니라 어린 시절 자신이 부정되는 경험에 반복적으로 직면했으므로 통상적인 심리치료에 있어서도 자신을 거부하는 경험을 할 가능성이 특히 높다. 리네한은 CBT에서 전통적으로 이러한 목표와 변화를 강조하는 것이 위험할 수 있다고 본다. 이것은 수용을 대가로 한 것이다. DBT 치료자는 수용을 보여 주고 내담자가 스스로 발견하도록 도와야 한다. 수용과 변화 사이의 창조적이고 수용 가능한 균형을 찾는 것이 지속적으로 중요하며 치료자가 '변증법적'이 되는 것이 정당화된다. 수용의 철학은 치료를 뒷받침하는 BPD 모델에 두루 배어 있다. 이 병리는 기분, 대인관계, 자아감, 행동과 인지 등에 대한 다중 '조절불능(dysregulations)'으로 발생한다. 이들 각각의 경우에 성인의 통제 유지 행동을 방해하는 본성과 양육의 악순환이 있었다. 예를 들어, 정서적 조절불능의 경우에 뇌가 경험을 처리하고 그에 반응하는 방식에 있어 지속적인 변화를 반영하는 극단과 불연속성이 있다. 자기수용을 향한 첫 단계로 환자와 치료자는 이 조절불능, 그리고 그것의 원인과 지속적인 결과에 대하여 이러한 것들이 더 이상 비난의 원천이 되지 않도록 정확한 그림에 대한 합의가 필요하다.

DBT는 마음챙김에 근거해 만들어진 것이지, 명상에 근거한 치료로 만들어진 것이 아니다. 개별 치료자와의 개인적 만남을 통해 제공되는 치료 세션과 BPD 환자들과 함께 그룹 형식으로 제공되는 기술 훈련 사이에는 공식적인 구분이 있다. 배우는 기술은 수용 기술(마음챙김과 고통감내의 형태로)과 변화 기술(감정조절과 대인관계 효과성의 형태로)로 나누어진다. 그러나 유사해 보이는 기술들 가운데 마음챙김 기술이 분명히 첫 번째다. 그것이 먼저 가르쳐지며, 다른 기술의 제시에 있어서도 항상 다시 추천된다. 이 가르침은 변증법적 집단 장면에서 일어난다. 여기서는 치료자 팀의 참여자들이 강의와 세미나를 제공한다. 그들의 학습 요점은 환자들 자신의 경험과 곤란에 대한 적절성에 관한 그룹 토론, 그리고 향후 연구에 관한 인쇄물을 나누어 주는 것으로 강화된다. 제시되어야 할 첫 번째 요소는 아마도 '마음챙김'에 대한 리네한의 가장 중요한 기여일 것이다. 그것은 '이성적 마음' '감정적 마음' '현명한 마음'이라는 세 가지 형태의 '마음'에 관한 묘사다.

리네한의 분리된 마음에 관한 모델에서 가장 특징적인 것을 이해하기 위해서는 이 모델보다 앞서는 (그리고 도움을 주는) 세 부분으로 구성된 두 개의 유명한 정신 모델—플라톤과 프로이트의 모델—과 비교하는 것이 도움이 될 수 있다. 이 세 모델의 공통점은 행동에 영향을 미칠 수 있는 능력에 기초한, 마음의 각 측면들 사이의 갈등 영역에 대한 인식이다. 플라톤은 마음의 욕구 측면, 정열 측면, 이성 측면을 구분했다. 현대 심리학으로 정확하게 전환하는 것이 어렵기는 하지만, 마차의 비유를 통해 이러한 갈등의 잠재성이 잘 드러난다. 이 비유에서 욕망과 열정의 말은 자신들을 길들이고자 하는 이성이라는 마부의 노력과 싸우게 된다(플라톤의 『파이드로스』 참조). 프로이트의 원자아(id), 자아(ego), 초자아(superego)의 모델에서 욕망과 이성은 첫 두 개를 특징짓고, 쾌락원칙과 현실원칙의 개념을 구체화한다. 무엇이 무의식이고 무엇이 의식인지에 관한 구분을 통해 그들에 대한 반대의견이 지속되고 있지만 초자아는 무엇이 되고자 하는 한 사람의 생각을 알려 주는 의식적 이상뿐 아니라 죄책감 같은 무의식적 영향을 포함함으로써 이 기능적 구분을 무시한다. 이 모델에 따르면 갈등은 본능적 소망의 힘(pull)에서뿐 아니라 자아가 초자아의 당위성(shoulds)이라는 형식으로 경험하는 반대 요소에서도 분명하게 나타난다.

이에 비해 리네한의 모델에서의 구분은 구조적이라기보다 기능적인 것이다. 플라톤의 모델과 매우 일관되는 방식으로 서로 다른 마음의 양식은 서로 다른 시기에 통제되는 것으로 경험될 수 있고, 하나가 다른 하나를 신속히 대체할 수 있다. 현명한 마음과 이성적 마음의 관계는 프로이트의 모델에서 자아의 건강한 주장과 초자아의 엄격한 요구를 닮을 수 있다. 리네한에 따르면 논리적 사고가 의도를 지배하면 이성적 마음이 활동하고, 강력한 감정이 지배하면 감정적 마음이 지배하고, 사고의 내용은 이를 반영한다. 현명한 마음은 이 둘 모두를 초월하며 이성과 감정이 균형을 이룰 때에만 인식된다. 그리고 직관이 개입될 것이다. 그리고 의식적 경험 아래에 있는 응집감(a sense of cohesion)이 있을 것이다. 그러므로 마음챙김 기술을 가르치는 사람은 처음부터 내담자가 이러한 기능 양식들을 구분할 수 있도록, 그리고 소외에 영향 받은 감정적 마음을 물리치도록 돕기 위해 작업한다.

개개의 마음챙김 기술에 대한 리네한의 설명은 엄청난 내적 혼란을 경험하고 있어 분명한 구조와 지도가 필요한 사람들에게 적합한 모델로부터 나왔다. 실제로 그녀는 그들에 대한 효과적인 인지행동 분석을 제공한다. 세 가지 '무엇' 기술이 세 가지 '어떻게' 기술로 보완된다. 세 가지 '무엇' 기술은 관찰, 묘사, 그리고 자발적인 참여로 구성된다. 이 활동들은 상호 양립할 수 없는 것으로 간주되며 따라서 개별적으로 수련해야 한다. 관찰은 마음챙김 자각이 일어날 수 있도록 한발 물러서는 것이다. 이것은 BPD 환자가 갖고 있는 충동성에 대한 반정립(안티테제)으로 의도된 것이다. 묘사하기는 사건이 일어날 때 그것에 의도적으로 이름을 붙이는 것을 말하는데 상황에 대한 부정확한 구성과 보다 객관적인 관점을 구분하는 데 있어 중요한 단계로 간주된다. 자발성은 충동성과 혼동할 위험이 있는데, 그 목적은 갈등으로부터 자유로운 마음챙김 행동에 전념하는 헌신이다. 세 가지 '어떻게' 기술은 이 세 가지 '무엇' 기술에 모두 적용된다. '어떻게' 기술은 비판단, 일심(one-minded), 효과성 등 세 가지다. 이것들은 매우 양극화된 의견(이상화든 가혹한 비난이든)을 채택하는 내담자 그룹의 성향, 방일 혹은 산만에 굴복하고 마는 내담자 성향, 그리고 타인의 반응 혹은 엄격한 원칙에 관한 가정에 크게 영향을 받은 나머지 개인적인 자만심을 달래기 위해 순간의 필요를 충족시키지 못하는 내담자 성향을 각각 중화시킨다. 일련의 연습을 통해 이들 기술을 수련하고 난 다음에는 나머지 세 모듈, 감정, 힘든 경험 그리고 관계의 주제에 관해 다룬다.

자각에 대한 강조가 다른 마음챙김 접근법들에 공통된 것이라면 리네한의 접근법은 ('무엇' 기술 가운데서도) 목적으로서의 자발적 행동을 강조한다는 점에서, 그리고 치료자의 역할에 대한 의견에 있어서 선(禪)의 영향을 보여 준다. 우상타파적이고 반이론적인 특징을 갖는 선의 가르침은 언제나 생각과 행동 사이의 완전한 일치를 이상으로 생각했다. 특정한 상태에 이르기 위해 채택한 수단에는 (특히 임제종에서는) 제자가 선 공부의 목적인, 근본적으로 다른 존재 상태('깨달음')에 들어가도록 하기 위해 고안된, 스승의 예상하지 못한 역설적 개입이 포함된다. 이것은 제자가 숙고할, 알 수 없는 질문(공안)을 설정하는 것에서부터 도발적인 행동에 이르기까지 다양하다. 리네한의 치료자들은 환자가 자기 자신의 '현명한 마음'을 발견하도록 돕는 것이 자신들의 임무라고 볼 수 있도록 격려된다. 이것은 환자들이 현명한 마음에 대한 더 큰 이해를 갖고 있다는 전제에서 나온 것이다. 또한 치료자들은 환자를 자극하고 놀라게 만드는 힘을 가진 '부적절한(irrelevant)' 태도를 취하도록 장려된다. 또한 내담자와 개별적으로 작업할 때 치료자는 그들을 '현명한 마음'과 조화되는 반응으로 지도해 주기 위해 개입할 수 있는 상당한 자유를 갖게 된다.

이렇게 행하는 것은 당연히 치료자들에게 일련의 기술을 보완적으로 요구한다. 그러나 이것들 역시 태도와 자각, 비반응의 개인적 내재화가 아니라 역할에 대한 행동적 분석의 기초로부터 학습된다. DBT 치료자들이 스스로 DBT를 해 보는 경우는 거의 없다. 게다가 마음챙김의 지도자로서 그들은 마음챙김을 스스로 어떻게 경험해야 하는가를 결정할 자유가 있다. 접근법에 있어 그러한 차이가 갖는 의미는 아래에서 더 자세히 논의된다.

마음챙김의 선적 형태(Zennish form)가 어떻게 행동에 완전히 몰입하는 것을 강조하는지 인식한 린치와 그 동료들(Linch et al., 2006)은 DBT 내에서 마음챙김의 효과성을 위한 네 가지 기제를 제시한다. 그것은 ① 행동 노출과 새로운 반응(무위 같은)의 학습, ② 감정 조절(부정적 반응을 없애고 인지적 평가를 확장시킴으로써), ③ 내면의 규칙(자기 이미지를 훼손시키는 경향이 있는)에 대한 신념을 줄이는 것, ④ 주의 통제가 그것이다. 마지막 '주의 통제'는 주의의 대상보다 그 과정에 의도대로 집중할 수 있는 학습된 능력을 가리킨다. 그러나 어떤 치료자는 이것을 주의 양식의 변화를 통해서가 아니라 분산을 통해서 자신의 의도대로 다른 대상에 주의를 전환할 수 있는 능력을 가르치는 것으로 해석하는 것 같다.

행동 양식을 이런 방식으로 분석하는 것이 잠재적으로 도움이 될 수 있지만 린치 등(2006)이 제공한 분석은 완벽한 것이 아닌 것 같다. 엄격하게 말해서 그것은 마음챙김이 그러한 효과를 내는 기제보다는 다른 과정에 부차적인 변화의 관점에서 마음챙김의 효과를 나열한 것이다〔아래 마틴(Martin)의 작업에 관한 논의에서 요점이 더 분명해질 것이다〕. 마음챙김이 효과를 발휘하는 기제에 대해 가능한 한 상세할수록 좋다는 것은 마음챙김이 DBT 내에서 어떻게 활동하는가에 대한 서로 다른 설명들 사이의 불일치에서 잘 알 수 있다. 예를 들어, DBT를 하는 동안 충동 행동의 감소는 행동으로 이끄는 모든 과정에 자각을 가지고 참여하는 능력이 신장된 것과(예: Linehan, 1993b: 63) 그렇지 않았더라면 충동 행동을 촉발했을 고통스러운 부정적 감정을 더 잘 수용하는 것 모두에 기인한다(예: Welch et al., 2006: 122). 이 설명을 '정동 조절(affect regulation)' 같은 이론적 추상화에 끼워 맞추기 전에, 자신들의 기능이 어떻게 바뀌었는가에 대한 내담자의 성공적인 설명에 기초하도록 하는 것이 중요하다.

수용 전념 치료(ACT)

MBCT나 DBT와 마찬가지로 수용 전념 치료(보통, 약칭 ACT보다는 그저 'act'로 불린다)를 인지치료의 '제3의 물결'이라고 한다. 이것은 환자들의 어려움에 대한 철저한 행동분석에 기초를 둔다. 여기에서부터 적절한 치료 전략이 완전하고 다양한 메뉴로 만들어진다. 이것은 크게 여섯 가지 주요 범주로 나뉘는데 그것들 중 네 가지가 '마음챙김 기능'이라고 인정된다. 즉, '현재 순간과의 접촉' '수용' '인지적 탈융합' '맥락으로서의 자기'다. 처음 두 가지는 마음챙김에 대한 현대적 개념에 핵심적인 수용적 자각과 판단의 유보에 해당한다. 세 번째 '인지적 탈융합'은 생각으로부터 의도적인 탈동일시를 하는 것으로, 내담자가 자신의 생각에 대한 관계에 직접적으로 집중하는 일련의 훈련에 의한 예상된 결과다. 치료자가 소개할 수 있는 실질적 훈련의 한 예는 다음과 같다. 실제로 치료자는 의도된 교훈을 강조하기 위해 내담자의 경험에 대하여 상세히 검토해주어야 한다.

예 2_

인지적 탈융합을 촉진시키는 견본 ACT 훈련(Mace, 2007)

이 훈련은 자신의 생각'을' 바라보는 것과 자신의 생각'으로부터' 바라보는 것의 차이를 알도록 돕는다. 자신이 끊임없이 흘러가는 강물의 강둑에서 아래를 내려다보며 서 있다고 상상하라. 상류의 나무 몇 그루에서 잎이 떨어져 당신 앞의 수면으로 스쳐 지나간다. 물의 흐름을 방해하지 말고 다만 잎이 지나가는 것을 바라보라. 생각을 알아차릴 때마다 흘러가는 나뭇잎 위에 그 단어가 씌어 있도록 내버려두라. 나뭇잎이 생각을 가져가도록 내버려두라. 이미지로 된 생각(picture thought)이라면 나뭇잎이 흘러가면서 그 이미지를 가져가도록 하라. 이 훈련에 대한 생각을 가졌다면 이것들 또한 나뭇잎 위에 두고 지켜보라. 다른 생각들과 마찬가지로 지켜보면서 흘러가 버리도록 내버려두라.

어떤 순간에 흐름이 멈춘 것처럼 보일 것이다. 이제 당신은 나뭇잎 위에 있는 생각을 바라보며 더 이상 강둑에 있지 않다. 당신이 이것을 알아채자마자, 흐름이 멈추기 직전 일어나고 있었던 것을 당신이 붙잡을 수 있는지 없는지 보라. 당신이 '믿기 시작한(bought)' 생각이 있을 것이다. 그 생각이 어떻게 군림했는지 보라. 흘러가는 생각과 당신을 위한 생각의 차이를 인식하라. 흐름이 멈췄다는 것을 알아차릴 때마다 이것을 하라. 그런 다음 강둑으로 돌아와 각각의 잎이 생각을 흘려 보내도록 지켜보라.

네 번째 기능인 '맥락으로서의 자기'는 ACT에 특징적인 것으로 경험된 자기의 실체성(substantiality)과 지속성(continuity)에 관한 가정을 확인하고 거부하도록 내담자를 격려하는 관점의 이동을 지칭한다. ACT는 다양한 임상적 문제(그리고 치료자의 기호)에 유연하게 적용되는 것을 목표로 한다. 이 훈련은 때로 힘들고, 또한 몇몇 상황에 적용되도록 의도되므로 이 책의 5장에서 소개한 공식적/비공식적 구조에 언제나 쉽게 들어맞는 것은 아니다. 만약 기존의 훈련법이 특정 임상 필요나 내담자의 기호에 맞지 않으면 치료자는 새로운 것을 고안해 낼 수 있다. 수단이 목적에 맞춰지는 것이다. 치료자나 환자가 어떠한 마음챙김 기능을 위한 수단으로서 공식적인 명상을 경험해야 한다는 요구사항은 전혀 없다. 물론 그것을 자유롭게 선택할 수 있다.

철저한 행동 개입으로서의 ACT는 그 실제 적용에 있어서 인지치료보다는 정신역동치료에 더 가깝다. 왜냐하면 ACT는 진단받은 장애에 특정한 방법을 갖는다기보다 개인 사례형성(personal formulation)의 수준에서 개인에게 접근하는 방식을 채택하기 때문이다(또한 여기서 논의되지 않은 요소—내담자의 기본적인 가치에 대한 주의—에 있어서도 실존치료, 정신역동치료와 매우 공통점을 가진다).

과정에 있어서의 차이와는 별개로, 이 섹션에서 논의된 모든 CBT에 근거한 개입법들은 그 논조에 있어서 마음챙김을 통합하는 정신역동치료들과 다르다. 마법의 알약에 속할 수 있는 매력적인 다문자 머리글자어로 명명된 이 개입법들은 치료의 언어로 묘사되는 경향이 있다. 그러므로 그것들은 수용과 '놓아버림(letting go)'의 태도를 상대적으로 처방적이고 활동적인 치료 스타일과 함께 증진시키는 방식으로 역설을 제공한다. 마음챙김을 하고자 하는 의도 형성과 비행위 사이의 피할 수 없는 긴장은 1장에서 언급되었으며 모든 교파의 명상 지도자들에게 익숙하다. 치료적 맥락 내에서 그 모순은 실질적인 영향이 없지 않으며 그중 몇몇은 다른 곳에서 논의되었다(Mace, 출판 중). 우리는 명상 그 자체가 이들 구조화된 일부 접근법에 있어서 뒷자리를 차지할 수 있다는 것을 알게 되었다. 그래서 질적 보고뿐 아니라 공식적인 과정 연구를 통해 이 접근법들의 효과가 마음챙김 능력의 실질적인 변화에 의해 매개되고 있다는 것을 확인하는 것이 중요하게 되었다.

그룹 개입으로서의 마음챙김

우리는 개인 심리치료의 전통적 범주와 관련하여 마음챙김 치료를 고려해 왔지만 마음챙김에 대한 강조가 가장 분명하게 드러나는 것은 그룹 개입이라는 것을 기억하는 것이 중요하다. 그러면 어떻게 이것들을 보다 전통적인 집단 심리치료의 형태와 비교할 수 있는가? 많은 측면에서 그것들은 독특하다. 몇 년 전 나는 단일그룹 접근과 이론에 의존하지 않는 다른 접근법 사이의 차이를 설명하는 간단한 ABC 방법을 제안한 바 있다(Mace, 2002). 그것이 여기서도 유용할 것 같다. 세 가지 매개변수를 사용해 그룹이 작동하는 방식을 체계화한다. 즉, 그룹 내에서의 정동 접근법, 경계 관리(the handling of Boundaries), 특정 모델이 조장하는 의사소통 방식이 그것이다. 마음챙김에 근거한 그룹 개입법들은 이러한 각각의 차원에서 공식적인 치료 그룹들과 집단적으로 차별화될 뿐만 아니라 그들 서로 간, 예를 들어 MBSR과 DBT 그룹 사이에도 차이가 드러나게 하는 것이다.

마음챙김 그룹 안에서 정동에 대한 태도는 주의를 그것에 돌리는 것, 그것과 직면하도록 하는 것, 그것이 제시하는 모든 방식—신체적 발현을 포함하여—을 인식하는 것, 그리고 그것의 감정으로서의 표현을 억제하지 않는 것이다. 특별히 고통스러운 정동을 처리하기 위한 특별한 기술—'그것을 통해 호흡하는' 지시가 주어질 때 호흡에 대한 자각을 나누는 것과 같은—이 소개될 수도 있다. 그러나 이것들은 정동을 회피하기보다 그것에 대한 마음챙김을 증가시킬 수 있다. 정동을 이야기하려 시도하는 것, 그것을 누군가의 과거 경험에서 어디에 속하는지 혹은 그것이 그룹 자체 내에서 경험을 어떻게 반영하는지에 관한 이야기 내에서 통합하는 것은 필요하지 않다. 정동을 다루는 데 대한 부차적인 두 가지 측면이 마음챙김 치료들 간의 양식적 차이를 보여 준다. 하나는 DBT 내에서 마음챙기는 '괴로움 인내 기술'의 가르침에서처럼 그것을 견뎌 내는 능력을 계발시킬 목적으로 정동에 의도적인 주의를 기울이는 것이다. 나머지 하나는 명상적 내적 집중을 통해 긍정적 정동을 의도적으로 계발하는 것이다. 가장 흔한 사례는 아마도 타인에 대한 사랑의 느낌을 계발하고 거기에 더 개방되도록 '자애' 명상을 사용하는 것이다. 원래 MBSR 과정의 마지막에 행해지는 집중수련의 한 구성요소이기도 한 이 자애 명상은 점점 더 인기를 얻고 있는 것처럼 보인다. MB-EAT 내에서 용서 명상을 사용하는 것은 긍정적 정동을 키우는 또 하나의 사례다.

마음챙김 그룹은 그 그룹에 있어서, 다른 어떤 그룹보다 시간적으로 연장된 심리교육 그룹에 가깝다. 마음챙김 그룹은 상대적으로 다수의 내담자를 포함하며 공개적 가르침, 그룹 토의, 지도를 받는 훈련 등을 번갈아 한다. 리더에 의한 경계 관리는 유연하고 능숙할 필요가 있다. 예를 들어, 지도자는 세션별 계획에 완전히 지배받지 않는 능력을 갖춰야 한다. 그래야 개별 참가자들의 필요를 가장 잘 충족시키는 방식과 속도로 기술 훈련의 순서를 펼칠 수 있다. 세션에 대한 분명한 단계가 있는 것 같다. 시작할 때는 먼저 지난 만남 이후의 경험에 대해 검토를 하고, 마지막에는 다음 세션 전에 착수할 수련에 관한 분명한 지시사항을 다룬 자료들을 나눈다. 한 세션 내에서 경계 관리는 그룹을 더 작은 단위, 예를 들면 비시각적 감각을 탐구하는 합동훈련을 위해서나 잠재적으로 민감한 자료에 대한 토의를 위한 소단위로 나누어 보는 것을 포함한다.

마음챙김 그룹 안에서의 의사소통은 매우 다양하다. 어떤 시점들에서 참여자들 사이에 언어적 의사소통뿐 아니라 접촉을 통한 상호작용이 일어난다. 그룹 도의는 개인적 분석보다는 주제 탐색에서 다른 사람에게 설명해 주는 방식으로 구성원들을 참여시킨다. 세션 리더들은 다양한 방식으로 의사소통할 수 있어야 한다. 그들은 몇몇 공공연한 장면 설정과 접근법에 관한 가르침을 제공한다. 그들이 토론을 이끌 때의 역할은 참여자의 언행에 반응하고 확인하는 것이다. 그들은 자신의 해석을 통해 뭔가 다른 것을 만들려고 하지 않으며, 참여자 자신의 경험을 부정하거나 그것에 대한 선택권을 방해하는 방식으로 지도하지도 않는다. 또한 리더는 마음챙김 기술에 있어서 직접적인 지시를 제공한다. 우리는 마음챙김 기술의 몇몇 다른 형태들에 관해서 이미 살펴보았다(104~119쪽 참조). 다양한 형식들은 서로 다른 의사소통 양식을 포함한다. 예 1에서 인용된 종류의 지시사항을 효과적으로 적용하는 것은 예 2에 기초한 훈련을 이끄는 것과는 다른 능력을 요구한다. 전자는 지시뿐만 아니라 시범도 포함한다. 여기서 학습은 이해뿐만 아니라 모방을 통해서도 일어난다. 이것은 의사소통이, 말해지는 것은 물론 어떻게 말해지는가를 통해서뿐만 아니라 실행자가 다른 측면에서 어떻게 행동하는가를 통해서도 일어난다는 것을 의미한다. 특히 MBSR과 MBCT 전통은 그들이 가르치려고 하는 내용을 제시하는 데 있어서 지도자에 의한 체화(embodying)의 중요성을 강조한다.

마음챙김을 심리치료 실제에 통합하기

MBCT, DBT, ACT 같은 치료법들은 완전한 치료 패키지로서 최근에 만들어졌다는 점에서 통합 치료법이라고 할 수 있다. 이 치료법들에서 마음챙김은 패키지의 다른 구성요소들과 비교적 분명한 관계를 맺는다. 이것들은 공식적 평가가 가능하도록 매뉴얼화되었다. 그리고 치료자가 공인된 모델에 얼마나 충실한지를 공식적으로 측정하는 것이 가능하다. 그러나 마음챙김이 심리치료 현장에서 통합될 수 있었던 데에는 다른 의미들이 있다. 다른 치료자들이 모방하기 훨씬 어려운 유연하고 절충적인 접근법이 이 장의 초반에 논의한 마크 엡스테인의 '불교 심리치료'에서 발견된다. 다른 치료들도 치료 과정에 마음챙김을 통합할 수 있는데, 이것은 치료자의 태도에 의한 결과이거나, 혹은 치료 시기의 일부나 전체에 걸쳐 환자가 마음챙김을 수련한 결과다. 이럴 경우 동일한 유형의 다른 치료와 겉으로는 전혀 달라 보이지 않는다.

이러한 치료들은 치료자가 자신의 작업에 마음챙김을 소개할 수 있는 매우 분명한 방식으로 보인다. 이때 계속되는 어려움 중 하나는, 여러 명의 치료자들 또는 환자들이 치료와 더불어 개인적으로 행하는 것 사이의 동등성을 입증하는 것이 상당히 어려운 것처럼, 측정하기가 매우 어렵다는 점이다. 그러므로 심리치료 분야에서의 초기 마음챙김 연구들 중 하나가, 심리치료를 장기간 지속하면서 호흡, 신체와 움직임에 대한 마음챙김을 포함한 10주 프로그램에 참가한 20명의 환자에 대한 연구였다는 것은 흥미롭다(Kutz et al., 1985b). 명상을 하지 않는 치료자들은 이 10주 프로그램이 참여자의 임상적 상태와 심리치료를 사용하는 능력에 미치는 영향을 측정했다. 비록 적대감, 대인관계, 가족과 성적 적응, 정서적 억제 등은 영향을 받지 않았음이 명백했지만, 부정성과 불안이 전반적으로 감소했음을 반영하는 몇몇 임상적 매개변수에 작은 변화가 있었다. 그러나 이 환자들과 이들의 치료자들 중 몇몇은 명상을 하는 동안 변화를 경험하게 되었는데 그중에는 치료 개입에도 불구하고 오랜 세월 동안 건드려지지 않았던 감정과 기억에 접근하는 능력도 포함되었다. 그리고 그 이후로 치료를 생산적으로 활용할 줄 아는 통찰과 능력도 개선되었다.

이 10주 프로그램은 혁신적 패키지들보다 평범한 방식이지만, 그리고 환자들이 이미 다양한 어려움에 대한 치료를 받고 있었기 때문에 그 영향은 덜 특정적이지만 엄청난 잠재적 중요성을 가지고 있다. 만약 이 마음챙김 훈련 패키지와 같은 상대적으로 짧고 저렴한 개입을 통해 치료 효과를 극대화하는 것이 커츠(Kutz)의 연구에서 보이는 것만큼 의미심장하고 일관적이라면 그것은 비용 효율성에 있어서 실질적인 개선으로 전환될 수 있을 것이다(Kutz et al., 1985b). 그것은 또한 한번에 100명 이상에게 치료를 제공해야 할 책임이 있는, 심리치료 서비스의 공적 영역 안에 통합하기가 상대적으로 간단할 것이다.

그럼에도 불구하고 그 연구를 모방 혹은 확장하려는 유일한 시도는, 치료 초기에 MBSR에 참여한 환자들과, 그들과 상응하는 치료를 받았지만 MBSR은 받지 않은 통제 집단과 비교한, 더 소규모의—비록 통제되기는 했지만—연구다(Weiss et al., 2005). 임상 상태에 미치는 직접적인 영향은 별로 없었지만 MBSR을 받은 환자들은 이 연구의 특정적인 목표에 대한 성취 측정에서 더 높은 점수를 받았다. 가장 중요한 것은 그들이 통제 집단의 다른 참여자들보다 치료를 일찍 끝냈다는 점이며, 이는 탐색적 심리치료와 더불어 마음챙김 훈련을 공동 제공하는 것에 대해 앞으로 더 진지하게 고려해 볼 경제적 논의를 촉발시키는 것이다.

마음챙김에 근거한 심리치료 개입법의 함의

주의의 역할을 강조한 치료 혹은 공중 정신건강 서비스 안에서 가장 많이 제공될 수 있는 치료에 집중함으로써, 이 조사는 철저하다고 할 수 있는 것과는 거리가 멀다. 인본주의적 혹은 인간 중심 전통과 강한 유사성을 갖는 다른 접근법들이 있다. 그 접근법들에서 마음챙김이 통합되는 것은 단지 마음챙김이 치료자의 도구를 유용하게 확장시키기 때문만이 아니라 치료 작업이 전통적인 영적 추구의 목적과 겹치기 때문이기도 하다. 이것은 묵상(예: Wellings &

McCormick, 2006) 치료와 자아초월 치료(Rowan, 2005)에 있어 그리고 데이비드 브래지어(David Brazier)와 캐롤라인 브래지어(Caroline Brazier)가 공식 훈련 프로그램을 개발한 불교 심리치료에 대해서도 분명히 그렇다(Brazier, 2003). 치료의 기저에 있는 목적에 대해 다시 생각해 보는 6장에서, 이러한 목적의 수렴 현상이 더 논의될 것이다.

여기서 논의된 전통적 불교의 틀 바깥에서 도움을 주는 개입으로서 마음챙김이 의도적으로 제공될 수 있는 다양한 방식들은 여전히 상당한 범위를 보여 준다. 그것들은 방식에서뿐만 아니라 그 목적에 있어서도 서로 차이를 보인다. 정신역동치료와 다수의 마음챙김에 근거한 치료들은 많은 증상들에 걸쳐 사용될 수 있다. 반면 다른 치료들은 매우 특정적이다. 이 치료법들의 효과와 명시된 목적들(4장에서 다루어질 주제)이 얼마나 일치하는지에 대해 실제로 알려진 바에 있어서도, 이 치료법들은 다를 수 있다.

이러한 모든 차이는 훈련자 혹은 치료자가 작업할 것으로 예상되는, 각기 다른 방식과 관련이 있다. 이미 주어진 설명은 예상되는 명백한 행위의 수준에 있어서, 그리고 이것이 얼마나 설명적이며, 교육적이며, 그룹 중심적이어야 하는가에 있어서 차이점을 강조한다. 이외에도 치료자의 마음챙김에 대한 예상된 관계에 있어 중요한 차이들이 있다. 그룹 리더십에 관한 논의에서 이미 살펴본 것처럼 MBSR 내에는 지도자의 능력에 대한 강조가 있어 왔다. 이 능력은 다른 사람들에게 MBSR을 계발시켜 주기 위해서 우선 먼저 자기 스스로 직접 경험하는 것뿐 아니라, (참여자들이 내면화할) 살아 있는 시범으로써 나타내 보이는 것도 해당된다. 역으로 DBT나 ACT 등,

유도(guided) 명상을 덜 강조하는 방법들은 그들이 장려하는 비명상적 도구의 중요성을 강조하며 치료자의 개인적 경험의 중요성을 크게 강조하지 않는다. 이런 차이는 거의 새로운 것이 아니며, (전통 심리치료 내에서 정신분석과 인지행동을 계속해서 나누어 왔던) 치료자의 개인적 준비의 역할에 관한 논쟁에 반영되어 있다.

불교심리학과 주요한 심리치료 접근법의 근간을 이루는 이론적 틀 사이의 차이점은 명백한 유사점에도 불구하고 여전히 크다. 마음에 관한 불교의 견해는 모든 생각—의심할 여지 없이 정서적 편견에 빠지기 쉬운 사고뿐만 아니라 투사적이고 본질적으로 실재를 왜곡시키는 생각까지도—을 이해한다. 그러나 불교적 마음관은 왜곡(그 특징은 마음마다 다르다)을 선입견의 더 미묘한 수준에서 바라본다는 점에 있어서, 그리고 의식이 취하는 형태에 있어서조차 모든 사고를 이해하는 것을 넘어선다. 또한 정신역동적 사고도 인간관계를 통한 경험의 매개에 주된 관심을 갖고 있다. 비록 대부분의 서구식 설명에서는 이것이 상대적으로 과소평가되고 있으나, 불교심리학은 모든 것의 변화가 분명한 매우 관계적인 실재를 가리키면서, 모든 과정(심리적, 인간적 그리고 기타)의 관계적 성격을 잘 인식하고 있다. 동시에 정신역동적 사고는 자아감을 이해하고 발전시키는 데 관심을 가지며, 반면 그럼에도 불구하고 그것을 유지시키는 데에도 관심을 갖고 있다. 괴로움과 미망을 개인적 '나'와 연결시키는 불교심리학은 이 '나'가 본질적으로 환상이라는 것에 대해서는 어떠한 실질적인 타협도 허용하지 않는다. 그러므로 불교에 관심에 있는 정신역동 사상가들은 자아—중세 학자에게 가치가 있을 만큼 어려운 복잡함을 지닌—에 관한 타협을 만들어 내는 데 여전히 곤란을 겪게 된다(Safran, 2003 참조).

정신역동 사상가는 인지치료자 혹은 시스템 치료자보다 자아의 질문에 더 큰 어려움을 겪는다. 마음을 정보처리 시스템으로 축소시키는 인지 패러다임의 버전에 사용 가능한 이점이 있다면, 그것은 '자아'를 위한 장소를 갖는 것뿐이다. 그리고 자아의 장소를 갖는 것은 실상과 매우 다르게 나타난다. 인공두뇌학(사이버네틱스) 역시 시스템 사고에 영향을 미쳤다. 시스템 사고에서 어떤 개인적 '부분'이라도 일정한 위치를 점하는 고정된 실체라기보다 시스템 재조직의 흐름에서 끊임없이 재형성되어야 할 필요가 있는 것으로 보는 개념은 시스템 사고의 주요 가정과 일치한다.

인지주의자(cognitivist)에게 사고가 갖는 중요성은 그것을 불교심리학 내에서 통합하는 시도에 있어 장점인 동시에 약점으로 작용한다. 의식적으로든 무의식적으로든 느낌과 판단, 기분을 촉진하는 사고의 분명한 능력은 잘 알려져 있다. 그러나 왜곡이 없는 사고방식이 심리적 건강을 위한 충분조건이라는 사실은 부분적으로만 받아들여지고 있다. '올바른 생각(흔히 '올바른 의도'라고 번역되는 *sankappa*)'은 팔정도 중 하나다. 올바른 생각은 생각에 대한 의문이 일어날 때 그것에 의도적으로 주의를 기울임으로써 계발된다. 그 내용이나 가능한 결과에 있어 온전하지 못한 것으로 나타난 생각은 온전한 태도와 행동을 진작시키는 생각을 위해 자리를 비켜줘야 한다〔이것에 대한 설명을 위해서는 『맛지마 니까야(중부)』의 19번째 경을 참조〕. 그러한 사고 습관은 지혜를 진작시키는 요소 중에서 이것과 주된 짝이라고 할 수 있는 '올바른 이해'('디티(*ditthi*)' 혹은 '올바른 견해'라고 하는)의 확립을 도와준다. 그러나 올바른 생각은 아무리 단련하더라도 그것 자체로 올바른 이해로 이어지지 못한다. 올바른 이해란 괴로움의 본성을 깨닫고, 괴로움으로부터 완전한 해방이 있다는 것을 깨닫는 것을 의미한다. 이런 종류의 깨달음은 개념적 이해가 아니라는 것이 모든 주요한 불교 전통의 공통된 기반이다.

서구 심리치료들 사이의 분열에 직면하여, 우리는 (일반적으로 서로 경계적이며, 확연히 다른 정체성들을 가지고 있는) 심리치료의 다양한 전통들 사이에서 어떻게 주의에 대한 관심이 끼어들게 되었는지 생각해 볼 수 있다. 그 교차점들은 이론적인 것일 수도, 실질적인 것일 수도 있다. 두 명의 연구자가 재평가받을 만한, 이러한 종류의 흥미로운 제안을 했다. 제프리 마틴(Jeffrey Martin, 1997)은 그의 상세한 논문에서, "마음챙김의 과정은 서양 심리치료에 암묵적으로 줄곧 포함되어 있었다."라고 했다(Martin, 1997: 292). 심리치료 통합론자로서 그는 마음챙김이 많은 치료들에 공통적인 요소라는 것을 보여 주고자 했으며, 그것이 기여하는 바는 치료 내에서 변화를 위한 기회를 최적화하는 것이다. 그는 이것이 정신역동 심리치료와 인지행동 심리치료에서 줄곧 서로 다른 형태를 띠어 왔다고 믿는다. 이것을 정교화하는 데 있어 그는 각 심리치료의 이상적인 모형으로부터 작업하는 경향을 보인다. 또한 그는 마음챙김에 관한 집필에서 엘런 랭어(Ellen Langer)의 인지적 개념—여기서는 마음챙김이 불교적 관점보다는 다중 관점들 사이에서 자신의 관점을 쉽게 옮길 수 있는 능력과 동일한 것으로 간주된다(Langer, 1989)—에 크게 영향을 받는다.

마틴은 프로이트의 지시를 따름으로써 성취되는 '열린 형태의 주의'와 정신분석적 입장을 동일한 것으로 간주한다. 가장 흥미로운 것은 그가 분석가에게서 요구하는 개인적 관점의 변화를 사프란과 시걸(1990)이 인지치료에서 중요한 치료적 목적이라고 본 '탈중심화(decentering)'와 연결시켰다는 점이다. 탈중심화는 MBCT에서 그 역할이 더 증대된다. 마틴은 일상의 관점으로부터 벗어나는 것이 치료자와 환자에게 어떻게 적용될 수 있을까에 관한 모호함에 민감했다. 치료자와 환자 모두 통제에 대한 소망을 놓아 버리고 마틴이 '신선한 자각(fresh awareness)'이라고 부른 것으로 대체할 필요가 있는 것이다. 그는 무의식적 갈등 혹은 전이의 언어적 해석을 통제에 대한 소망의 한 측면으로 보았다. 이것은 환자의 자각의 중심을 옮김에 의한 것이다. 그래서 여기서 마음챙김의 전반적 기여는 "빌(Bill)이 단순히 반응하는 것이 아니라 자신의 전망을 좀 더 의도적으로 볼 수 있는 시간 간격을 만드는 데 도움을 주는 것"이다. 시간 간격을 만드는 것은 마틴의 이른바 '집중된 형태의 주의'와 대비되는 것으로 통찰이 행동으로 전환되기 위해 필요한 것으로 간주된다.

> 현재 순간에 대한 집중된 형태의 주의를 적용하는 것은 정신역동적 정위(orientation) 속에서 습득된 통찰을 이용하며 인지행동 방법론을 차용하여 촉매처럼 통찰을 행동으로 전환시키는 데 도움을 준다(Martin, 1997: 305).

집중된 형태의 주의는 자동적 절차의 중단 혹은 탈동일시를 통해 탈자동화를 가져온다. 마틴은 다음과 같이 말한다. "마음챙김 주의의 반복된 집중을 통해 보다 적응적이고 이전에는 덜 지배적이었던 경험의 형태가 강화된다."(305)

서로 다른 주의 전략의 관점에서 이 두 가지 접근법을 양극화시키려는 이러한 시도는 얼마나 타당한가? 정신역동치료에 있어 통찰과 행동의 관련성은 매우 중요한 것이다. 그러나 마틴의 인지주의적 선입견은 여기서 그가 사프란의 견해를 따르도록 하지 않는다(Safran, 1989). 사프란은 행동으로 특징 지을 수도 있고 그렇지 않을 수도 있는 지적인 통찰과 종종 비언어적 신체 수준에서 이용 가능한 직접적 통찰—특히 새로운 형태의 행동을 촉발하는 전이적 상황에서—을 구분한다. 마틴은 인지적 재구조화를 포함하는 사례들을 제시하며, 집중된 형태의 주의를 추가적인 자발적 행동을 따라 작동이 수행되는 일종의 탐조등으로 보는 것 같다. 티스테일, 시걸, 윌리엄스의 작업 요점은 하나의 사고방식을 다른 것으로 대체하는 작업의 효과성 혹은 유용성에 의문을 던지는 것이었다. 과정의 전체 양식의 '차별화된 활성화' 대신에 이야기함으로써(예: Teasdale, 1999) 그들은 인지치료 접근법의 운용에 있어 '탈중심화(decentering)'를 그 중심에 세웠다. 비록 스피스(Speeth)가 초점의 전 영역에 걸친 주의의 이동이 일반적인 정신치료 작업 내에서 어떻게 일어나는지 설명하고 있지만, 광범위하고 균등하며 수용적인 자각과 정신역동 작업, 그리고 좁은 형태의 주의와 인지행동치료 접근법의 단순한 동일시가 훼손되지는 않는다. 그녀는 '집중된' 그리고 '파

노라마식' 주의라고 부르는 양 극단의 주의는 "자연스러운 범주라기보다는 더 실험적(heuristic)인 것이라고 보아야 한다."고 말한다(Speeth, 1982: 145).

결국 데이크먼, 시걸 등에 이어, 탈자동화 과정을 CBT에 전형적인 것으로 보는 마틴의 주장은 신중한 검토가 필요하다. 그의 도구주의적 접근은 집중된 주의가 차이를 만드는 또 다른 작용의 전조라는 것을 암시한다. 그 함의는 나쁜 습관을 변화시키려면 그 단계를 의도적으로 변화시키기 전에 우선 그 단계들이 분명하게 드러날 정도로 집중된 방식으로 볼 필요가 있다는 것이다. 이러한 의미에서 그가 핵심 기술이라고 본 인지적 재구조화는 자신의 손가락 연주법을 변화시키기 위해 의도적으로 그리고 천천히 악절을 연주하는 음악가, 혹은 자동차 운전대와 각종 장치 조작에 익숙하지 않은 운전자가 자동차를 운전하는 데 필요한 행동을 마스터하기 위해 매우 천천히 운전하는 것과 비슷하다. 어느 경우든지 주의에는 의도적이고 정확한 동작이 함께해야 하는 것으로 보인다. 이것은 자각이 그것 자체로 탈자동화에 충분하다는 가능성을 다루는 것이 아니다. 탈자동화란 일련의 행동들 내에서의 연결이 인식될 뿐만 아니라 주의의 과정에 의해 약화되는 것이다. 탈자동화는 마음챙김이 서로 다른 양식의 치료 과정들에 공통적인 무언가를 소개해 주는, 그러나 현재의 패러다임으로는 충분히 설명되지 않은 또 다른 방식을 나타낸다.

향후 발전

마음챙김 치료가 치료적 전망에 대한 현재의 지도 안에서 적절히 인식되지 못한 치료적 차원을 개발하는 혁신적 발전일 수 있다. 그리고 그 지도에 대한 어느 정도의 개정을 촉발할 가능성 또한 존재한다. 이것을 평가하기는 아직 너무 이르지만 앞으로의 가능성을 대략적으로 그려 보는 것은 가능하다. 마음챙김은 심리치료적 사고와 그 실제 내의 다른 세 가지 폭넓은 조류—그 각각은 이미 전통적 분류법에 도전을 가하고 있는—와 조화되고 있다. 이것은 뇌에 대한 관심, 신체에 대한 관심, 그리고 내가 자아초월이라고 부르는 것에 대한 관심이다.

뇌 치료

심리치료사들이 다루어야 하는 (환자들의) 발달적 어려움과 잠재적 관련이 있는 생물학적 기초에 대해 엄청난 관심이 집중되고 있다. 정동 조절이라는 주제에 대한 큰 관심이 있어 왔으며, 쇼어(Schore, 1994)는 이를 이용하여 뇌의 기능적 계층 관계에 대한 증거를 전체적으로 검토했다. 초기 발달기의 애착 경험에 대한 강한 민감성은 성인기의 정동 조절 능력에 차이를 보이는 것을 설명해 준다. 따라서 생애 후기의 치료 접근의 성공은 그러한 초기 적응에서의 실패가 얼마나 잘 다루어지는가에 달려 있다. 이것은 포나기 등(Fonagy et al., 2002)에 의해서도 연구된 바 있는 주제다.

치료 행동의 생물학적 기초에 관한 다채로운 가정들이 결코 적지 않지만 정신장애를 가진 사람들에게 제공되는 치료의 효과에 관한 실험실 조사는 여전히 드물다(Mace, 2003). 리네한(1993a)은 정동 조절에 있어 마음챙김이 지닌 잠재적 중요성을 강조했다. 그리고 이것은 뇌 과정과의 분명한 상호관련성을 보여 주는 데 필요한 특정 종류의 치료적 효과를 제공할 수 있었다. 기록의 정교함이 증가함에 따라, 이런 노력들은 마음챙김의 범위와 관련한 지속적인 개념적 혼란에 의해 제한될 것 같다. 신경생물학이 진정으로 마음챙김 자각을 구분해 내는 데 도움을 주기 전까지는 말이다. 예를 들어, 응집성(coherence)의 증가와 별개로 일상적인 깨어 있음 상태와 관련하여 빠른 베타파는 물론, 알파파와 세타파의 힘이 함께 증가하는 경우가 있을 수 있다. 이것은 이들 뇌파 중 하나 그리고/혹은 델타파의 활동만 독점적으로 증가하는 다른 명상 상태와 대비된다.

신 체

마음챙김에 관한 전통적 문헌과 수련자들의 경험으로 볼 때 마음챙김이 우리들 몸에 배인(embodiment) 자각에 의존하고 있다는 것은 분명하다. '마음챙김' 경험의 범위 너머에 있는 다른 명상적 혹은 '절정' 경험에 대한 설명이 독특한 신체 감각을 포함하지 않는 경우는 드물다.

'자아는 신체 자아다' 라는 것을 기억하라는 프로이트의 지시에도 불구하고(Freud, 1914b) 심리치료는 신체에 대해—환자의 신체든 치료자 자신의 몸이든—매우 상반되는 태도를 취해 왔다. 환자의 몸에 손을 대는 것을 멈추라는 프로이트의 결정에서부터 페렌치(Ferenczi)나 라이히(Reich)처럼 신체적으로 초점을 맞춘 분석가들을 이단으로 비난, 박해, 제명하는 데 이르기까지 정신분석은 기술에 있어 어떠한 신체 요소도 거부할 필요가 있다는 인식에 시달려 왔다. 오늘날에도 정신분석 기관들은 기억과 무의식적 삶에 대한 신체적 기여에 홍미를 보이는 치료자들을 직업적으로 처벌할 수 있다. 이것은 분명하게 신체에 초점을 두는 치료자들을 존경받지 못할 사람으로 그리고 별도의 직업적 구조가 요구되는 사람으로 보게 만들었다.

젠들린(Gendlin, 1996)이 초점을 맞추었던 것 같은 일부 치료들은, 직접적 조작을 장려하기보다는 가슴이나 태양신경총 같이 정서적으로 민감한 신체 부위에 일어나는 내적 감각에 환자의 주의를 의도적으로 기울이도록 만드는 기술을 개발했다. 이것은 그 감각들이 좀 더 완전히 자각되도록 하기 위해 감정과 이미지를 활성화하려는 것이다. 젠들린은 (자신의 기법이) 명상과 유사성을 갖고 있다는 것을 알고 있었지만 자신의 주의 집중 기술 안에서 마음챙김에 대해 직접적으로 언급한 적은 없다. 그러나 그것은 여기서 살펴본 마음챙김 치료 기술과 공통점을 많이 갖고 있다. 신체적으로 연결된 경험을 공유할 뿐만 아니라 담을 수 있는 마음챙김의 능력에 있어서 그것들을 조합할 수 있는 상당한 잠재력이 있는 것으로 보인다.

또한 심리치료 훈련과 신체에 대한 치료자의 선언적 태도, 그리고 치료자들이 자신이 작업하는 과정에서 신체를 상당히 활용하는 것 사이에는 괴리가 있다(Shaw, 2004). 이런 상황은 몇몇 치료자가 신체 경험을 없어도 되는 부수현상이 아니라 심리치료 작업의 핵심이라고 간주하게 되면서 직업적 경계를 넘을 의지를 점점 더 보이며 변화하기 시작하고 있다. 마음챙김에 대한 관심의 증가는 신체 개입에 의존하는 치료자와, 의존하지 않지만 신체에 면밀한 주의를 기울이는 치료자를 구분함으로써 '신체 치료'의 이질적인 영역을 재구성하는 데 도움을 줄 수 있을 것이다.

자아초월

나는 개인적 필요와 흥미를 정의하고 추구하는 데 온전히 몰두하는 우리 마음의 측면들을 가리키는 것으로 '자아초월(transpersonal)'이라는 용어를 사용한다. 이 용어가 '영적(spiritual)'이라는 말을 사용하는 것보다 좋은 것은, 사람들의 공감을 더 끌어낼 수 있기 때문이다〔어떤 경우든 영혼(soul)이나 영(spirit)에 관한 논의는 마음챙김이 생겨 나온 불가지론이나 반실재론(antiessentialist)의 맥락과는 잘 맞지 않는 것으로 보인다〕. 어떤 용어를 사용하든 개인적 초월에 대한 관심은 융 이후 심리치료에서 자아초월 사고가 크게 부흥한 원인을 제공하고 있다.

불교 사상과 수행은 마음챙김 치료를 개발하는 것 외에도 마음챙김 훈련을 보완하는 혁신으로 이어져 여러 가지 방식으로 영향을 미쳤다. 그중 한 예가 연민 마음 훈련 안에서 연민을 명상적으로 계발하는 것처럼 '완성' 혹은 브라흐마위하라(*brahmaviharas*)라고 하는 자아초월 정동을 직접적으로 이용하는 것이다(Gilbert, 2005). 이것은 강한 수치심을 가지고 있어 우울증에 걸리기 쉬운 사람들에게 매우 두드러지게 나타나는 해로운 자기공격을 중화시키는 방법이다. 무아 혹은 아나타(*anatta*)에 대한 이해의 효과를 내는 또 하나의 방법은 파괴적 이기주의의 허상에 대한 인식을 통해 그것을 줄이는 치료 전략을 개발하는 것이다(Leary, 2004).

정신치료 영역에서 자아초월의 기능에 대한 관심은 프로이트 이전부터 있어 왔지만 그것들 역시 융의 시대부터 분리되어 대다수의 제도권 치료자들로부터 악평을 들어 왔다. 이는 신체 치료의 역사를 되새기게 하는 것이다. 다시 한 번, 공식적 태도와 치료자 개인의 자아초월에 대한 실제적 관심 사이에는 모순이 존재한다(Simmonds, 2004 참조). 이것은 반드시 자아초월에 주의를 기울이지 않고서도 치료자가 자신의 치료 내에서 종종 자아초월 차원을 무리 없이 통합한다는 것을 의미한다.

심층 사례연구에 대한 필요

이러한 관찰들이 흥미로울 수 있지만, 그들 자체에 의해 변화가 일어날 것 같지는 않다. 정신치료가 어떤 방향으로 나아가든, 그것은 실제 환자에게 문서화된 사례 기록을 통해 기술의 가치를 직접 시연해 보임으로써 진보가 이루어지는 영역이다. 이 보고들은 그 단계가 분명하고, 독자들이 과정과 결과 사이의 관계에 관한 자신의 견해를 형성할 수 있을 만큼 충분히 상세해야 한다. 이것은 프로이트 자신의 사례에서만큼 그 이후의 정신분석에 일어난 주요한 변혁에 대해서도 진실이었다. 마음챙김에 근거한 심리치료도 예외는 아닌 듯하다. 현재 설득력 있는 사례 기록을 제공하라는 요구에 압박 받고 있는 것도 사실이다. 게다가 모든 사례 보고를 고려해 볼 가치도 없는 것으로 간주하는 임상 저널에서부터 익명으로 발표되었던 연구보고서를 정확한 확인도 하지 않은 채 여기저기 마구 퍼뜨리는 편집자들에 이르기까지 다양하게 있다.

임상 보고에 관해서는 마음챙김 치료도 앞 장에서 기술한 마음챙김의 과학적 탐구가 직면한 역설과 비슷한 상황에 직면하고 있다. 마음챙김 치료에 관한 철저한 조사는 마음챙김의 과정에 적절하고 민감한 방법론을 요구한다. 몇 가지 핵심적 임상 질문들—예를 들어, 내담자에게 마음챙김을 길러 주고 이것이 치료적이 되기 위해서는 치료자가 얼마나 마음챙김을 체화해야 할 필요가 있는가 같은—에 대해서는 이미 살펴보았다. 이 문제를 해결하기 위해 어떠한 제3자(의) 연구가 이루어지든 그것은 환자에 의해 경험된 내적 변화에 대한 자세한 설명과 함께 치료자의 자각과 자각의 변화 방식에 대한 심층적인 설명을 제공해야 할 필요가 있을 것이다. 이것은 치료자와 환자가 진지하게 참여하여 자세한 기록을 해야 한다. 앞으로의 과제는 마음챙김을 사용하여 완전한 치료를 했던 몇몇 발표가 세부적인 내용을 간소화시켜 일반적인 추론만을 허용했는지에 관한 것이다. 마음챙김에 대한 이해를 발전시키고 더 많은 치료자들의 관심을 모으기 위해서 이 분야가 극복해야 할 당면 과제는, 정말로 포괄적인 사례 보고의 필요다.

결 론

마음챙김은 환자가 마음챙김을 더 잘할 수 있도록 고안된 보다 새로운 개입에서뿐 아니라 정신분석적 심리치료를 포함해 이미 확립되어 있는 심리치료에서도 없어서는 안 될 필수 요소다. 따라서 마음챙김은 치료자가 바라는 특정한 효과를 가져오기 위해 가르치는 그 무엇일 뿐 아니라 기존의 치료 틀 내에서도 활용해야 하는 태도라고 할 수 있다. 마음챙김에 근거한 개입들이 정신건강 문제를 가진 사람들에게 사용되어 오면서 그 개입들은 교육적 혹은 코칭 개입이라기보다 치료의 성격을 더 많이 띠게 되었다. 마음챙김을 함양하는 전통적인 명상 기술에 참여하는 내담자가 능력에 한계가 있어 어렵지 않으면서도 치료적으로 이로운 대안적 훈련이 개발되었다. 개입 패키지들은 마음챙김에 대한 일정한 훈련과 함께 다른 요소들을 포함시킴으로써, 특정 정신건강 문제를 다루기 위하여 그에 맞게 계속해서 변화되어 왔다. 이 영역은 실제 치료에 있어서 일어나는 자각의 역동을 살펴볼 수 있는 사례 보고의 상대적 부족으로 인해 정체되고 있는 것인지 모른다. 다음 장에서는 마음챙김 개입법을 가지고 특정 정신장애를 치료하는 데 있어 행해진 적용 사례에 대해 더 자세히 논의한다.

Chapter 4

마음챙김과 정신장애

인간의 모든 비참함은 홀로 방 안에 조용히 앉아 있지 못하는 것에서 비롯된다.

–파스칼 「팡세」 2/139

마음챙김과 심리적 고통

이러한 서로 다른 마음챙김 치료법은 어떤 방식으로 정신건강에 영향을 미치는가? 3장을 보면, 상이한 접근법에는 상이한 목적이 있는 것이 분명하다. 1장에서 논의한 전통적 수행의 동기가 되었던 의도와 꼭 일치하는 것은 없다. 많은 경우, 상당히 특정적이며 문제 지향적이고 측정 가능한 목표들이 마음챙김에 근거한 치료의 이론적 근거로서 선택되었다. 신체적 치료법들처럼 심리적 치료법들도 주요 우울증, 강박신경증, 정신분열증 같은 정신장애를 치료하는 데 이용된다는 것이 일반적 통념이다. 우울증으로 진단된 환자는 항우울제 또는 상황에 맞는 특정한 심리적 치료를 받아야 한다.

이러한 전략이 신체 치료에서의 처방에 있어서는 타당할지라도 정신치료에 있어서는 몇 가지 점에서 의문을 갖게 한다(Guthrie, 2000 참조). 간단하게 이야기하자면, 특정한 개입에 의해 이익을 얻는 사람들과 그렇지 않은 사람들을 구분할 수 있는, 훨씬 더 신뢰할 만한 요인들이 있을 수 있다는 점이다. 이것에 관한 사례로 마음챙김에 근거한 인지치료(MBCT)에서의 경험을 예시할 수 있을 것이다. MBCT를 평가했던 엄격한 조건들이 의미하는 바는, MBCT가 임상적으로 유용한 경우와 그렇지 않은 경우가 언제인지를 정확하게 구별하는 것이 가능하다는 것이다. 최초 실험(original trial)의 결과를 가지고 '우울증으로 진단된 사람에게 MBCT가 유용한가?'라는 질문에 단순히 답한다면, 사실상 그 대답은 '아니요'일 것이다.

MBCT로 이익을 보지 못한 사람들의 수가 이익을 본 사람에게 미친 영향을 희석시키기 때문이다. 이익을 본 사람들의 긍정적 영향이 설득력을 갖기 위해서는 더 많은 사람들이 연구에 포함되어야 한다. 그 연구가 MBCT는 효과가 없다는 것을 보여 준다고 말하는 것도 분명히 잘못된 것이다. 적절한 질문은 'MBCT가 언제 도움이 되는가'다. 이 경우 그 연구 및 반복된 연구들로부터 나온 일관된 대답은 '3회 이상 우울증 삽화를 경험할 때'다(Ma & Teasdale, 2004).

사실상 이런 종류의 질문에 답할 수 있도록 해 주는 특정 자료가 존재하는 경우는 드물다. 늘 얻게 되는 자료는 특정 치료법의 이용자들이 무엇으로부터 위안을 얻었으며, 그것이 어떻게 도움을 줄 수 있는가에 대한 전문가의 견해다. 이러한 목적들은 진단 용어보다도 더 특정적이어서 실제 성취된 임상적 경험(개인적이거나 보고되어진)은 물론, 어떻게 치료가 작용하는가에 관한 이론적 고찰들의 결합에 의해서도 영향을 받을 수 있게 된다.

이를 고려하여 마음챙김 치료들로부터 가능한 영향들을 범주화하는 것이 가능하다. 다음의 도식은 (완전한 것이 아니라 예시적으로 제시된 것인데) 사람들이 도움을 원한다고 말할 수 있는 것들 및 주관적인 경험과 가까운 기본 단위들로 되어 있다.

기분	불안, 우울, 분노
침습	반추, 환각, 기억
행동	과식, 약물 의존, 신체적 자해, 폭력
관계의 문제	타인에 대한 부정적 태도, 공감 부족
자기의 문제	자기의식, 낮은 자기존중감, 자기혐오

이 장에서는 우리는 정신장애의 완화에 대한 마음챙김의 기여를 선택적으로 살펴볼 것이다. 각각의 사례들은 위 목록의 장애들 중 적어도 한 가지, 또는 그보다 많은 장애들에 관련된 경험을 포함할 것이다. 마음챙김이 섬유근육통으로부터 건선에 이르는 다양한 신체 증상에 이용되었던 역사는 여기에서 논의되지 않을 것이다. 두 부류의 질병 간의 첨예한 구분에 관해 역설하는 것은 지나친 이원론이 될 것이다. 앞 장에서 MBSR의 전체적인 기원과 목적에 대해 언급했다. 정신의학 저널에 발표된 바 있는, 불안장애에서의 MBSR 적용에 관한 연구에서, 피험자들은 종합병원에 입원 중이던 환자들이었다(Kabat Zinn et al., 1992). 비록 그 결과에 이어서 받아들일 만한 효과적인 치료법에 대해 기술한 논문은 드물었지만 이 연구는 그러한 환자들의 높은 심리적 유병률에 주목한 많은 논문들 중 하나였다. 의료 장면에서 MBSR의 영향은 신체적, 정신적 안녕(웰빙)에 대한 영향을 분리하는 것이 어디까지 가능한가에 관한 흥미로운 질문을 제기한다. 2장에서 설명한 질적 연구에서 포커스 그

룹 참여자들은 고통과 질병에 직면한 개인적 경험들을 기술했다. 그들은 불안과 공포를 극복하는 데 있어, 마음챙김의 도움이 결정적이었다는 데 동의한다. 따라서 이 장에서 정신의 불건강에 대해서만 집중하려는 시도는 인위적으로 보일 수 있을 것이다.

불안장애

병리적 불안은 심리적 증상뿐 아니라 신체적 증상으로도 인식된다. 신체적 증상에는 발한, 짧은 호흡, 심계항진, 메스꺼움 등이 포함되며, 심리적 증상은 흔히 걱정, 미래에 대한 두려움과 공포로 나타난다. 이것은 여러 형태로—각 개인에 전형적인 신체적, 심리적 불안의 특정 조합의 형태, 그리고 불안이 일어날 때마다 반복되는—나타날 수 있다. 급성 공황발작 형태의 불안에서, 신체적 징후는 자신이 곧 죽을지도 모른다는 생각 같은 의식적 두려움의 기반이 될 수 있다. 진단의들은 공포증(그들의 회피와 연관된 특정 대상이나 상황에 관련된 불안), 공황발작(상당한 신체적 요소를 동반한 급성 불안발작), 강박장애에서의 강박이나 충동같은 독특한 특징을 찾는다. 이들 중 어떤 것도 현저하게 나타나지 않는다면 그 불안은 범불안장애(GAD)로 간주될 수 있을 것이다. 그 불안을 범불안장애의 특정한 촉진물로 간주하기는 어려우며, 모든 형태의 치료에서 예후는 상대적으로 좋지 않다. 많은 상황에서 불안은 필연적이다. 즉, 장애가 될 정도로 불안을 많이 느끼는 것과 마찬가지로, 불안을 느끼지 못하는 것 역시 비정상이다. 건강은 불안을 완전히 차단하는 것이 아니라 정상 수준의 불안을 견뎌 내는 능력에 달려 있다.

MBSR이 개발되고 가장 먼저 연구된 정신건강의 주제는 불안이었다. 카밧진 등(1992)은 종합병원에서 실시하는 일반 훈련 패키지에 지원한 사람들을 대상으로, MBSR이 불안(공황발작을 포함하여) 증상에 미치는 영향을 측정했다(통제 집단은 없었다). 그들은 모두 부수적인 의학적 증상—그들 중 많은 것은 불안의 원천인 것 같은—을 가지고 있었다. MBSR 프로그램 종료 후의 불안(그리고 우울) 측정에서 유의미한 개선이 보고되었다. 그리고 3년이 지난 후에도 그 효과는 지속되었다(Miller et al., 1995). 추수연구에 참가한 사람들 대다수는 프로그램의 종료 후에도 지속적으로 마음챙김을 수련하였다(수련의 규칙성이나 수련 양의 효과를 분석하기에는 참여자의 수가 너무 적었다). 연구자들은 이 방법과 전통적 인지치료의 차이에 주목하였다. 그들은 MBSR이 중요시 여기는 신체 집중의 비인지적 특징에 주목하고, MBSR 개입은 특정 사고를 변화시키거나 '재구조화'하기 위한 의도가 아니었다는 것을 상기시켜 준다. 참여 과정들은 매우 달랐는데, MBSR은 보다 넓은 탐구 과정을 활용하는 것으로 간주되었다. 결과에는 불안의 감소가 포함되었으나, 그것에만 국한되지는 않았다. 이 연구는 기술적으로, '마음챙김'이라는 독립된 표식을 사용하지 않았다. 그러므로 관찰된 임상적 개선에는 연구자들이 강조했던 맥락적 요소가 기여했을 가능성도 있다.

이 저자들에 의해 수행된, 다른 환자들에 대한 관찰은 불안을 가진 사람에 대한 마음챙김에 근거한 개입법의 향후 이용에 대해 상당한 함의를 갖는다. 카밧진 등(1997)은 일반적 불안 수준을 상회하는 사람들 중 74명을 선별하여, 이 중 9명의 하위집단이 인지적 불안 증상을 두드러지게 갖고 있음을 발견했다. 20명의 환자들에게서는 불안이 매우 신체적으로 표현되고 있었고 나머지는 혼합형이었다. 연구자들은 인지적이거나 신체적으로 불안을 뚜렷하게 표현한 29명을 대상으로, MBSR 프로그램 내의 여러 기법에 대한 선호도를 체계적으로 조사했다. 요가는 신체적으로 가장 집중된 훈련으로 간주되었다. 좌선은 가장 인지적인 것, 그리고 바디스캔은 둘 사이의 중간쯤으로 인식되었다. 카밧진과 동료들은 인지적 증상을 가진 사람은 불안 감소를 위한 인지적 기술을 선호한다는 가정을 세웠지만 실은 그 반대되는 현상이 나타났다. 인지적 불안 패턴을 가진 9명의 참여자들은 좌선보다 요가를 선호했다. 뚜렷한 신체적 불안 증상을 가진 20명의 사람들은 그 반대였다. 프로그램의 효과는 모든 집단에서 거의 비슷했다. 이러한 발견은 마음챙김 훈련 프로그램 내에서 다양한 기술을 도입하는 것, 그리고 참여자들에게 이것들 중 개인적 기호에 맞는 것을 선택하도록 하는 것이 가능하다는 사실을 지지한다. 이 연구에서 시사된 '증상 표현'과 마음챙김 방법 사이의 상보성은 비교연구를 통해 공식적으로 시험되지 않았다.

슈워츠 등(Schwartz et al., 1996)의 강박충동장애에 대한 연구에서 비록 마음챙김이 한 요소이기는 했으나, 공포증 환자에 대한 마음챙김에 근거한 개입에 관해서는 공식 연구가 이루어지지 않았다. 이 두 질환에 대한 효과적인 증거 중심 치료가 이미 존재하기는 하나, 경험 회피를 극복하는 것을 마음챙김이 돕는다면 노출에 근거한 치료의 효과도 더 상승시킨다고 생각하는 것이 합리적일 것이다.

그러나 범불안, 그리고 그것에 동반되는 끊임없는 의식적 걱정은 다른 접근에 의해 쉽게 호전되지 않았다. 보스턴의 로머(Roemer), 오실로(Orsillo)와 그 동료들은 범불안의 치료에 있어 MBCT, DBT, ACT의 특징을 조합한 다중 요소의 16주 치료 프로그램을 고안하는 데 있어 걱정의 기능을 상당히 고려했다. 무작위 통제실험(Roemer et al., 2006)으로부터 나온 예비 결과는 그것이 적어도 현재의 인지치료만큼이나 효과적이라는 것을 암시한다. 그러나 각 요소들의 역할을 고려하는 것은 이 연구가 완료된 이후에나 가능해질 것이다.

우울증

우울증의 기분 변화는 상당한 주목을 받아 왔다. 우울증은 슬픔, 무관심, 냉담함 등의 경향이 지속되어 일상적 활동에 심각한 장애가 되는 임상적 문제로 간주된다. 식사나 섹스 등 일반적으로 기쁨을 가져오는 것들에 대한 흥미의 감소뿐만 아니라 수면장애가 일어나고 활력을 회복하기도 쉽지 않게 된다. 기분 변화의 패턴이 매일 뚜렷하게 달라지며 매일 특정 시간(특히 이른 아침)에 우울증의 정도가 더 심해진다. 사고가 계속해서 비관적이고 자신과 과거에 대한 생각이 부정적으로 되고 현재나 미래에 대한 생각보다 과거에 골몰하는 경향도 생긴다. 집중력이 손상되고 주의를 유지하기가 매우 어려워진다. 이것은 수면장애와 밀접한 관련이 있다. 이런 증상이 지속되면 동작이나 말이 매우 느려지는 상태에 이르기도 한다. 또 타인과 일상적인 일에 대한 관심이 줄고 실패나 절망, 죄책감과 관련된 생각에 고정되게 된다. 여기에는 죽음이나 자해, 혹은 자살 행동에 대한 생각도 함께 일어날 수 있다.

우울한 기분과 주의 깊음(attentiveness) 사이의 관련성이 오랫동안 인식되어 왔다. 흔히 보고되는 집중력 손상은 일상적인 일을 하는 동안 집중(그리고 단기기억)을 유지할 수 없는 상태를 가리킨다. 환자들은 신문기사를 읽는 데 시간이 더 오래 걸린다든가 방금 읽은 것을 기억할 수 없다고 호소한다. 우울증을 겪는 동안에는 일반적 무관심과는 다르게 타인에 대한 관심이 없어지는 현상이 관찰되는데, 이것은 우울증의 자기 도취적 기반에 대한 프로이트의 정신역동적 관찰의 기초가 되었었다(Freud, 1920). 프로이트는 자기 내부의 대상에 과도하게 몰두함으로 인하여, 현실 세계의 타인들에 대한 주의가 어떻게 거둬지는지를 설명하였다. 우울한 사람에게 보이는 무기력과 들뜬 사고과정 사이의 역설도 또 하나의 중요한 관찰이다. 증상이 완화된 이후에도 우울한 생각이 지속되는 것은 재발 위험이 높은 우울증의 '잔존 증상'의 중요한 측면이다(Fava, 2000).

아론 벡의 인지치료와 대인관계 치료(IPT) 모두 개별 삽화의 치료에 있어 성공적인 것이었지만 매 연속적인 삽화 각각에서 보이는 우울증 위험의 증가를 반드시 예방하지는 못했다. 회복이 불완전하여 (Fava가 설명했던) 사회적 철수나 우울적 태도 같은 잔존 증상이 있는 환자들에게는 과거 삽화의 횟수에 따라 우울증 재발의 상대적 위험도가 더 높아지는 것으로 알려져 있다. 이것은 심리적 과정이 우울증 재발의 지속적인 취약성과 직접적인 관련이 있음을 시사하는 것이다.

티스데일, 윌리엄스, 시갈 등은 마음챙김에 근거한 치료에 의해 도움을 받을 수 있도록, 흔하며 만성적인 재발성 기분장애의 보기로 단극성 우울증을 다루었다. 3장에서 언급한 바와 같이 그들의 MBCT는 당장은 문제가 없지만(그리고 손상되지 않은 집중력을 즐기고 있지만) 향후 재발 가능성이 있는 사람들을 위한 개입 패키지로서 효과적으로 설계되었다. 적어도 2회 이상 우울을 경험한 성인들을 무작위로 선별하여 MBCT 혹은 일반적인 치료를 받게 했다. 비록 이 연구가 이 치료법들의 재발 방지 효과에 어떤 차이점이 있는지 보기 위해 설계된 것이었지만, 단지 '예' 아니면 '아니요' 라는 결론을 도출하지는 않았다. 대신 원래의 표본을 하위집단으로, 즉 3회 이상 우울증을 경험했던 사람과 단지 2회만 우울증을 경험한 사람으로 나누자 각 하위집단에 대해 서로 다른 결과가 보고되었다. 그 결과는 현저하게 달랐다. 3회 이상 우울증 삽화를 경험한 사람들에게는 MBCT가 일반적인 우울증 치료에 비해 재발 위험성을 현저하게 낮추는 것으로 나타났다. 반면, 원천 연구 혹은 보다 작은 규모의 반복 연구(Ma & Teasdale, 2004)에서 2회의 과거 삽화만 가진 사람들에게는 전혀 차이가 없었다.

'일반적인 치료'를 받는 환자들은 과거 삽화의 수에 따라 우울증 재발의 위험이 더 크다는 것이 관찰되었다. MBCT는 3회 이상 혹은 아무리 많은 삽화를 가졌더라도 삽화를 경험하는 환자들 사이에서 재발 위험성을 안정된 수준으로 유지하는 효과를 가지고 있다.

게다가 그것이 안정시키는 수준은 일반적인 치료를 2회 받은 이후 지속되는 수준과 거의 다르지 않았다. 이는 어떤 기제가 작동되고 있든지, 향후 재발 위험을 높였을 강력한 요인을 MBCT가 효과적으로 중화시킨다는 것을 의미한다.

이에 대해 주 연구는 직접적으로 조명하지는 않는다(또한 시간적으로도 너무 앞서 있어서 훈련으로 인해 환자가 성취한 마음챙김에 대한 측정이 포함되지 않았다). 그러나 세 명의 주요 연구자 모두, 우울증에 대해 그리고 상위인지적 변화가 관찰 가능한 임상적 결과를 가져올 수 있는 방식에 대해 이미 많은 생각을 해 온 저명한 정신생리학자들이었다. 주 실험에서 웨일스 사람 2명에 대한 하위연구가 실시되었다. 그 연구 또한 과거 우울증 병력이 있는 환자들 사이에서 MBCT가 전반적인 자서전적 기억을 감퇴시키는 것으로 나타났다(Williams et al., 2000). 캐나다와 케임브리지에서 온 참여자들에 대한 평행 연구에서 티스데일 등(2002)은 MBCT 대상자들이 추수연구 기간의 두 번째 해에 개입을 받은 다음 '상위인지 자각'을 측정하는 지표를 고안했다. 티스데일은 이것을 통하여 대상자들이 부정적 자극에 이은 우울 사고에 노출될 때 그가 '상위인지 통찰'이라고 부른 것을 보여 주는 정도를 측정하고자 시도했다. 어떤 사람은 완전히 재발하고 어떤 사람은 그렇지 않은 이유인즉, 재발된 사람은 그러한 우울 사고에 대해 마치 그것이 진실 혹은 진실의 일부인 것처럼 생각한다는 것이다. 재발하지 않는 사람들은 이와는 다른 상위인지 도구에 접근하는 능력을 이용하여 그러한 부정적 사고와 동일시하지 않는다. 티스데일의 상위인지에 대한 실험은 실제 사건에 대한 반응에 접근하는 대신에 연구 대상자들의 자기 느낌에 대한 설명을 기록하기 이전에 자서전적 기억을 이끌어 내었다. 그런 다음 독립적 측정자로 환자들이 보인 상위인지 자각을 측정했다.

이와 동일한 도구가 정통 인지치료에 의한 잔존 우울증 실험에서 치료 전후의 상위인지 자각을 측정하는 데 사용되었다(Paykel et al., 1999). 그들은 상위인지 능력에 있어 정통 인지치료를 받지 않은 환자에 비해 미세한, 그러나 의미심장한 개선을 보여 주었다. 방법론적 취약성에도 불구하고 티스데일은 그 연구가 처음에 가정한 대로 MBCT가 인지의 내용보다는 인지에 대한 환자의 관계 변화를 통해 그 효과를 발휘할 수 있을 뿐만 아니라 이것이 우울증을 치료하는 다른 형태의 인지치료에 있어서도 중요한 행동 양식이 될 수 있다고 결론지었다.

임상적으로 볼 때 우울증 재발을 방지하기 위해 마음챙김을 사용하는 근거는 반추의 역할, 혹은 자신과 자신이 반드시 어떠해야 한다는 부정적 사고에 대한 지속적이고 자동적인 사고와 관계가 있다. 반추는 우울 삽화를 연장시키는 데 있어 반응 양식 질문지(RSQ)의 다른 세 가지 대처 양식(주의산만, 문제해결, 위험한 행위)과 함께 하나의 요소로 작용한다는 것이 놀렌-혹세마(Nolen-Hoeksema & Morrow, 1991, 1993)에 의해 확인되었다. 라멜 등(Ramel et al., 2004)에 의해 확인된 것처럼 우울 반추의 감소에 미치는 마음챙김의 효과는 매우 강력한 것으로 나타났다. 우울 반추와 관련하여 MBCT의 역할은 '정신 모드'에 있어서 일반적 전환을 가져오는 것으로 가정된다. 따라서 마음챙김은 일반적인 정신 모드의 특징인 연쇄반응과 양립

할 수 없는, 각각의 연속적 경험과 관련하여 '탈중심화(decentering)'를 가져온다. 만일 우울 반추가 그것을 확장시키는 반응적 주의를 더 이상 받지 못한다면, 대개 우울 반추의 결과로 발생하는 부정적 기분 변화는 예방될 것이다(Segal et al., 2002: 75 참조).

분노와 감정조절

전통적 정신장애 분류에서 불안과 우울이 강조되기는 하지만, 이들만 가지고는 달갑지 않은 정서들이 완전히 설명되지 않는다. 실제 정신치료에 있어서는 자기 내면과 타인에 대한 분노를 통제하는 데 나타나는 어려움을 흔히 호소한다. 유명한 불교 스승인 틱낫한 스님이나 달라이 라마가 서구 독자들을 위해 쓴 자기 계발서에는 이 주제가 두드러지지만(예: Lama, 1997; Hanh, 2002), 서구 마음챙김 문헌에서는 거의 직접적인 주목을 받지 못하고 있다는 사실은 흥미롭다. 그러나 경험적 연구에 의하여, 해결되지 않은 분노가 대개 불안 증상이나 우울의 바탕에 자리 잡고 있다는 것이 밝혀졌다(Bloch et al., 1993). 많은 실제적인 치료 경험은 네보스키(Neborsky, 2006)의 다음 말 속에 요약되어 있다. "집중 단기 정신치료에서의 개선에 관한 연구는 슬픈 감정에 접근하는 능력이 증상을 줄여 주고 분노에 접근하는 능력은 성격의 변화와 상관이 있다는 것을 보여 준다." (Neborsky, 2006: 526)

과도한 그리고 통제되지 않은 분노는 경계선 성격장애(BPD)에서 인지된 특징이다. 이것에 대한 간단하고 합리적인 설명은 그것을 일반적인 충동의 한 측면으로 보는 것이다. 이것은 성적, 언어적 욕구 또는 애착 욕구를 충족시키려는 충동이 상대적으로 제약을 받지 않은 상태로서 폭력이나 무분별한 성행위, 집착, 폭식, 약물 남용 등이 유발되기 쉽다. 그러나 감정조절이라는 개념은 BPD의 원인을 초기 심리적 배려와 신경발달에 있어서의 실패라고 봄으로써 공격성 자제에서의 명백한 어려움과 강렬한 정서성(emotional volatility)을 설명하는 방식으로서 인기를 얻었다(Schore, 1994). 이것은 변증법적 행동치료(DBT)의 치료 철학과 환자의 경험을 인정하는 과정의 일부로 그 모델 안에서 교육이 차지하는 중요성에 있어서도 영향을 미쳤다(Linehan, 1993a). 마음챙김은 학습 불능 성인의 공격성을 감소시키는 데 있어서 성공적 개입의 열쇠로 사용되었다(Singh et al., 2003). 그 논문의 다채로운 제목이 암시하듯이 이것은 분노의 감정이 올라올 때 의도적으로 주의를 양 발바닥에 기울임으로써 가능한 것이었다.

행동: 폭식

마음챙김은 폭식을 하는 사람들에게 성공적으로 사용된 두 가지 치료법과 통합되었다. DBT는 신경성 식욕항진증보다 폭식장애에 주로 사용되었다(Telch et al., 2001). DBT에의 적용에서는 개인적 치료 요소가 덜 강조된 그룹 훈련 세션의 재편성이 이루어졌다. 마음챙김, 감정조절, 괴로움 인내에 대한 핵심 기술이 순서대로 교육되었다. 이것에 대한 이론적 근거는 폭식 행위가 감정조절의 수단이라는 것이었지만 치료 후 평가를 받은 여성 대상자들은 폭식 행위에 있어서는 대개 6개월 추수연구에서도 유지되는, 상당한 개선을 보였으나 자신의 정동 스타일에서는 실질적인 변화를 전혀 보이지 않았다. 부정적 정동에 반응하지 않는 환자의 능력이 강화된 것으로 보였다. 이것은 프로그램 내에서 마음챙김 계발의 중요성을 가리키는 것이다. 그러나 평가 과정에는 마음챙김에 대한 어떠한 독립적인 측정도구도 사용되지 않았다.

마음챙김에 근거한 먹기 자각 훈련(MB-EAT)(Kristeller & Hallett, 1999)도 폭식장애에 사용되었다. 각각은 서로 다른 이론적 근거를 채택했고 이 환자 그룹에 적용하기 위하여 과정을 수정했다. 크리스텔러(Kristeller)와 핼릿(Hallett)은 먹는 행위와 관련한 인지를 조명하기 위해 MBCT를 채택했다. 내담자들은 이것에 초점을 맞추는 연습이 특히 도움이 되었다고 믿었다. 치료 효과에 대한 분석은 내적 포만감 신호에 대한 민감도를 증가시키는 것이 특히 중요하다는 것을 암시했다. 이것은 이후 그 모델에 영향을 준 발견이다. (이 집단에서 흔히 발견되는 죄책감에 맞서기 위해) 용서의 감정을 키우는 명상을 소개하는 것도 호응을 받았다. 배어(Baer)와 동료들(Kristeller et al., 2006)은 최근 MB-EAT가 성공적으로 시행되면 내담자의 마음챙김을 증가시켜 주고, 폭식을 하지 않으면 통제력을 잃을 것이라는 그들의 믿음을 감소시켜 준다고 보고했다.

약물 남용

또 다른 마음챙김에 근거한 접근법이 약물 남용의 관리에 있어 상당히 성공적으로 사용되었다. 익명의 알코올 및 마약 중독자 모임 안에서 사용되는 12단계 프로그램처럼 그것은 대부분의 치료와 다른 종류의 헌신을 요구한다. 그 목적은 중독자의 동기와 의존의 근원에까지 접근하는 것이다. 말랏 등(Marlatt et al., 2004)은 의존 증상이 심각한 환자들이 매우 전통적인 불교 명상 수행에 기초한 집중 프로그램에 들어가도록 적극적으로 주선했다. 이것에는 지도자와의 상호작용 외에는 옆 사람과 이야기하지 않고 지내는 것, 그리고 열흘 동안 새벽 4시부터 밤 9~10시까지 명상을 하는 것이 포함되었다. 고엔카(S. N. Goenka)의 미얀마식 위빠사나 전통에 기초한 그 명상은 신체감각에 대한 마음챙김을 소개하기 전에 첫 사흘 동안 호흡에만 주의를 기울이도록 한다. 여기에는 불교철학의 기초와 명상에 대한 설명이 제공되는 매일의 '법문(dhamma talks)'도 포함된다. 1장에서 추론할 수 있듯이 이것은 갈애가 그 정신적 확산의 성질 때문에 직접적으로 극복될 수 없는 보편적인 습관이라는 분석을 제공한다. 그러나 갈애는 명상이 촉진하는 단계적 심리 정화를 통해 역전될 수 있다. 스파르타식의 혹독한 구도는 매우 힘들기는 하지만 말랏은 프로그램 참여자들이 보여 준 결의에서 확신했다. 그는 또한 보호시설 내에 이런 종류의 치료 프로그램을 조직했다. 참여자들의 행동에 직접적인 변화의 결과가 있었다는 것은 안전시설 내에서 이러한 프로그램을 운영하는 데에서 오는 상당한 불편을 관계 당국이 기꺼이 인내해 주었다는 것을 의미했다.

'마음챙김에 근거한 재발 방지'라는 나머지 하나의 접근법은 MBSR로부터 직접적으로 응용한 것으로(Witkiewitz et al., 2005) MB-EAT를 개발할 때의 몇 가지 경험이 고려되었다. 약물 사용 충동으로부터 더 초연한 관심뿐 아니라 내적인 민감도를 증가시키는 데 마음챙김을 사용하는 것은 재발 방지에 대한 연구자들의 오랜 관심과 개별적 재발 징후(signatures)에 대한 초기 인식을 촉진하는 데 마음챙김을 사용하는 것으로부터 자연스럽게 나왔다. 거주형 프로그램에 참여하는 사람들에게 마음챙김에 근거한 그룹 치료를 실시하는 것은 추가적인 관심이었다. 스트레스 반응을 보이는 명상가들에게 이 프로그램이 미치는 직접적 영향은 타액 코르티솔의 상당한 감소를 통해 확인되었기 때문이다(Marcus et al., 2003).

자살 행동

약물 과용이나 의도적인 자해를 유발하는 충동적이고 자기공격적인 행동은 우울증의 기분 변화와 별개로 생각될 수 있다. 이런 행동은 BPD 진단을 받은 사람들 사이에서는 일반적이다. DBT가 제공됨으로써 그 증상에서 가장 쉽게 조절되는 행동적 측면들이라는 것 또한 증명되었다. 자살 행동의 일관적이고 지속적인 감소에 대한 발견은 첫 평가에서 받았던 상당한 관심을 설명해 주며(Linehan et al., 1991) 평가가 더 엄격하고 통계적으로 견고해졌을 때에도 그대로 유지되었다(Linehan, 2006).

자살 예방의 임상적 중요성은 마음챙김이 자살 예방의 행동과 타이밍에서 기여하는 부분에 대한 아이디어를 더 명확하게 하는 데 도움을 주었다. 윌리엄스와 스웨일즈(Williams & Swales, 2004)는 DBT를 '1단계' 치료라고 부른다. 그것은 자살 충동이 갑작스럽게 일어날 때 DBT가 개인의 통제를 되찾는 실질적인 지원과 기술을 제공하기 때문이다. 개인의 통제를 가져오기 위해 다른 기술들이 마음챙김과 결합된다. 그러나 윌리엄스와 스웨일즈는 더 순수한 마음챙김에 근거한 도구들이 차후 도움을 줄 수 있을 것이라고 생각한다. 자살 행동에 기울 가능성이 많은 사람들은 특히 덫에 걸렸다(entrapment)는 인식이 있을 경우 자신의 상황에 대한 왜곡된 평가를 할 가능성도 더 많다(자살 행동이 점점 더 만성적이 되어 감에 따라 사건보다 인지적 습관이 점점 더 큰 역할을 하는 것처럼 보인다). 이들 연구자들은 자살 충동에 대한 이성적 저항력 또한 '도전받는다고 가정한다. 왜냐하면 지나치게 일반화된 기억과 우울 반추의 조합을 통해 그들의 문제해결 능력이 손상되기 때문이다. 그러므로 경험의 탈중심 양식의 차별적 활성화를 통해 우울 반추의 힘을 제거하는 데 있어 MBCT가 지지하는 마음챙김 연습은 향후의 자살 행동을 예방하는 데 상당한 힘을 가질 수 있다. 이 중요한 가설은 임상 연구에서 평가되고 있는 중이다.

침습: 환각과 망상

정신병 진단을 받은 사람들은 종종 환각(외부 사건에 대한 다른 사람들의 인식과 일치하지 않는 감각 경험의 완전히 부풀려진 형태)과 망상(이상하고 비합리적이지만 자꾸 믿게 되는 반복적 생각) 형태의 정신적 침습으로부터 종종 고통을 받는다. 이러한 침습은 정신분열증 같은 질환을 갖고 있는 많은 사람들의 열악한 환경처럼 큰 고통의 원인이 될 수 있다. 이전의 인지행동치료 전략은 이러한 증상의 감소나 적응, 자기 이미지, 사회적 기능, 동기 등의 부수적인 문제를 처리함으로써 괴로움을 줄이고 기능을 개선시키는 대처 기술을 증강시켜 주는 것에 집중하는 경향이 있었다. 이 환자 그룹에 두 개의 마음챙김에 근거한 서로 다른 전략들이 어느 정도 성공적으로 사용되었다. 그 차이점은 초기 접근들 사이의 대비를 보여 준다.

영국에서 채드윅 등(Chadwick et al., 2005)은 호흡 명상에 기초하여 환자들의 환경에 맞게 수정된 일종의 마음챙김 훈련을 이용했다. 간단한 바디스캔으로 주의를 집중시키는 처음 세션이 끝나고 나면 호흡 마음챙김이 부정적, 침습적 경험을 직접적으로 그리고 수용으로 직면하려는 시도에 앞서 환자의 불안 감소 능력을 증가시키기 위해 세션 중간에 그리고 세션들 사이에 이용된다. 그러한 부정적 경험에 대한 부정확한 신념(예를 들어, 그러한 경험이 다른 박해자에 의해 일어난다고 하는 등의)이 있을 수 있기 때문에 여기서 수용은 그 경험들의 무상함을 인식하고 그것에 관한 반추나 판단에

얽매이지 않은 채 흘려 보내는 것을 포함한다. 그 개입은 한 번에 10분 이상의 명상 수련을 하는 짧은 세션 동안 제공되었다(휴식을 포함하여 90분을 초과하지 않음). 고요한 시간이 연장 부과되지 않도록 간간이 설명과 지시가 있다. 집에서 해 오는 과제는 선택사항이며 완전히 침묵 속에서만 행해지지 않도록 오디오 테이프를 제공한다. 세션은 내려놓기와 같은 마음챙김의 측면에 관한 교육적 자료를 포함한다. 그리고 어려운 경험에 대해 마음챙김을 사용하는 시도가 다음 세션의 시작 부분에서 논의된다. 그 수업을 완료한 첫 11명의 증상 변화(상당히 개선되었다)와 그 수업이 그들의 마음챙김 사용 능력에 미친 영향(마음챙김 질문지를 사용하여, 2장 참조)을 평가했다. 그 결과 소리(voices)에 마음 챙기기보다는 괴롭히는 생각과 이미지에 대해 마음챙김을 사용하는 학습된 능력이 더 증가한 것으로 나타났다. 그 방법은 모든 당사자들에게 새로운 것이었으나 그들의 스트레스를 증가시키는 것으로 나타나지 않았다. 한편 세 번째 평가 측정에 대한 응답은 그들이 마음챙김을 모든 그룹 경험에 있어 가장 활동적인 요소로 보고 있다는 것을 보여 주었다.

만성 정신병이 있는 입원환자에 대해 ACT를 사용하는 실험에서 모든 ACT의 구성요소들을 활용했다(Bach & Hayes, 2002; Bach et al., 2006). 환자의 가치에 기초하여 합의된 목적을 향한 작업에의 헌신이 처음부터 소개되었고 증상 변화의 바람직스러움에 대해서는 어떤 견해도 표명되지 않았다. 어떠한 공식적인 명상 수련도 없이 환자들은 침습적 사고와 감각에 대해 그들이 갖는 생각의 측면에서가 아니라 있는 그대로 경험하도록 고무되었다. 이것을 위해 '줄을

서서 움직이는 병사들'의 이미지 같은 고전적인 ACT 연습을 통해 생각으로부터의 탈동일시(생각들이 병사들의 소총 위에서 움직여 다닐 수 있는)가 소개되었다. 특히 부수적인 인지적 손상의 증거가 있으면 장난감 병사에 대해 시연하는 것처럼 다른 환자들에 대해서보다 더 엄밀하게 이것을 검토하고 연습했다. 망상을 환자의 다른 측면과 관련된, 즉 어떻게 망상이 그것 자체로 경험 회피의 수단으로 사용되는가 하는, 가능한 기능의 측면에서 바라보는 데도 관심이 있다. ACT의 특징 중 하나는 '맥락으로서의 자기'에 대한 관심이다. 정신병을 가진 사람들의 경우 이것은 다른 그룹들보다 손상되었을 가능성이 더 큰 자기자각을 높이기 위해서 언어적 자기 묘사를 북돋는 것을 포함할 수 있다. 이 개입에 대한 평가는 무선할당 실험으로 실시되었는데, 비록 증상 개선은 없었지만(Bach & Hayes, 2002) 통상의 치료에 비해 재입원(readmission) 전에 더 긴 시간 간격이 확인되었다. 그 연구는 그룹들 사이에 전문적 고려가 동등하도록 하기 위해 반복되었다. 재입원의 위험을 낮추는 방향으로 긍정적인 변화가 있었고 증상의 변화에 대한 분명한 증거가 있었다(Bach et al., 2006). 이런 종류의 복잡한 개입에서 '마음챙김'의 기여를 측정하기란 확실히 더 어렵다. 그리고 환자의 마음챙김에 대한 어떠한 독립적 평가도 이루어지지 않았다.

트라우마

트라우마는 수면 중 혹은 깬 상태에서 매번 똑같은 모습으로, 매우 생생한 기억의 형태로 침입적 경험을 하는 것과 관련된다. 흔히 볼 수 있는 트라우마의 또 다른 영향은 공포성 불안, 건망증, 정서적 및 신체적 마비, 향후 위험의 표지를 지속적으로 탐지하는 경계성 주의와 관련된 높은 자각 상태를 포함한다. 트라우마 경험의 한 가지 정의는 "사람이 자신의 잇따르는 지각을 조직하는 방식을 결정하는" 것이다(Van der Kolk, 2002: 60). 밴 더 콜크(Van der Kolk)는 환자와 관찰자 모두에게 지각(perception)이 그 내용, 집중, 그리고 외상을 경험할 때마다 습관적으로 두려워하는 반응 때문에 과거에 지배되는 것이 분명할 정도의 트라우마적 기억에 의한 경험의 지배를 언급하고 있다(이것은 1장에서 논의한 전통적인 불교심리학에 비춰볼 때 가장 흥미로운 것이다. 그에 따르면 모든 지각은 조건화에 의해 미래의 지각 구조를 결정한다!). 그러므로 '트라우마'는 몇몇 지각의 재조직이 다른 것들보다 더 분명하게 드러나는 정도의 문제다.

실질적으로 트라우마는 매우 중요한 주제다. 의사에 대한 궁극적 판단 기준은 타인의 고통에 대처하는 데 그 의사가 얼마나 도움을 줄 수 있느냐 하는 것이라고 간주되어 왔다. 트라우마는 어느 심리치료사에게나 비슷한 시험이다. 트라우마는 정신분석에서부터 행동치료, 안구운동 민감소실 및 재처리 요법(EMDR)에 이르기까지 많은 심리치료적 혁신이 더 넓은 주의를 받게 했지만 아무도 그것을 완전히 습득하지는 못했다. 트라우마에 대해 널리 받아들여지는 마음챙김에 근거한 치료법은 아직 없다. 마음챙김과 심리치료(Germer et al., 2005)에 대한 최근의 저서에서는 이 주제에 대해 세 쪽만 할애되었으며 그나마 완전히 트라우마에 관한 것은 아니다. 그러나 트라우마는 흔할 뿐 아니라 마음챙김에 근거한 훈련의 사용에 있어서 주요한 이슈이기도 하다. 억압으로 대처해 온 과거의 트라우마 경험은 환자가 자신의 주의를 의도적으로 내면으로 기울이는 연습을 통해 다시 활성화될 수 있다. 이것은 트라우마 사건에 대한 기억이 신체 감각과 연관되는 경향 때문에 특히 그렇다. 의도적이고 집중된 주의가 신체를 향할 때 상대적인 무감각이 이들 감각을 다시 경험하는 데 자리를 내주게 되고 최초의 트라우마 경험에 동반되었던 강한 정동과 이미지가 다시 나타날 수 있다. 이것은 비임상 장면에서도 함의를 갖는다. 마음챙김 기술을 가르치는 많은 지도자들은 참여 예정자들이 과거 트라우마의 이력을 갖고 있는지 점검한다. 일군의 회의 참여자 혹은 동료들에게 마음챙김의 맛보기를 보여 줄 때 어떤 지도자들은 카밧진의 '바디스캔' 같은 연습보다 정좌명상을 사용하는 것을 더 선호한다. 바디스캔에서는 신체 모든 부위에 집중된 자각을 하게 된다. 임상 장면 안에서 트라우마 기억의 재현은 그것이 기대했던 것이든 그렇지 않은 것이든 간에 상당히 실제적인 문제의 영역으로 남아 있다.

지도자들은 참여자들이 MBSR를 하는 동안 언제든지 뜻대로 철수할 수 있는 안전한 장소를 마련하는 등 트라우마 경험을 재처리할 수 있도록 처음부터 참여자들을 돕는 것과 같이 상당한 기술적 적응을 수용했다. 이것은 사람들이 자신의 내면에 집중하여 오직 트라우마에만 집중하기보다 그들의 주의를 조절하는 것을 돕는 다른 장치들에 의해 확장될 수 있다. 이러한 도움 장치는 눈을 뜬 채로 전개되는 경험에 대해 '지금 나는 ……를 하고 있다' 같은 언어적 설명을 지속하는 것을 포함할 수 있다.

DBT나 ACT 같은 접근법에서도 마음챙김은 핵심 구성요소다. DBT를 받는 많은 사람들이 트라우마가 있는 것으로 알려질 것이다. 심각한 자살 행동에 대한 논의에서처럼 두 접근법 모두, 마음챙김을 다른, 더 분명히 자아 지지적인 기술과 혼합하는 데 있어, 마음챙김이 소개되기 전에 현재의 대처 능력을 향상시키고 환자들에게 잇따르는 내면 탐구를 위한 준비를 하도록 하는 능력을 갖고 있다. 이것은 마음챙김 수련자가 실전에서 사용할 수 있는 또 하나의 사례인 길버트의 연민훈련(Gilbert, 2005)에서 긍정적 정동을 이용하는 데도 동일하게 적용된다. 마음챙김을 통합하는 새로운 패키지가 사람들이 트라우마에 대처하는 것을 돕기 위해 설계되었을 때 그것들이 다양한 지지적 그리고 설명적 기술을 포함했다는 것은 놀랍지 않다. 이것은 아동기에 성적 학대를 받았던 성인들에 대한 월프스도프(Wolfsdorf)와 즐로닉(Zlotnick)의 작업에서도 적용된다. 그들은 작업에서 정동, 특히 분노의 확인과 조절에서는 마음챙김을 강조하는 한편, 트라우마 기억에 대한 노출은 이 '1단계' 치료에서는 억제했다(Wolfsdorf & Zlotnick, 2001).

트라우마 환자들에 대한 마음챙김 훈련의 성공적 사용에 관한 보고서가 있다(Urbanowski & Miller, 1996). 그 보고서에서 이른바 집중 명상 기술은 더 자유롭고 주의 깊은 마음챙김 자각이 북돋워지기 전, 호흡에 대한 자각을 통해 현재의 경험에 대한 자각으로 돌아오는 방법을 제공하기 위해 규칙적으로 사용된다. 실제로 보고된 몇몇 환자들은 각각의 명상 기술에 대해 과거에 이미 상당한 경험을 갖고 있어 마음챙김 치료 동안에 트라우마 기억을 경험하는 준비를 시키는 데 도움이 되었다는 것이 인정되고 있다. 이것의 목적은 기억의 강렬함과 소외를 유지시켰던 회피 대신에 수용하는 태도를 키우는 것이다〔개방적이고 주의 깊은 방식의 소개가 위험한 것은 무서운 기억이 경험의 다른 구성요소들과 함께 일어나는 대신에 다른 모든 경험적 요소들을 배제하고 고립과 정동적 충전(charge)를 강화시켜 환자의 자각을 휩쓸어 버린다는 것이다〕. 실질적인 사전 주의사항은 마음챙김 기술로 고통스러운 내면에 집중하기 위한 시도가 이루어지기 전에 돌봄 관계의 맥락에서 스트레스에 대한 인내심을 기르는 것을 포함한다. 그러나 이 설명에서 놀라운 것은 치료자와 내담자 사이의 깊은 대화 과정에서 되살아난 경험으로부터 일정한 거리감을 도입하는 '가벼운 최면상태(light trance)'에 추가적으로 의존한다는 것이다. 보고된 최면상태의 활용이 여기서 적극적인 기여를 했건 그렇지 않았건 그것이 트라우마 심리치료 내에서 마음챙김에 연관된 위험성을 제거하지는 않을 것이다.

마지막으로 상대적으로 덜 검증되긴 했지만 트라우마에 대한 독특한 접근법이 오그덴과 민턴(Ogden & Minton, 2000)에 의해 제공되었다. 스스로 '감각운동 심리치료(sensorimotor psychotherapy)'라고 명명한 자신들의 치료법에서 그들은 마음챙김을 그들이 트라우마의 원인이라고 보는 해리(dissociation)를 역전시키기 위해 독특한 방법과 목적을 적용시킨다.

> 마음챙김은 내적인 감각운동 반응을 더 잘 자각하고 자기조절 능력을 키우는 데 내담자에게 핵심적인 열쇠가 된다. 마음챙김은 경험을 변화시키려고 하기보다 다만 관찰하려는 의도를 가지고 지금 여기 내면의 경험으로 지각이 향해 있는 의식 상태다. 따라서 우리는 마음챙김이 트라우마 관련 과정을 증폭시키고 정보처리를 통제하도록 허용하기보다 내담자의 인지 능력을 동원해 감각운동 처리를 돕는다고 말할 수 있다. 마음챙김을 가르치기 위해 치료자는 다음과 같은 질문을 한다. "몸에서 어떻게 느낍니까? 긴장을 정확히 어디서 느끼고 있습니까? 지금 다리에서 어떤 느낌이 있습니까? 손이 주먹을 쥘 때 몸의 다른 부위에서는 어떤 일이 일어납니까?" 이런 질문을 통해 내담자는 (현재의 신체 감각과) 절연된 상태, 그리고 미래 혹은 과거 중심의 생각에서 벗어나 몸을 통해 현재 순간을 경험할 수 있다. 이런 질문은 또한 내담자들이 트라우마 경험에 빠져 있는 상태에서 한 발 뒤로 물러나 관찰하는 자아(observing ego)의 관점에서 보고할 수 있도록 한다. 관찰하는 자아란 신체 경험이 '되는'(is) 자아가 아니라, 신체의 경험을 '갖는'(has) 자아다(Ogden & Minton, 2000).

트라우마 환자들과 작업하는 데 있어 치료자는 환자의 각성을 끊임없이 살핀다. 견딜 수 있는 수준 이상으로 각성이 올라갈 것 같으면 내담자가 자신의 주의를 느낌과 생각을 제외한 (신체) 감각으로 돌릴 수 있도록 추가적인 질문을 던져야 한다. 치료자는 이렇게 하는 능력이 필수적이라는 것을 인정한다. 그렇지 않으면 환자가 견뎌 내지 못할 것이다. 그들의 인내는 매우 제한될 수 있으며 내면적으로 엉클어져 있는 사람들에게 그 한계를 초과하는 것은 특히 안정감을 해칠 수 있다. 감각운동 경험에 대한 전념적 자각을 증가시키는 데 있어 오그덴과 민턴이 기술하는 목적은 '신체에 대한 마음챙김'에 관한 전통적 설명과 매우 일치해 보인다. 그들 자신의 절차는 환자들이 감각을 그 수준에서 완전히 자각할 뿐 아니라, 느낌이나 해석과는 별개인 그 신체적 경험에 대해 치료자와 논의하는 어휘를 개발시키는 것까지 포함한다(이것은 필요하다면 나중에 추가될 수 있다).

선택적으로 그러나 자세하게 관찰하는 능력을 계발하는 데 있어, 그리고 경험에 명칭을 붙이는 데 있어(경험이 지나가도록 내버려 두는 것의 일부로서) 명상 전통으로부터 얻을 수 있는 풍부한 경험을 고려할 때 이들 연구자들이 치료 세션을 시작하기 전에 이런 능력을 키우는 훈련을 추천하지 않았다는 것은 의문이다. 신체적 초점을 유지하고 보장하는 것을 그들이 강조한 것은 필요한 경우 정동을 조절하는 방식으로서 독특하며 치료 문헌에 유일하게 나타난다〔그들이 지적하듯이, 젠들린(Gendlin, 3장 참조)이 주창한 신체 초점 맞추기(focusing)는 신체, 정서, 인지 요소에 대해 동시적으로 개방하는 것이다. 그들의 방법이 동시적 개방을 의도적으로 피하기 위해 설계된 것이다〕.

감각운동 심리치료에 의해 제안된 방법은 유망해 보인다. 이름 붙이기와 묘사하기에 대한 강조 외에도 그것은 신체에 대한 마음챙김을 강조하는 전통적인 위빠사나 기술과 매우 많은 공통점을 갖는다. 신체 마음챙김은 말랏의 약물 남용자들이 감내할 수 있는 것이다. 더욱이 예상된 트라우마를 예방하기 위해 신체 감각에 면밀하고 전념적인 주의를 기울이는 것은 2장에서 보고된 탐험적 포커스 그룹의 참여자들 몇몇이 사용한 개인적 전략이었다. 그들은 자신들의 성공이 과거에 했던 규칙적인 명상 훈련에 힘입은 바 크다는 것을 의심하지 않는다. 감각운동 심리치료에서 일관적이고 긍정적인 효과가 증명된다면 이것은 그것이 요구하는 핵심 마음챙김 기술을 규칙적으로 연습한 것에서 힘을 얻었을 가능성이 크다. 그것의 임상적 효과에 대해서는 더 공식적인 평가가 필요하다.

관 계

파괴적 관계는 종종 기분장애와 같은 다른 어려움들의 맥락에서 심리치료 작업의 전통적인 초점이 되어 왔다. 마음챙김은 근본적 어려움을 다루는 개인치료와 부부치료 모두에 적용되었다. 제임스 카슨(James Carson)과 동료들은 MBSR에 기초하고 그 핵심 구조를 그대로 담은 부부 개입법으로서 마음챙김에 근거한 관계 증진(MBRE) 프로그램을 만들었다(Carson et al., 2004). 이것은 접수 면접부터 프로그램을 진행하는 데 부부가 함께 작업한다는 점에서

MBSR과 다르다. 이것을 촉진하기 위해 프로그램 내용이 조정된다. 즉, 요가 세션은 부부가 함께 연습할 수 있는 것을 사용하고, 마음챙김 접촉을 통한 신체 민감성을 높이기 위해 추가적인 연습이 소개된다. 일반적 연습과 다른 점은 과정 전체에 걸쳐 자애명상 연습을 강조하는 점이다. 또한 조용한 두 단계, 눈 맞춤 연습에서처럼 파트너와 긍정적인 감정을 주고받는 것에 대한 주의가 통합된다. 이 패키지에 대한 카슨의 평가에서 관계 내에서의 수용, 괴로움 그리고 행복에 대한 평가는 예상했던 방향대로의 변화를 보여 주었다. '친밀감(closeness)'에 대한 그들의 평가는 부합하지 않은 것 같다 (Carson et al., 2006).

자 기

전통적인 심리치료의 이 영역은 아직까지는 자기 병리 영역에서 마음챙김의 특정한 효과를 임상적으로 보여 주는 것을 통해 개방되어 있지 않다. 실제로 BPD나 신경증적 정신상태를 가진 사람이 내적 통합과 자신의 주체감(sense of agency)에 주요한 어려움을 겪고 있기는 하나 이런 측면들이 마음챙김에 근거한 접근법으로부터 직접적인 이익을 볼 수 있다는 증거는 아직 미약하다. 실제로 자기구조의 취약성은 많은 명상 수련에서 그런 것처럼, 그것을 사용하는 것에 대한 금기로 보일 수도 있다. 명상을 하게 될 사람들에게 들려주는 이 고전적 조언, 즉 자아가 부드럽게 되기 전에 일정 정도의 강도를 획득해야 한다는 조언은 임상 장면에서도 들린다.

한편 아주 피상적이지 않은 대부분의 심리치료사들은 각 개인에게 독특한 자기판단과 민감성이라는 복잡한 네트워크를 사용한다. 자기판단과 민감성이 계속되어서 더 복잡해지면 사람은 기분이 매우 울적하고, 위축되고, 두렵고, 과도하게 활동적이 되면서 다른 사람이 보기에도 그가 분명히 아프다고 느끼게 되고 결과적으로 현재 일어나고 있는 것의 영향을 더 악화시킨다. 그리고 아프다고 느끼는 사람은 노움의 제안을 환영하기보다 거절하기 쉽게 된다. 낮은 자존감이 우울증을 악화시키는, 스스로에 대한 사람들의 관계에 있어 지속적인 어려움이 드러난 것이라고 보는, '우울증, 낮은 자존감, 그리고 마음챙김'에 관한 논문에서 펜넬(Fennell, 2004)은 치료 어려움의 연속성을 기술하고 있다. 그것은 서로 다른 치료 접근법에 적용하는 지도(map)다. 그 지도에 따르면 치료가 비교적 쉽게 되는 사람은 어떠한 부정적 내면의 관점이라도 긍정적인 것에 의해 균형을 이루는, 이전에 잘 기능하는 자기의 맥락 속에서 상대적으로 특수하고 급성적인 문제를 갖고 있다. 상대적으로 치료가 어려운 사람은 긍정적인 자기 관점이 부재한 역기능적 자기(낮은 자존감의 만성적인 느낌과 함께)의 맥락 속에서 그들이 동일시하는, 다중적이고 산만하며 오래 지속되는 어려움을 갖고 있다. 회복을 돕기 위한 마음챙김의 사용에 관해 펜넬은 각 사례에서 핵심 단계를 확인해 내기 위해 탈중심화라는 개념을 사용한다. 치료가 쉬운 환자들에게는 우울증으로부터의 탈중심화(MBCT에서 가르쳤던 것처럼)로 충분하다. 만성적인, 그리고 치료가 더 어려운 환자들에게 있어 그녀는 치료의 핵심 과제를 기존의 자기 관점을 강화하는 것이 아니라 완전히 새로운 자기 관점을 창조하려고 노력하는 것으로 본다. 낮은 자존감으로부터 탈중심화하는 데 있어 급진적인 연습의 일부로 사람들의 전체 관점에 마음챙김을 적용해야 한다. 이것의 어려움이 과소평가되어서는 안 된다. 그것이 초래하는 개인적 위협감은 많은 방식으로 표현된다. 치료자와 함께 작업하는 데 대한 저항, 변화의 가능성 혹은 가치에 대한 회의주의, 그리고 치료 내에서 기대했던 방식대로 작업하는 것의 실패 등 다양한 방식으로 표현될 수 있다.

이런 관찰은 매우 중요한 것으로 보이며 비교적 간단한 처치의 실패 후 심리치료 서비스를 행한 많은 사람들의 과정 후 1단계 치료(post-phase one treatment)를 보여 준다. 합병증을 수반하기 않은(uncomplicated) 불안장애와 우울증을 위한 많은 효과적인 치료법이 이미 존재하기 때문에 바로 이 영역에서 심리치료 분야에 대한 마음챙김의 유용성이 가장 중요한 시험을 받게 될 것이다. 이것은 다른 접근법들이 가져오지 못하는 효과를 보여 주게 되거나 혹은 더 많은 노력과 비용을 요구하는 결과를 보여 주게 되거나 하는 중요한 기회가 될 수 있다.

마음챙김 수련의 역효과

마음챙김 수련의 모든 임상 결과들이 반드시 긍정적이거나 치료적이라고 가정해서는 안 된다. 마음챙김에 근거한 개입을 시도하는 중에 참여자 탈락(attrition)은 제대로 연구되지 않았다. 그리고 부작용에 대한 모든 문제에 관해 그 연구가 부족한 실정이다. 집중 훈련 동안 악화될 수 있는 것으로 알려진 의도하지 않은 효과에는 들뜸, 불안, 우울, 죄책감, 환각이 포함된다(Albeniz & Holmes, 2000). 2장에서 언급되었던 경험이 많은 수련자들도 그들이 경험한 역효과에 대해 질문을 받았다. 그들은 초기 단계에 들뜸, 자기비난, 자기의심을 보고했다. 어떤 사람은 타인에 대한 매우 판단적인 단계를 거쳤으며 두 사람은 집중수행 장면에서 환각을 경험했다(청각적인 그리고 시각적인). 집중수행 장면은 지각적 장해를 촉진시키는 것으로 널리 인식되고 있는 것으로 보이며 경험이 풍부한 지도자들은 자신이 취약하다고 생각하는 참여자들의 접근을 제한하기도 한다(VanderKooi, 1997).

명백한 정신질환의 촉진에 관한 것을 포함하여, 마음챙김의 부정적 효과에 관한 상당수의 중요한 보고가 더 오래된 문헌 속에 존재한다. 이것들은 요가와 좌선 집중수행의 짧은 경험에 대한 명백한 반응으로서의, 조증(躁症)에 대해 잘 문서화된 사례(Yorston, 2001)를 포함한다. 그리고 경험 현상이나 결과에 대한 불충분한 정보를 제공하는 '정신분열증' 보고서도 있다(Sethi & Bhargaa, 2003). 장기 명상자들의 부작용에 대한 한 전향적 연구는 가장 적절한 예가 될 것이다. 비록 감각 방해나 명백한 질병을 보고하지는 않지만 27명의 '통찰' 명상가들, 즉 집중수행 후 마음챙김을 수행하는 사람들에 대해 실시되었기 때문이다(Shapiro, 1992a). 연구 당시 이들 '대상자'들의 과거 경험은 비록 모두가 일정 형태의 공식적 명상 경험을 갖고 있기는 했지만 0에서부터 7년 이상의 정기적인 마음챙김 명상에 이르기까지 다양했다. 보고된 효과는 아래 3개의 주요한 종류로 분류되었다.

1. **정신 내적(intrapsychic)인 것** 이것은 샤피로(Shapiro)의 표본 절반에 의해 보고된 가장 흔한 것이었다. 그것은 네 종류로 구성되었다. '부정성'(판단적임, 부정적 감정, 정신적 고통, 불안), '방향감각 상실'(자기에 대한 혼란, 낮은 자존감, 무감각, 불완전하다는 느낌), '명상에 대한 중독' '지루함과 통증'이 그것이다.
2. **대인적(interpersonal)인 것** 이것에는 가족의 반대, 명상을 향한 물러남, 다른 사람의 부정적 자질을 지나치게 의식하는(이런 것들을 판단하고 자신이 더 우월하다고 느끼는) 것에서부터 자신의 현재 가족 상황이 얼마나 나쁜지에 대한 인식으로부터 오는 스트레스 등이 포함되었다.
3. **사회적 역효과(societal adverse effects)** 일상 상황에서의 불편감과 실질적인 적응을 하는 데 있어서의 어려움뿐만 아니라 위화감도 포함되었다.

표본의 10% 정도가 1번과 2번 항목에 속한 것으로 보고되었다. 자료를 수집할 때 딘 샤피로는 참여자들에게 그들 스스로 그 효과가 '부정적인' 것이었는지 확인해 줄 것을 요청했다. 가장 흥미로운 발견 중 하나는 경험이 많은 명상가들 사이에서 역효과가 더 적은 것이 아니라 더 많았다는 사실이다. 샤피로는 이에 대하여 긍정적인 효과가 쌓여 감에 따라 역효과가 상쇄된다고 결론을 내렸다. 이것은 동시에 요청된 긍정적 경험에 대한 연구보고에 의해 증명되는 것처럼 보였다.

샤피로는 다른 논문(1992b)에서 역효과 보고의 확률과 집중수행이 시작되기 전 참여자의 사고 사이에 강한 상관성이 있다고 보고했다. 참여자의 명상 경험 기간과 주요 명상 동기 사이에도 명백한 관련성이 있었다. 이런 영역 간 발견이 시간의 흐름에 따른 발전을 추론하는 데 사용될 수 있다고 가정한 샤피로는 (명상 참여의) 동기는 자기조절에 대한 초기의 바람이 자기탐험에 대한 바람으로 대체되고 마침내는 자기해방에 대한 바람으로 대체되는 순서를 따른다고 결론지었다. 이것은 세 번째 종류의 자기해방 동기가 불편과 더불어, 다른 분명한 역효과를 더 많이 참아 내는 것과 관련이 있음을 암시한다.

마음챙김의 치료 행동

3장과 4장에서 마음챙김이 어떻게 심리치료에서 도움을 줄 수 있는가에 관한 많은 제안들이 보고되었다. 어떤 아이디어들은 상대적으로 간접적이며 처음에 보였던 것보다 설명적 가치를 덜 갖는다는 점에서 비판을 받기도 했다. 그것들은 특정 임상 문제(예: 우울증의 예방, 정동의 자기조절 개선)와 관련하여 개발될 수 있고, 마음챙김이 다른 상황에서 작용하는 다른 잠재적 방식을 무시한 채 그 맥락에 계속해서 연결되어 있을 수 있다. 4장은 다양한 정신병리에 마음챙김이 미치는 긍정적 효과에 대한 최근의 몇 가지 사고에 대해 살펴보았다. 또한 마음챙김 그 자체가 어려움의 원천이 되는 환경에 대해서도 살펴보았다. 좁은 범위의 정신병리에 의해 가려지지 않고 이것은 (마음챙김의) 임상적 효과를 포괄적으로 생각하는 것을 더 쉽게 만들어 줄 것이다. 사실상 정신건강에 문제를 지닌 사람들이 마음챙김을 수련할 때, 마음챙김이 임상 상황에서 직접적이고 잠재적으로 가치 있는 효과를 나타내게 되는 세 가지 방식을 짚어내는 것이 가능할 것이다.

첫 번째 방식은 마틴(Martin, 1997)의 관찰에 근거한 것으로 '탈연쇄(dechaining)'라고 하는 것이다. 그것은 '맨주의'가 가져오는 심리적 사건에 대한 면밀하고 객관적인 관찰을 반영한다. 각 사건이 완전히 상세하게 느린 방식으로(탈자동화 개념이 말하려고 했던 것처럼) 경험될 뿐 아니라 각 사건은 일반적으로 인지가 제안하는 것보다 그 전후 사건에 덜 단단하게 연결되어 있는 것으로 보이게 된다. 이런 풀어짐(loosening)은 지각에 공간을 만들어 주는 것 이상으로, 더 많은 대안들이 가능하게 되는 자유로움이 된다. 이런 측면이 특히 중요한 예로는 습관장애에 대한 치료가 포함된다.

ACT의 '경험회피'의 설명에서 발견되는 노출 강조에 근거한 두 번째 방식은 일종의 노출을 나타내는 것으로 '재감각'(resensing)이라고 할 수 있다. 경험의 활력은 여기서 과거의 반응 없이 수용과 평정심을 가지고 경험을 환영할 수 있는 능력을 반영한다. 그리고 거기에는 두려움과 회피도 없다. 이런 측면이 임상 상황에서 부각되는 사례에는 불안장애와 공포증에 대한 마음챙김 치료가 포함된다.

경험에 대한 관계가 변화하면서 관점이 이동할 때의 마음챙김의 중요성에 대한 인식인 세 번째 방식은 '탈중심화'라고 명명하는 것이 가장 적절할 것이다. 그것은 부분적인 동일시(언어적 습관에 의해 강화된 것을 포함하여)를 줄이고 모든 것을 동일한 기초와 시각 안에서 경험하는 능력에서 분명히 나타난다. 이런 측면은 마음챙김에 근거한 접근법이 강박증이나 우울 반추와 같은 문제성 사고에 사용될 때 두드러진다.

분석이 적절하다면, 세 가지 방식이 마음챙김 훈련의 과정에서 각각 독립적으로 작용하거나 서로 관계없이 발전할 것 같지는 않다. 예를 들어 3장의 사례 2(120~121쪽 참조)는 탈연쇄와 탈중심화를 조합하여 ACT에서 '인지적 탈융합'이라고 부르는 것을 소개하는 것으로 보인다. 탈연쇄, 재감각 그리고 탈중심화가 치료적 맥락에서 마음챙김의 기본적 기제라고 한다면 치료를 평가할 때 이들 세 측면에 모두 민감한 과정 측정도구를 사용하는 것이 타당해 보인다. 그리고 마음챙김 훈련에서 사용되는 치료 연습이 이들 세 측면 가운데 어느 하나를 다른 두 개보다 더 발전시키는 것도 가능하다.

이들 용어들이 부차적인 '마음챙김 기술'이라기보다 세 가지 본질적이고 치료적으로 중요한 마음챙김의 행동을 포착하려고 한다는 것이 강조되어야 한다. 마음챙김 기술의 개념은 마음챙김 주의가 의도적으로 모아지고, 적용되고, 또 방향을 주는 방식을 가리킨다. 또 임상적으로 적합한 마음챙김 기술목록이 현재 마음챙김 기술에 대한 설명이 제안하는 것과 다를 가능성도 있다. 이것은 일어나고 있는 현상에 대한 보다 정확한 분석에 따르면 임상적 맥락에서 '마음챙김'이라고 이름 붙인 모든 것이 다 마음챙김이라고 불릴 만한 가치가 있는 것은 아니라는 것을 암시하기 때문이다. 예를 들어, 매우 밀접하게 관련되어 있기는 하나, 마음챙김과 뚜렷이 구분되는 의미로 주의를 사용하는 경우가 적어도 두 가지는 존재한다.

하나는 '자각에 대한 자각'으로서 신체 자세 같은 복잡한 대상으로 주의가 향할 때 혹은 함께 따르는 동작에 언어적 설명을 제공할 때 작동한다. 우리는 1장에서 이것을 마음챙김 '맨주의'와 함께 자라는 '분명한 이해'로, 그러나 완전히 동일하지는 않은 것으로 이야기했다. DBT 같은 패키지에서는 이것들 사이의 기능적 차이가 적극적으로 활용되고 있는 것처럼 보인다. DBT에서는 주의를 기울이는 능력을 키우는 데 있어 분명하고 중요한 역할을 갖고 있는 묘사와 같은 '마음챙김 기술'이 맨주의보다 분명한 이해를 더 증진시켜 준다.

다른 예는 집중이다. 집중할 때 주의는 불쾌한 반응을 일으키는 대상으로부터 주의를 철수하여 평안한 대상으로 돌리기 위해 다시 집중한다. 이렇게 주의를 강화시키면 내적인 평화와 평온의 느낌으로 이끌어 가기가 더 쉬워진다. 엄격하게 말해 탐험을 가로막는 이런 선택적 집중의 협소화는 마음챙김이 아니다. 그러나 이 전략은 예를 들어, 트라우마 환자와 작업하는 경우에 있어서는 매우 강력할 수 있다. 그러나 이것은 내면의 활동이 매우 다르지만 외면적 지시사항이 매우 비슷한 실질적 상황에서 마음챙김과 혼동할 가능성 또한 존재한다. 이러한 예의 하나가 경험이 부족한 치료자가 평화의 느낌을 불어넣어 줄 목적으로, MBCT에서 사용되는 3분 호흡공간을 해석하는 것(일어나고 있는 것에 주의를 기울이지 않고) 혹은 단지 환자의 주의를 불안의 경험으로부터 해가 없는 대상으로 돌리기 위해 '마음챙김'을 사용하는 DBT 치료자다.

기술하기(describing)와 같은 몇몇 수의 기술이 마음챙김 기술이라는 주장에는 의문의 여지가 있지만 상당한 치료적 가치를 지닌 다른 능력들은 마음챙김 기술로 인정받을 수 있다. 여기에는 타인의 느낌을 알고 그것을 명심하기 위해 자각을 바깥으로 향하는 것(위에서 언급한 '마음챙김에 근거한 관계 증진' 참조) 혹은 다른 것은 상대적으로 배제하고 신체 감각을 탐험하기 위해 내적으로 집중된 자각의 영역을 좁히는 것이다(감각운동 심리치료에 대한 앞의 논의에서처럼).

결 론

마음챙김에 근거한 개입은 기분과 불안장애, 외상 후 증후군 및 정신병적 증상, 폭식, 약물 남용, 자살 충동, 인간관계 어려움 등 다양한 심리적 문제에 걸쳐 사용되어 왔다. 공식적 결과 연구에 의해 확인된 이들 개입들의 유용성은 개입법마다 큰 차이가 있다. 이들 임상 문제의 심각성은 그것이 얼마나 환자 자신의 자기 일부로 느껴지는가에 영향을 받는 것으로 보인다. 그래서 그에 따른 서로 다른 치료 전략이 요구된다. 더 심각하고 만성인 경우에 차이를 만드는 마음챙김 치료의 능력은 장기적 미래를 결정하는 데 있어 중요해질 것이다. 드물게는 마음챙김이 정신병을 사라지게 할 수도 있지만 임상 맥락에서 고려되어야만 하는 다양한 잠재적 부작용을 가지고 있다. 마음챙김의 임상적 사용은 그것이 영향을 주는 발병의 심리과정에 기초한 설명적 모델을 통해 합리화되었다. 이것의 고려는 마음챙김 작용에 대한 개념을 가다듬는 데 도움이 될 수 있다. 마음챙김의 가장 직접적인 치료 효과는 다음 세 가지 독립적인 작용을 반영한다고 제안된다. 즉, 탈연쇄, 재감각, 탈중심화가 그것이다. 마음챙김이 실질적인 심리치료의 혁신으로 인정받기 위해서는 작용에 대한 분명한 이론이 필수적일 것으로 보인다.

Chapter 5 마음챙김 활용하기

쓸모없는 천 개의 시보다 평화를 주는 단 한 개의 시가 낫다.

–『법구경』 시 101(Mascaro, 1973: 50)

'보이는 것에서는 단지 보이는 것만을, 들리는 것에서는 단지 들리는 것만을, 감각된 것에서는 단지 감각되는 것만을, 인지된 것에서는 단지 인지된 것만을.' 바히야(Bahiya)야, 너는 이렇게 너 자신을 수행해야만 한다.

–바히야 다루치리야에게 한 붓다의 말씀, 『법구경』의 시 101에 대한 주석으로 (Khantipalo, 1996: 123)

Mindfulness and Mental Health

3장과 4장에서는 마음챙김 자각이 특정한 임상적 맥락에서 사용되어 온 방법들에 집중하며, 마음챙김이 계발되고 유지되는 다양한 방식에 대해 언급했다. 이런 방식들이 다양해지면서 좀 더 마음챙김을 계발할 수 있는 기술들도 다양해졌다. 짧은 주의 지속시간, 유달리 끈질기게 침습되는 현상, 과거 경험이나 신체 감각에 대한 접근이 내면의 방어를 통해 제한되는 것 등은 장시간 동안 전통적인 수련을 지속하는 것을 특히 어렵게 만든다. 이 한계들은 3장과 4장에서 이미 논의한 몇 가지 기술을 통해 다루어졌다. 그 결과 현재 마음챙김의 계발에서 널리 사용되는 많은 방법들이 생겨났다.

마음챙김을 경험하기 위한 기법

공식 수련

좌선
(호흡, 신체 감각, 소리, 생각 등에 대한 마음챙김)

동작 명상
(걷기 명상, 마음챙김 요가 스트레칭)

그룹 활동
(유도된 연습, 경험에 대한 토론)

비공식 수련

마음챙김 활동
(마음챙김 먹기, 청소, 운전 등)

구조화된 연습
(생각 분산, 호흡 공간 등)

관조
(시, 미적 경험)

1장에서 논의된 마음챙김 계발을 위한 전통적 방법은 다른 공식적이고 비공식적인 방법에 의해 증대되었다. 결코 현재의 목록으로 충분한 것은 아니다. 2장에서 설명한 예비 연구는 사람들이 실제로 어떻게 마음챙김을 습득하는가가 새로운 방법과 기술, 조언을 제안하는 데 있어서 특히 유용할 수 있다는 것을 이미 암시하고 있다.

기어 변환–마음챙김 집중수행의 역할

마음챙김을 계발하는 많은 강력한 방법이 존재한다면 그것들 중 어느 하나라도 경험의 더 큰 강도와 깊이, 또는 순수함을 약속해 주기 때문에 특별한 위치를 갖게 된 것이 있는가? 마음챙김을 극대화시키는 믿을 만한 방법이 있는가? 한 가지 관습적인 답변은 집중수행이 제공하는 수련의 강화를 통해서라는 것이다. 그러한 집중수행이 하루든 한 달이든 지속되면 다음과 같이 특징적인 요인들이 보인다.

1. 가족, 친구 혹은 방송 미디어와의 정기적 접촉 없는 신체적 고립
2. 단순한 장식, 단순한 식사(주로 채식), 분리된 수면 환경 등 주의분산을 최소화하는 환경
3. 아침 일찍 일어나 밤 늦은 시간까지 계속해서 침묵을 유지
4. 참여자들 사이의 의사소통 제한—언어적으로, 신호로, 그리고 눈 접촉 등으로

5. 독서나 게임, 글쓰기 등 주의를 분산하는 행동 제한
6. 마음챙김 명상에서 좌선과 마음챙김 걷기를 번갈아 가며 하는 공식 수련 프로그램(다른 수련도 가능)
7. 수련 세션과 완전히 별개로 제공되는 가르침과 교육
8. 집중수행 시작과 끝의 분명한 개시 및 종료 절차

6번 이외의 다른 요인들이 좌선과 걷기 명상 공식 수련에서 얻어진 경험을 확대시키는 기능을 하는 것으로 가정하기 쉽지만 그 요인들 자체로 매우 강력하게 자각을 변화시키는 것들이다. 감각 박탈의 조정된 형태를 기술하는 데 있어 다른 측면들은 어떤 특정한 명상 훈련이 더해지기 전에 마음속에서 사건에 대한 더 큰 자각을 북돋는 것처럼 보인다. 일단 그러한 훈련이 실시되면 그 구조는 즉각적인 의식의 흐려짐(diffusion)을 방지하게 되어 연습 세션들 사이의 (반드시 환영할 것만은 아닌) 연속성을 낳는다. 그 결과로 일어나는 변화의 점진적인 강도가 더해진다.

환경과 공식 수련 사이의 상승 효과와는 별개로, 무엇이 집중수행에 강도(intensity)를 부여하는가를 밝히려는 시도는 수련을 신념과 기대의 틀에 두는 교훈적이고 인지적인 입력(도입, 지시 세션, 법문 시간의)에 의해서도 좌절될 수 있다. 우리가 1장에서 본 것처럼 수련에 착수하려는 동기가 그것에 논리를 제공해 주는 신념에 의해 강화될 수 있다. 이것은 다시 그 수련이 바라는 목적을 실현하기 위한 수단으로서 신뢰할 만한 것이 되기 위해 과정의 세부사항에 영향을 미칠 것이다. 2장에서 마음챙김의 '투과(permeation)'에

대한 논의에서 살펴본 것처럼 자각의 새로운 방식이 힘을 얻으면서 그것이 점점 더 확산된다. 이것은 집중수행이 제공하는 방해의 부재에 의해 강화된다. 우리가 4장에서 보았듯이 집중수행 경험에서 강력한 힘의 한 가지 측면은 예상치 못한 그리고 종종 반갑지 않은 일탈적 감각경험(aberration)이 일어나기가 상대적으로 더 쉽다는 것이다. 만약 그것 자체로 다른 대상들과 전혀 다르지 않은 자각의 대상이 된다면 일탈적 감각경험들은 자각을 유지하기 위한 향후의 도구로 종종 인식된다.

마음챙김 집중수행의 가치에 관한 핵심 질문은 집중수행이 아니면 얻을 수 없는 마음의 상태를 어디까지 경험하도록 해 줄 수 있느냐다. 이것에 관해서는 상반된 의견이 있다. 집중수행을 지지하는 분명한 입장에 있는 사람은 앨런 월러스(Alan Wallace)다. 물리학자인 그는 금욕적인 환경에서 명상에 오랜 시간을 보냈다. 월러스(2006)는 명상을 보다 높은 의식 상태에 이르기 위한 직선 길로 본다. 더 높은 의식 상태를 위해서는 올림픽 선수에게 요구되는 것 못지않은 노력과 훈련이 필요하다. 그가 따르는 주의의 균형에 이르는 길은 10개의 수준으로 구분되고, 3개의 국면으로 나누어진다.

첫 국면에서 밖을 향한 주의가 그 연속성 및 질적인 측면에서 다듬어진다. 두 번째 국면에서는 주의의 길들임과 진정이 내면화에 수반된다. 세 번째 국면에서는 사마타(*shamata*)의 목적인 완전히 균형 잡힌 상태에 도달할 때까지 자각에 대한 대상 없는 자각이 계발된다. 월러스는 이들 각각의 단계에서 서로 다른 명상 수련은 선택이지 필수는 아니라고 한다. 첫 번째 국면을 구성하는 처음 네 단계를 통해 그는 이것이 호흡 마음챙김처럼 마음챙김 수련이라고 제안한다. 각 단계에서 특정 측면이 완성되면서 첫 단계를 통해 진보가 있어야 한다. 첫 단계에서 매우 짧은 시간 동안 주의를 돌리는 데 있어 능숙함이 계발된다. 두 번째 단계에서는 주의분산에 맞서 주의를 유지시키는 능력이 향상된다. 세 번째 단계 동안에는 집중된 주의 안에서 무기력과 흥분 사이의 균형을 유지하는 데서 기술이 획득되면서 주의가 더 생생해진다. 그리고 네 번째 단계에서는 호흡에 대한 주의가 점점 긴밀해지면서 호흡에 대한 자각이 훨씬 더 미세해진다.

월러스는 집중수행 환경에서 명상하는 경험 없이 세 번째 단계까지도 완성하는 것은 매우 드문 일이라고 생각한다. 네 번째 단계는 학생들이 스스로 적용하는 맥락으로 여겨진다. 그러므로 월러스는 집중수행 동안 수련의 강화를 위한 분명한 이론적 근거를 제공한다. 그러나 그는 또한 그가 사용하는 '마음챙김'의 개념이 서구에서 보편적으로 사용되는(그리고 이 책에서 사용되는) 마음챙김 개념과 어디서 어떻게 다른가에 대해서 지적해야 할 의무감을 느낀다.

> 테라와다 불교의 현대 위빠사나(통찰) 전통은 인도 티베트 불교의 마음챙김 버전과 매우 다르다. 현대의 위빠사나 접근법은 마음챙김을 분별하지 않는, 순간순간의 '순수한 알아차림(bare awareness)'으로 보는 반면, 인도 티베트 전통은 마음챙김의 특징을 주의 대상을 마음에 두고 있는 것, 잊어버리지 않는 것, 주의가 분산되지 않는 것, 떠돌지 않는 것이라고 한다(Wallace, 2006: 60).

대개의 명상 분류방식들이 선호하는 용어를 사용한다면(Goleman, 1988; Sole-Leris, 1992), 월러스는 마음챙김 수련을 '통찰'이 아니라 '집중'과 동일한 것으로 보는 것 같다. 전통적인 통찰명상의 가르침에서 일단 비교적 초보 수준의 집중력이 확보되면 통찰명상을 할 수 있다고 하는 것으로 보아 수련의 강도와 집중수행 경험 사이의 동일한 연관성은 적용되지 않을 것 같다. 그러한 주장에 대한 추측은 2장에서 논의된 아시아의 마음챙김 달인들에게서 발견되는 상대적인 무(無)경험(inexperience)에서 어느 정도 지지된다(Brown & Engler, 1986). 그 잠재력이 무엇이든 집중수행은 도전적인 것으로 느껴진다. 실제로 집중수행은 집중수행 전과 집중수행을 하는 동안 많은 두려움과 저항감을 일으킨다. 집중수행은 분명히 마음챙김 지도자들 사이에서 혼합적인 태도를 일으킨다. 많은 지도자들이 집중수행이 발달을 가속화하는 데 특히 도움이 된다고 생각한다. 어떤 지도자들은 집중수행이 올바른 종류의 정규 수행을 통해 얻을 수 없는 무언가를 진정으로 제공할 것인가에 대해 의문의 목소리를 낸다. 그들은 아마도 집중수행을 가족으로부터 불필요하게 분리하는 것으로 본다. 그리고 심지어 마음챙김이 되고 유지하는 데 가장 중요한 도전으로부터의 '후퇴(retreat)'라고 본다.

집중수행 환경이 촉진하는 지속된 주의가 가지는 심리적 영향은 우려스러운 것일 수가 있다. 우리는 이런 식으로 일어나는 흔하지 않은 감각 현상을 2장에서 보았다. 그러나 실제로 나타나는 것은 인지적이거나 정서적인 혹은 신체적인 것으로 보인다(VanderKooi, 1997). 동시에, 몇몇 포커스 그룹 참여자들이 언급했듯이 일상적인 행동과 반응이 수행하기가 더 어려워지거나 혹은 접근 불가능한 것으로 느껴져 방향감각 상실의 느낌을 더 심화시킨다. 새로운 경험을 감내하고 더 나아가 환영할 수 있는 부수적인 능력이 일반적으로 보고되기는 하나, 변화에 대한 저항이 있을 때 그러한 변화는 불편하다. 명상 경험을 강화하기 위한 집중수행의 힘에 대한 신념은 마음챙김 수련자와 월러스의 방식을 따르는 수련자들에게 국한되지 않는다. 뇌의 감마 활성에 대한 러츠(Lutz)의 연구(2장 54쪽 참조)에서 최고 명상가(super meditators) 그룹의 모든 참여자들이 공유한 특징 중 하나는 그들 모두 적어도 한 번은 3년간의 집중수행을 경험했다는 것이다.

집중수행이 어느 정도까지 독특한 기회가 되는지를, 그리고 그것이 독특한 기회라면 어떻게 하면 가장 최적으로 조직될 수 있는지를 평가할 때 많은 경험 영역이 있다. 마음챙김 수련의 관점에서 볼 때 10일 동안의 집중수행, 그리고 8주 동안의 수업 중 취하는 훈련과 동등한 양, 매일의 개인적 훈련과 함께하는 시간제 과정의 효과에 관한 비교 자료가 존재하지 않는다. 그러나 수면주기, 식사, 훈련 유형, 지속성, 다른 활동의 절제, 가르침의 요소가 모두 혼합되어 있어 서로 더 잘 구분할 필요가 있다. 환자에 대한 개입으로서 마음챙김을 제공하려는 전문가들의 필요를 충족시키기 위해 설계된 마음챙김 훈련 집중수행(retreats)의 개발은 보다 다양한 종류의 활동(전통적인 절제를 희석시킨)과 전통적 불교 가르침에만 집중하지 않는 독특한 가르침을 제공하는 집중수행으로 발전되었다. 현대적 집중수행과 전통적 집중수행이 참여자의 마음챙김에 주는 영향에 대한 비교연구는 (샤우나) 샤피로와 그 동료들(2006)이 '의도'와 '태도'라고 이름 붙인 것에서의 차이점을 통해 특히 알아차림의 질에 대한 알아차림의 기여를 평가하는 수단을 제공하는 데 매우 많은 것을 드러내 줄 것이다.

마음챙김 수련의 범위 넓히기: 시의 예

마음챙김이 계발되는 가장 흔한 방식 몇 가지를 설정하는 데 있어 이것들로만 충분하지 않다. 어떻게 방법 목록을 확장시킬 수 있을까? 이론적 추론보다 자각의 본래 특성을 고려함으로써 답을 도출하는 것이 가장 좋을 것 같다. 자각의 특별한 성질 중 하나는 공명(resonance)에 대한 민감성이다. 공명이란 한 사람의 마음에서 일어나는 행동이 근접성으로 인해 이웃한 다른 사람에게서 비슷한 종류의 활동을 공감적으로 일으킬 수 있는 것을 말한다. 이런 종류의 행동은 모범(example)을 통한 MBSR의 가르침 속에서 체화(embodiment)에 대한 필요성을 지지하는 것은 물론, 자각을 변화시키는 어떤 시의 능력, 즉 임상 표본에 대해 MBSR과 MBCT를 가르치는 데 통합되어 온 무언가를 뒷받침한다.

마음챙김 읽기는 종종 시를 읽는 형식을 취한다. 글로는 부적절하게 전달될 수도 있는 프로그램에서 시를 일반적으로 활용하는 것은 MBSR 수련의 두드러진 특징 중 하나다. 일단 이러한 최초의 수용성이 확립된 다음이라면, 선택된 시를 수업 도중 학생들에게 읽어 준다(암송해 주면 더 좋다). 이 부분에서 특히 인기가 좋은 시가 두 개 있다. 하나는 루미(Rumi)의 〈여인숙〉이다.

여인숙

인간이라는 존재는 여인숙이다.
매일 아침 새로운 손님이 찾아온다.

기쁨, 우울, 비열함
그리고 약간의 순간적인 깨어 있음이
뜻밖의 손님처럼 찾아온다.

그 모두를 환영하고 맞아들이라!
설령 그들이 한 무리의 슬픔이어서
그대의 집을 난폭하게 쓸어 가 버리고
가구들을 몽땅 내가더라도,

그렇다 해도 각각의 손님을 정중히 대하라.
그들은 어떤 새로운 기쁨을 주기 위해
그대를 청소하는 것인지도 모르니까.

어두운 생각, 부끄러움, 악의
그들을 문에서 웃으며 맞으라.
그리고 그들을 집 안으로 맞아들이라.

그 누가 찾아오든 감사하게 여기라,
모든 손님은 저 멀리에서 보낸
안내자들이니까.

(Rumi, Coleman Barks 역; 1994)

이 시는 루미의 6권짜리 신비주의 서사시 『마스나위(*Mathnawi*)』의 5번째 책에서 발췌한 것이다. 이 시는 분명히 처방적이며, 삶이 우리에게 가져다주는 것을 인내할 뿐 아니라 그것을 소중히 여겨야 한다는 교훈을 전해 준다. 예상치 못한 것, 또 슬픈 것들은 그 나름의 목적, '저 멀리에서 보낸 안내자'로서 우리의 발전에 어떤 역할을 갖고 있다. 비록 그것이 분명하게 드러나지 않을지라도 말이다. 동시에 새로운 경험의 끊임없는 흐름이 우리에게 맹렬히 덤벼든다는 것, 그러나 그에 대해 우리는 '순간적인 깨어 있음'으로 응대해야 한다는 것도 말한다. 이 시의 조언은 '한 무리의 슬픔'인 경험에 대해 강조한다. 그러나 그것에 끌려가지 말고("그들을 문에서 웃으며 맞으라") 그에 대해 수용으로 응대하라는("그 모두를 환영하고 맞아들이라" "그들을 집 안으로 맞아들이라") 지침을 주고 있다. 우리는 이와 동일한 태도가 우리가 예상했고 긍정적인 즐거움을 안겨 주는 방문자에게도 똑같이 적용될 거라고 생각할 수 있다. 이 시는 잊지 못할 영감을 주는 방식으로 모든 경험에 대해 똑같이 수용과 인내의 태도를 갖는 덕(德)을 잘 포착하고 있다.

루미의 시는 번역본이 여러 가지이지만 마음챙김 훈련의 맥락에서는 언제나 콜먼 바크스(Coleman Barks)의 번역이 사용되고 있는 것 같다. 이것은 그것 자체로 매우 신중하게 형성된 아주 자유롭고 응축적인 낭독이다. 더 풍부하고 문학적인 번역(Helminski, 2000: 187-188)은 상당히 많은 상이성을 보여 준다. 여인숙은 몸이고 '보이지 않는 세상에서 온' 생각들이 등록되는 곳은 마음(heart)이다. 그것들은 등록될 뿐만 아니라 존중을 받는 동안 또한 유지된다. 예를 들어, '나의 영혼아. 모든 생각을 사람으로 대하라. 왜냐하면 모든 사람의 가치는 그가 갖고 있는 생각에 있으니까.' 바크스는 그 도착이 '우울, 비열함' 뿐만 아니라 '기쁨'도 포함한다고 암시하는 반면 헬민스키(Helminski)의 손님은 순수한 슬픔이다. 실제로 그 시는 '집을 난폭하게 청소하는' 것처럼 슬픔을 정화하는 힘에 관한 것이다. 이것을 잘 보여 주는 비유들이 많이 있다. 마음이라는 가지로부터 잎이 떨어져야 새로운 잎이 자랄 수 있다든지 눈에 보이지 않던 썩은 뿌리를 제거해야 더 좋은 것이 그 자리를 차지할 수 있다는 등이 그것이다. '직관의 하인'인 것은 오직 슬픔뿐이다. 슬픔의 회색빛 현존 또한 보호적이다. '찌푸리는 구름'이 '미소 짓는 태양'으로 인한 화상을 막아 주는 것처럼(이성에 대한 이 호소는 계산적인 균형을 취하기 위해 아마도 바크스의 버전에서는 현명하게도 완전히 생략되어 있다). 콜먼 바크스의 버전에서도 없는 원천의 참조와 점성술교신의 우주론적 함의에 대한 탐구가 없이도 이 번역은 널리 사용되는 이 시의 기본적 흐름에 흥미를 자아내는 다의성(多意性)을 부여한다.

또 하나의 널리 사용되는 시는 〈기러기(Wild Geese)〉다.

기러기

착하지 않아도 괜찮아.
무릎으로 기어 다니지 않아도,
사막을 가로질러 백 마일을 참회하며 가지 않아도 괜찮아.
네 몸이라는 여린 동물,
그것이 사랑하는 것을 그냥
사랑하게 내버려두면 돼.
절망을 말해 보렴, 너의,
그럼 나의 절망을 말할테니.
그러는 동안에도 세상은 굴러갈 거야.
그러는 동안에도 태양과 선명한 빗방울들은
풍경을 가로질러 움직일 거야,
대초원들과 우거진 숲들, 산과 강 너머까지.
그러는 동안 기러기들, 맑고 푸른 하늘 드높이,
다시 집으로 날아갈 거야.
네가 누구든, 얼마나 외롭든,
세상은 너의 상상력에 스스로를 드러내며
기러기들처럼 네게 거듭해서 소리치고 있어
거칠고 들뜬 목소리로-
이 세상 모든 사물 그 속에
너의 자리가 있음을.

(Oliver, 1986: 14)

루미의 시가 매우 영적인 성향의 사람들 사이에서 널리 읽혔다면 메리 올리버의 작품은 훨씬 폭넓은 독자층들을 갖고 있다. 그녀는 대중적, 문학적 명성을 얻은 매우 성공한 시인이다. 최근에 성공적으로 출판된 명시 선집인 『살아 있음(*Staying Alive*)』(Astley, 2002)의 서문을 올리버의 시가 장식하였는데, 〈기러기〉가 바로 그 시다. 올리버의 시는 종교적 성향이 강한 루미와 대비된다. 이 시에서의 '착한 것' 그리고 '참회'라는 이름의 가장 기묘한 왜곡을 거쳐 가는 것은 많은 사람들에게 종교의 심리적 유산을 선명하게 요약해 주고 있다. 그다음 두 줄에서 내재적 따스함과 정서적 진실의 단순성을 불러일으키고 있다. 그다음에 '그러는 동안'을 반복하는 것은 초원, 깊은 나무, 산, 강의 광활함에 의해 확장된 자연의 독립성을 상기시켜 준다. 제목의 기러기와의 연결이 다시 이루어진다. 제목의 기러기의 울음소리는 부드러운—혹은 이해되는—것이 아니라, "거칠고 들뜬" 것이었다. 식탁에 모인 가족이나 종교적 의미의 가족에게가 아닌, 광범위하면서 가정적인 "이 세상 모든 사물"에 대한 회복이 있다. 이 시가 약간 감상적이고 싫증 나는 면이 있지만 그것은 기러기가 '다시 집으로 날아갈' 같은 표현의 의인화 때문이다. 이 시에 '기러기'의 절대적 비인격성과 성공적인 하이쿠(haiku)의 경면(鏡面)처리(mirror finish)가 부족하다면 독자는 희미하게 남아 있는 묘사적 언어를 통해 상상 속에서 세부사항을 그렸을 것이다. "태양과 선명한 빗방울" 같은 표현에서처럼 주의의 드러남(baring)이 있다. 순수한 주의가 풍경을 거쳐 움직이며 우리를 함께 데려간다. 이 시는 거대함과 희망의 감각을 전함과 동시에, 분명하고 현재적인 자각의 직접적인 시현이기도 하다.

그러므로 이 시는 마음챙김 수련에서 추구하는 특성들을 묘사하는 데 도움이 될 수 있다. 이 시의 단순한 직접성은 너무 지나치게 노력하는 것이 잘못된 방향을 향한 긴 발걸음일 수 있다는 것을 암시하는 것이며, 마음챙김을 완전히 새로운 '의무'들로 가득 찬 훈련으로 받아들인 열정적인 서구인들이 만나게 되는 덫이라는 사실을 분명하게 보여 준다.

마음챙김 훈련에서 시는 시각 예술, 뮤지컬, 공연 등이 가질 수 없는 위치를 차지한다. 시에는 의미의 집중이 있고 신체적인 수준에서 단어를 가지고 참여하는 독특함도 있다. 데이비드 와이트(David Whyte)의 『충분해(*Enough*)』(Whyte, 1990) 같은 작품들도 시와 명상 수련의 직접적 맞물림을 이루어 준다.

샤우나 샤피로(Shauna Shapiro, 2001)는 한 유용한 논평에서 주의의 대상으로서 시가 어떻게 '학생들에게 학습에 대한 대안을 제시하고 그들이 지금과 다른 방식으로 느끼고 듣고 발견하도록 돕는가'를 살펴보았다. 마음챙김 훈련 동안 세션의 주된 주제를 강조하기 위해 시를 유연하게 사용하는 것에 대해 설명하면서, 그녀는 학생들에게 다음과 같이 말한다. "시는 사람마다 모두 다르게 받아들일 수 있기 때문에 시를 읽어 줄 때 나는 그 인용된 구절이 여러분의 몸과 감정, 가슴, 마음에 미치는 영향을 여러분이 알아차리도록 초대합니다. 무엇이 일어나는지 알아차리고 각각의 반응을 그냥 비판단적인 연민으로 지켜볼 수 있는지 보십시오."(Shapiro, 2001: 505) 이처럼 경험의 정수로서의 시에 대한 폭넓은 개념은 마음챙김 훈련의 맥락에서 시의 중요한 역할에 대한 카밧진(Jon Kabat Zinn, 2005)의 언급과 흡사하다. 그는 위대한 시인, 요가 수행자 그리고 명상 지도자들을 비슷한 선상에 놓는다. 그것은 그들이 '마음과 단어에 대한, 그리고 내면과 외면의 풍경 사이의 친밀한 관련성에 관한 깊은 내면의 탐험'에서 서로 공통점을 갖기 때문이다. 그러므로 시는 명상 수련이 우리로 하여금 보라고 요청하는 곳, 그리고 우리가 느끼고 아는 것을 가능하게 만드는 것을 이해할 수 있는 방식으로 우리의 보는 능력을 향상시키고 자신이 놓인 상황의 통렬함과 적절성을 느끼는 능력을 향상시키는 힘을 갖고 있다. 카밧진은 시가 우리 자신을 "문화와 시간의 범위를 가로질러, 무언가 더 근본적인 것, 우리가 예상했던 것 혹은 이미 알고 있는 것보다 더 인간적인 무언가를 제공해 주는" 새로운 렌즈와 같다고 했다(Kabat-Zinn, 2005: 27).

마음챙김 훈련에 있어 시의 잠재적 역할은 다양하다. 시는 엄격한 정의로는 전달하기 어려운 공평성과 수용의 태도를 보여 주는 데 효과적이다. 또한 시는 그것이 불러일으키는 감각, 느낌, 생각의 조합으로 인해 마음챙김 명상에 특별히 유용한 대상이 될 수도 있다. 그러나 실제로 마음챙김을 위한 낭독을 위해 채택되는 시는 극소수다. 위의 예에서 본 것처럼 이 시들은 두드러진 운율과 리듬이 부족하고 어조는 상당히 방언적이다. 그리고 20세기 후반 작가들의 작품이나 번역 작품들이 선호된다. 그러나 그보다도 시의 내용이 자애로운 명상적 관점과 명백하게 일치할 때만 선택되는 것으로 보인다. 마음챙김 훈련에 있어 시의 이용에 관한 언급이 전체 시로 일반화될 때 이 부분이 간과되는 경향이 있었다. 그러나 문화적, 시간적 간격을 메우는 카밧진의 희망이 현실화될 때 시의 이용 범위는 더 넓어질 것이다. 셰익스피어의 다음 시보다 마음챙김을 더 잘 표현하는 시가 있을까?

벌이 꿀을 빠는 곳, 그곳에서 나도 빤다.
종처럼 생긴 앵초란화의 화관(bell)에 나는 눕는다.
거기서 올빼미가 울 때 나는 몸을 누인다.
박쥐의 등을 타고 나는 난다
여름이 끝난 뒤 즐겁게
즐겁게, 즐겁게 나는 살아가리
가지에 피어 있는 꽃 아래서
즐겁게, 즐겁게 나는 살아가리
가지에 피어 있는 꽃 아래서

셰익스피어, 『템페스트』 5장, 장면 I

마음챙김과 관련하여 시가 특별한 유용성을 갖는 데는 많은 방식이 있다. 카밧진은 많은 사람들이 시를 여러 예술 형식들 가운데 특별한 온전성(special integrity)을 갖는 것으로 느낀다는 사실을 추가했을지도 모른다. 왜냐하면 시는 부나 명예와 가장 관련이 없어 보이기 때문이다. 이익의 추구가 아니라 열정이나 내면의 욕구에 의해 추동받지 않으면 시에 몰입하기는 어렵다. 그러나 시가 듣는 사람으로 하여금 주변의 현실을 지금까지와 다른 방식으로 자각하게 돕는 깊은 공명을 일으키는 방식에서, 혹은 타인의 세계에 대한 직접적이고도 특별한 함축적 경험을 제공하는 방식에서 반드시 독특한 것은 아니다.

어떤 사람에게는, 만약 시가 그 근저의 민감성을 반영하는 방식으로 음악과 함께 사용된다면 후자의 효과(타인의 세계에 대한 직접적이고도 특별한 함축적 경험을 제공하는 것)가 증가된다. 전자의 효과는 특정 건물의 공간 혹은 조각과 같은 고정된 형태의 예술적 표현에—지속적일 뿐만 아니라 무상하기도 한 종류의—자신을 몰입시키는 경우 사람들이 경험할 수 있는 무언가다. 여기서 음악은 독특하고 광범위한 가능성을 갖고 있다. 그것은 동양의 수련 전통에서 종과 암송을 이용할 때 발휘되는 힘이다. 더 이상 그 소리를 들을 수 없게 된 지 한참이 지나도록, 자각의 다른 측면에 영향을 미치는 종의 능력은 명상 세션을 시작하고 종료하는 신호로 종이 사용될 때마다 동원되기도 한다. 이와 관련하여 음악적으로 민감한 사람들은 한 곡의 음악이 끝난 다음 음악이 실제로 다른 경험들이 잘 건드리지 못하는 마음의 일부에 스며들거나 계속해서 머물게 되면서 생기는 여운의 관점에서 관련 현상을 설명하고 있다. 〔인도 음악 시스템에서는 음악적 형식과 미묘한 심리 상태 사이의 상호관련성에 대한 특별히 심오한 이해가 있다. 인도 음악에서 각각의 라가(raga) 혹은 음계 시스템이 그것의 특징적인 느낌과 관련되는 방식은 라사(rasa) 또는 풍미의 관점에서 언급된다.〕 이것이 마음챙김을 지지하는 음악의 능력을 고갈시키는 것은 결코 아니다. 2장에서 보고한 포커스 그룹의 참여자들 중 어느 경험 많은 수련가는 마음챙김 행동에 있어 음악적 즉흥성의 중요함에 대해 말했다. 마음챙김 경험이 별로 많지 않은 사람도 음악 연주의 원칙이 내적인 연결감과 함께 주의의 집중을 가져왔다고 말했다. 자각을 가지고 (음악을) 듣는 것은 의식의 변화를 일으킬 수 있다. 연주회에서 자신이 듣고 있는 것에 주의를 기울여 몰입해 있는 사람의 고요함과 호흡을 관찰하는 것만으로도 알 수 있다.

마음챙김을 계발하는 데 있어 현재 선호되는 방식들 중 음악이 상대적으로 소홀한 취급을 받고 있는 것은 불가피한 일이라기보다 역사적인 사건으로 보인다. 마음챙김 자각을 키우는 다른 예술 형식의 잠재력 또한 충분히 계발되지 못한 것 같다. 이것의 실질적인 중요성은 마음챙김 지도에서 시를 사용하는 데 있어, 모든 지도자들이 똑같이 편안함을 느끼지는 않는다는 것, 또 모든 학생이 그에 똑같이 반응하지 않는다는 사실이다. 마음챙김을 키우는 명상 혹은 지시된 연습의 선택에 적용하는 정도의 유연성이 다른 형식의 예술을 도입하는 데 있어서도 똑같이 적용될 수 있다.

특별한 적용

심리적 문제 때문에 마음챙김 기술을 활용하는 능력이 떨어지는 성인들에게 맞추어진 마음챙김 기술이 적용되었다. 그에 대해서는 4장에서 이야기했다. (이들 성인들과) 다른 유형의 문제를 가진 사람들을 위한 과정도 필요한 것 같다. 매우 어리거나 나이 많은 사람들이 그러한 경우다.

셈플 등(Semple et al., 2006)은 MBCT의 구조를 어떻게 어린아이들의 흥미에 맞도록 응용할 수 있는가에 대해 이야기했다. 부모들은 프로그램 내내 적극적으로 참여한다. 아이들이 배우게 될 기본 기술들을 배우는 예비 수업에도 참석한다. 그리고 공동 촉진자로서의 지지를 제공할 수 있도록 전체 프로그램에 대해 수업별 정보를 제공받는다. 과정이 끝난 후 복습 세션에도 초대받아 아이들에게 지속적인 지원을 제공할 수 있는 방법을 논의한다(Semple et al., 2006). 부모들은 한 번에 90분 이상 12주에 걸쳐 6~8명의 아이들을 위해 열리는 그룹 세션에는 보통 참가하지 않는다. 이 프로그램 참여가 가정이나 학교에서 부모들이 하는 것의 일의 연장이 아니라는 것을 보여 주기 위해 신경 써야 한다. 아이들과 지도자는 언제나 바닥에 방석이나 매트를 깔고 앉는다. 성인들을 위한 MBCT 프로그램과 마찬가지로 아동들을 위한 MBCT 프로그램에도 토론 수업이 중간 중간 들어간다. 그러나 (아동들을 위한) 마음챙김 연습은 때로 매우 활동적일 뿐 아니라 더 다양하기도 하다. 그림 그리기, 글쓰기 게임을 위한 시간이나 이야기를 들려주는 것도 포함될 수 있다. 명상 자체는 한 번에 5분 이상 하지 않도록 한다. 활동들 사이사이에 잦은 변화를 주는 것이 좋다. 이것은 소리(음악의 도움을 얻어), 맛, 냄새 같은 가능한 한 많은 감각 양식을 포함하도록 하기 위한 것이다. 토론 시간 전에는 프로그램에 함께 참여한 다른 사람들을 배려와 친절로 대하며 질문하기 전에도 먼저 양해를 구하는 등, 글로 작성된 규칙에 대해 알게 하는 시간을 갖는다. 이러한 종류의 글로 쓴 규칙에 따라, 연습을 하는 동안에 대화는 되도록 삼가도록 한다. 대신에 언제든 정해진 의자에 앉음으로써, 아이들은 활동에서 물러날 수 있다. 프로그램을 하는 기간 내내, 집에서 해 오는 연습과 수업 중 성취에 대해서 만화 스티커를 이용해 보상과 강화를 해 준다. 아이들은 자신의 노트에 요약과 연습지, 시와 이야기, 그림과 글 등의 포트폴리오를 기록한다.

노인들과 작업하는 것은 아이들과는 매우 다른 도전을 제기할 수 있다. 노인들의 성숙성과 상대적인 마음의 안정은 노인들을 마음챙김에 근거한 접근법에 특히 수용적이 되도록 만들어 줄 수 있지만 또한 노화로 인한 허약함은 기존의 형식으로 노인들에게 마음챙김에 근거한 접근법을 제공하려는 시도를 방해하게 된다(Smith, 2006). 노인들에 대한 스미스 등의 경험은 노인대상 프로그램의 경우 시간을 짧게 하는 것이 가장 좋으며 과정에 참여할 사람들을 선별할 때에도 그들의 인지능력을 특별히 고려해야 한다는 것을 말해 준다. 노인들의 신체적 허약함은 스트레칭 훈련에 있어서도 민감한 변화를 요구할 수 있다. 그리고 걷기 명상도 노인들에게 독특한 도전이 될 수 있다. 걷기 명상은 보통 매우 느리고 의도적인 신체 움직임을 하는 과정에서 몸에 대한 마음챙김을 연습하는 기회가 된다. 그리고 걷는 과정에서 신체의 각 부위에 주의를 기울이는 기회가 된다. 그러나 노인들은 걸음을 걷는 과정 자체가 불안정해 넘어질 위험도 있다. 따라서 그런 일이 생기지 않도록 자신들의 주변에 존재하는 것에 마음챙김을 두도록 지시사항을 더 구체화시키는 것이 중요하다.

조용한 치료

마음챙김은 대화 치료의 중재 방법인 논의라는 것이 없어도 심리적 문제를 차분하게 해결하는 데 사용될 수 있을 것이다. 크리슈나무르티의 글을 읽고 그가 착안한 흥미로운 기술이 로버트 클로닝거(Robert Cloninger, 2004: 84–94)에 의해 기술되었다. 이 기술들은 상담실 안에서 마음챙김 사각을 불러낸다. 환자는 표현하기나 언어적으로 반추하는 데 대해 아무런 압박도 받지 않는 상태에서, 저항이 작아지고 차단된 경험들과 조용히 다시 만나게 된다. 정수리와 긍정적 경험에 집중하고 일련의 깊은 호흡에 의해서 고요하고 깨어 있는 감각이 북돋워지도록 인도되는 초기 단계가 있다. 클로닝거의 지시는 이미 여기 있는 것, 즉 내담자의 상태를 무언가 다른 것이 되고자 하는 바람 없이 수용할 것을 강조한다.

5분 후, 클로닝거가 '마음챙김'이라고 이름 붙인 단계로 옮겨간다. 여기서는 사고를 놓아버리는 것뿐 아니라 사고의 출현에 대한 관찰이 중요하다. 사고의 원인과 결과가 자각에 나타나면서 그것에 대한 관찰이 치우치지 않게 이루어진다. '상위인지' 자각이라고도 할 수 있는 이것은 합리화를 하거나 주석을 달지 않고 이해하는 것이다. 사고가 문제성이 있으면 그것에 우선권이 주어진다. 그것이 덧붙이는 모든 것은 말에 대한 압박 없이 표면으로 떠오르도록 격려된다. 클로닝거가 '중심화(centering)'라고 부르는 잠재의식을 현재로 가져오는 방법이 있다. 이 상태가 약 15분간 지속된다.

그다음 마음챙김의 단계는 비이원적인 자각을 구하는 최종적인 '관조'의 단계로 옮겨간다. 여기서 마음이 매우 고요해지면 내담자는 자기이해를 깊이 하는 데 도움을 구하면서 정신(psyche)을 다루어 나간다. 내담자에게 어떤 결과를 요구하거나 기대하지 않도록 해 주면서 자각이 확장된다. 결심과 통일의 경험이 발달하면서 침묵이 유지된다.

클로닝거는 이것이 주체와 객체 사이의 구분을 제거하는 것으로 이끌 수 있다고 보고한다. 사고와 느낌이 완전히 멈출 정도로 이것들의 상호의존성에 대한 완전하고 즉각적인 이해가 있다. 그리고 마음은(그리고 뇌는) 매우 고요해진다. 이것은 또한 마찰이 없는 상태다. 왜냐하면 마음의 다른 부분에 방향을 주고자 시도하는 마음의 부분들 사이의 내면적인 반대가 더 이상 없기 때문이다. 크리슈나무르티처럼 클로닝거는 이 정지 상태가 비록 모든 습관적인 정신활동의 성질과는 맞지 않지만 그것을 자연스러운 과정으로 본다. 유도된 연습은 모두 30분을 넘지 않는다.

크리슈나무르티의 원칙을 적극적으로 적용하는 것으로서 이 과정에는 상당한 역설이 존재한다. 비록 크리슈나무르티가 마음을 이해하는 과정을 때로 '명상'이라고 부르기는 했지만 그는 그 말로 다른 사람들이 명상이라고 지칭하는 것에 대한 대조를 의미하는 듯하다. 크리슈나무르티에 따르면 "명상 수련은 마음을 해방시키는 것이라기보다 마음을 둔하게 만드는 방법이다. 그리고 발견이 이루어지는 것은 오직 자유 안에 있을 때다." "자기 훈련을 통해 마음은 그 목적에 있어 스스로를 강화시킬 수 있다. 그러나 이 목적은 자기

투사적이며 그래서 실재가 아니다." (Krishnamurti, 1988: 68) 크리슈나무르티에게 명상이란 어떠한 종류의 훈련도 아니며, 그것은 단지 모든 애씀이 멈추었을 때 남는 그 무엇이다. 즉, "마음의 고요는 의지의 행위를 통해서는 결코 생길 수 없다. 의지가 멈출 때 고요가 있다. 이것이 명상이다." (Krishnamurti, 1986: 167) 아마도 클로닝거의 과정에서 치료자의 가장 적극적인 역할은 내담자의 내적 회상 과정을 조정하는 일이며, 그것이 내담자 자신의 의도성의 영향을 약화시킨다는 점에서 그 과정은 크리슈나무르티의 생각에 더 가깝다. 그것은 흥미로운 진전으로 보인다. 이 조용한 치료는 명상도 아니고 치료도 아니다. 그러나 그 효과에 있어서 마음챙김과 유사한 무엇인가를 사용한다.

치료로의 회귀는 중요하면서 일반적인, 그러나 실질적인 요점을 말하기에 적절한 순간이다. 마음챙김으로 작업하는 것은 다른 어떤 건강 기술과도 다르다. 왜냐하면 주의력 훈련으로서, 그리고 수련자와 환자에게 요구하는 참여의 종류가 다르기 때문이다. 이것의 당연한 귀결은 양 당사자 모두 다른 방식으로 개방되며 동시에 전통적 정신병리학에 의해 인지된 정신적 형성을 다루게 된다는 것이다. 이런 추가적인 발전이 그 개입의 요지는 아니고, 또한 이것은 다른 방법으로도 달성될 수 있는 것이지만, 이것을 인식하는 일은 필요하다.

임상 필요를 확인하기

우리는 몇 번이나 선택의 중요성, 그리고 환자 개인에게 수련을 적합하도록 맞추는 작업의 중요성에 관해 언급했다. 이것이 마음챙김을 하나의 존재 방식으로 보기보다는 지나치게 도구적인 접근법이라고 할 수 있을지 모른다. 그러나 명상 기법을 배우는 사람의 필요와 기질에 맞게 맞추는 것은 『청정도론』 같은 고전적 매뉴얼에서도 다루고 있는 주제다(Buddhaghosa, 1999). 훈련 요소들의 체계를 새로 고침으로써, 개인적 수준에서 마음챙김을 활용하는 것을 선택하도록 도울 수 있을 것이다. 심리치료 영역에서 내담자의 능력과 필요사항을 형성하는 토대를 어느 정도 가져야 한다는 점에서는 광범위한 동의가 형성되어 있으나 이것을 어떻게 성취해야 하느냐에 대해서는 합의가 덜 되어 있는 상태다(Johnstone & Dallos, 2006). 그러나 우리가 3장까지의 발견들을 고려한다면 마음챙김 프로그램을 구성함에 있어 고려할 수 있는 요소들의 목록을 만들 수도 있을 것이다. 여기에는 내담자가 가장 잘 반응하는 방법, 그리고 마음챙김에 근거한 접근법에 따르게 마련인 방해와 어려움의 핵심 영역을 진단하고 묘사하는 데 있어 도움을 줄 수 있는 요소들까지 포함될 필요가 있다. 이 후보들 중 12개(인지능력 6개와 심리적 특성 6개)를 신중하게 선택했다. 다음에 나오는 요소들은 서로 구별적이고, 광범위하게 통용되며, 진단 가능한 건강 문제의 맥락에서 적합한 것으로 추천되는 것들이다.

사례 형성에서 고려해야 할 요소

집중(주의를 지속하는 능력)
수용성(주의의 개방성과 새로움)
신체적 자각(신체 감각에 대한 민감성)
시각화(내면의 이미지를 만들어 내는 능력)
인지적 동일시(생각을 생각으로 인지하는 능력)
회상(과거 기억의 생생함과 사용 가능성)

내면의 응집성(개인적 지속성과 주체감)
감정조절(자각, 인내, 느낌의 자기조절)
공감(타인의 느낌과 시각 속으로 들어가는 능력)
따뜻함(사랑과 애정을 보여 주는 능력)
자기공격(자신을 판단하고 비난하고 벌 주는 경향)
목적성(궁극적 목적에 대한 감각과 새로운 의미를 생성해 내는 능력)

이들 외에도 이런 종류의 목록에 추가할 수 있는 인지적, 심리적 요인들이 많이 있지만 그것들은 실질적으로 이 12가지와 별개의 것으로 간주되지는 않을 듯하다. 예를 들어, 감정 범위(감성 경험의 폭)는 느낌을 자각하는 능력과 밀접하게 관련되어 있다. 다른 프로그램 구성에서는, 예컨대 언어적 지능 혹은 상징화 능력과 같은 다른 요소들이 중요할 수도 있다. 그러나 그 목록들을 마음챙김에 근거한 접근법에 관한 방법들로 선택하는 것은 덜 적합하다.

이 목록을 만드는 목적은 모든 요소들을 광범위하게 포괄하려는 것이 아니다. 그리고 이것은 끊임없이 요인들을 나누고 늘려 나가면 쉽게 성취될 수 있다. 이 목록의 목적은 구조가 간단하고 자기설명적인 시스템, 치료자와 장래 내담자의 필요를 직접적으로 충족시켜 주는 시스템을 만드는 것이다. 비슷한 맥락에서, 구성요소들은 실험이나 질문지에 의지하지 않고 치료자와 내담자의 면대면 만남에서 인식될 수 있는 특질이 될 것이다. 이들을 사용하면 치료자가 가치 있다고 느끼고 본능적으로 하게 되는 관찰을 자연스럽게 개발하고 조직할 수 있다. 치료자와 내담자가 현재 어디에 위치하고 있는가를 함께 확인하기 위해, 그 결과를 내담자와 공개적으로 논의할 수 있다. 이 일시적인 도식은 그것이 처방적 방식으로 사용되기 전에 충분한 실험을 거쳐야 한다. 특정 내담자 혹은 환자에게 이로울 수 있는 개입법에 대한 계획을 수립하는 데 있어 각 구성요소의 포함은 그것의 유용성에 의해 정당화되어야 한다.

사례

40대 초반의 교사인 조시는 4개월 전 남편이 갑자기 세상을 떠난 후, 홀로 남게 되어 도움을 구하고 있다. 그녀는 임상적으로 명백한 정신질환 과거력이나 명상 기술 이용 경험이 없다. 청소년기와 대학 시절 가끔 대마초를 피웠다. 그리고 평생에 걸친 자기의심, 그리고 남편 및 남편 친구의 아내들과 살아온 삶의 패턴에 대해 이야기한다. 조시는 남편과의 사이에서 아이를 가질 수 없었다. 남편은 문제될 게 없다고 하면서도 어떤 젊은 여자와 살림을 차리고 말았다. 그녀는 자신이 산산이 조각나는 듯한 느낌이 들었다. 그리고 다 자란 태아를 주위에 아무도 돌보아 주는 사람 없이 그리고 계속해서 피를 흘리며 유산시키는 악몽으로 인해 괴로움을 겪었다. 이후 그녀는 날씨를 제대로 자각하지도, 커피 맛을 제대로 알아차리지도 못한다. 그녀는 자신이 홀로 된 것이 무척 속상해서 친구들에게 계속 전화를 해댄다. 조시는 친구들에게 울음과 항의, 질문을 하기 때문에 그들과 사이가 멀어지고 있다고 느낀다. 그녀는 남편을 복수의 대상인 악마라고 생각하다가도 자신이 어느 누구도 필요로 하지 않는 쓸모없고 매력 없는 사람이라고 생각할 때도 있다.

이 현상에 대해 특징적인 것은 엄청난 양의 정동(분노, 자기혐오, 죄책감, 슬픔)—완전히 느껴지지 않은—, 그리고 이것들이 제대로 조절되지 못한다는 증거다. 정동의 변화는 조시의 자아감에 있어서 불연속성과 연관되어 있다. 한편 명백한 신체적 자해는 없지만 심리적으로 그녀는 스스로를 공격하고 있다(그녀의 회상의 특정성은 여기서 적절하고 긍정적인 예후적 신호일지 모른다). 정서적으로 그녀가 차단되어 있던 경험은 자신의 몸에서 일어나고 있는 것에 대한 자각을 통해서라기보다는 시각화를 통해서 접근하기가 더 쉽다.

조시에게는 다양한 치료 접근법이 가능하다. 마음챙김에 근거한 접근법을 고려할 때 분석이 도움이 될 듯하다. 만약 자신의 감정을 갑자기 풀어 버리면 조시는 그것의 강력한 힘을 감당하지 못할 것이다. 좀 더 조정된 방식으로 그녀가 자신의 감정을 직면하도록 해 주는 신체 초점 맞추기(focusing)에 대한 점진적인 소개를 강조하게 될 것이다. 그것은 우선 그녀가 자신의 머릿속에 흐르고 있는 폭풍우로부터 멀어지게 한 다음 주의의 안정을 확립할 수 있도록 하는 것이다. 일상의 감각에 주의를 기울이고 이것을 상대적으로 완전하게 경험할 수 있는 능력이 생기면 주의를 자신의 생각과 느낌으로 옮겨가도록 할 수 있다. 생각과 느낌이 혼란으로서가 아니라 그것 자체로서 경험될 수 있도록 말이다. 궁극적으로 갑작스런 기분 변화에 따라오는 매우 경직된 이분법적 사고로부터 탈중심화할 수 있게 되면, 그것들로부터 일정한 거리를 유지하는 방법을 찾는 데 상당한 도움이 될 것이다. 이것은 그녀가 각 단계에서 일어나고 있는 것을 동시적으로 그리고 공감적으로 탐험하고 분명하게 할 수 있도록 도움을 주는 사람과의 관계를 대신하지는 못한다. 그러나 이런 방식으로 주의를 훈련하는 것을 분별 있게 소개하면 치유 과정을 촉진하고 속도를 높일 수 있다.

이 사례에서, 개인에 맞춘 치료법을 설계하기 위해 공식화(formulation)가 사용되고 있다. 공식화는 그것이 포함하는(그리고 피하는) 구성요소들을 제시하고 잘되지 않는 부분을 밝혀 준다. 마음챙김 기술이 개인에 맞춘 치료법 안에서 어떻게 선택되고 통합될 수 있는가에 대한 몇몇 사례가 거머(Germer, 2005a)에 의해 소개되었다. DBT나 ACT 같은 완전한 패키지들 중 하나를 선택할 때는 그들이 제공하는 마음챙김 훈련에 따르는 구성요소들에 많은 부분 의존할 수 있다. 선택을 할 때는 마음챙김에 대한 접근법의 관점에서만 고려해서는 안 된다. DBT를 (치료 방법으로) 선택할 때는 환자의 주의 지속이 짧다는 이유로 선택할 수도 있고, 환자의 자기 파괴적 행동이 매우 현저하다는 이유 때문에 선택할 수도 있다. DBT의 설명과 거기 포함된 지침으로부터 도움을 받을 수 있는 환자가 더 큰 내면의 안정을 찾을 때까지는 근본적 목표와 관련한 ACT의 철저한 질문에 대해서 힘겹다고 느낄 수도 있다.

임상 장면 안에서 마음챙김을 통합하기

마음챙김의 힘을 활용한다는 것은 단지 마음챙김을 시작하고, 또 마음챙김을 제공할 적절한 일련의 도구를 갖는 것만을 의미하지 않는다. 임상 실제에서 마음챙김은, 가르치는 내용을 지지하거나 허무는 데 있어서 그 영향이 매우 중요한 장면에 도입되어야 한다.

정신건강 전문가가 배워서 활용할 수 있는, 우울증에 대한 특정 치료법으로서의 MBCT를 개발하는 것은 마음챙김을 기존의 정신건강 치료에 도입하는 데 있어 상당히 의미 있는 발전이다. 앞 장에서는 개별 장애를 진단받은 사람들의 필요를 충족시키는 데 MBCT와 MBSR 프로그램이 어떻게 응용될 수 있는지를 살펴보았다. 일반적인 지역사회 정신건강 현장에서 이런 진단들은 덜 분명할지 모른다. 그리고 내담자 표본은 그들이 곤란을 겪는 어려움이 혼합적으로 분포되어 있다. 장래의 참여자들 또한 상대적으로 취약하다. 그리고 마음챙김 수련에 참여하려는 시도가 어떻게 그리고 언제 문제를 악화시키거나 추가적인 문제를 일으킬 수 있는가에 대한 사례들도 이미 제시되었다. 정신건강 서비스 종사자들의 혼합된 그룹에 8주 훈련 패키지를 제공하기 위해 직면해야 하는 두 가지 현안은 잠재적 그룹 참여자들에 대한 평가와 그룹의 작업 형식이다.

신체 건강 장면에서 MBSR 외래 프로그램 모델에 대한 전통적인 평가는 선택적 참여(opt-in) 모델이었다(3장 104~105쪽 참조). 코스의 잠재적 참여자가 확인되면, 그들은 마음챙김 수련의 원리, 과

정의 성격, 예상되는 이익과 손실에 대해 설명하는 오리엔테이션에 참여하게 된다. 이 단계에서 참여자 개인을 선별하거나 제외시키는 과정이 일어난다. 이 과정은 특정 참여자가 프로그램 참여를 통해 이득을 볼 수 없다든가 수업에 방해가 될 수 있다는 판단에 기초해서, 그리고 추천자에 의해 제공되는 정보를 통해 진행된다. 또한 예비 질문지에 대한 향후 내담자의 대답도 함께 참조한다. 예상 참여자들은 이 경험을 기초로, 앞으로 수 주 동안 진행될 프로그램에 계속 참여할지를 결정하게 된다. 이 세션들은 프로그램을 시작하기 전에 지도자들이 새 그룹의 전체적인 균형과 그룹의 장점이나 잠재적인 문제점에 대한 감을 얻는 데 크게 도움이 된다.

정신건강 서비스 소비자들의 그룹을 운영할 때는 종합병원에서 진행되는 MBSR 프로그램에서 종종 구성하는 30명 이상의 참여자(이들 말고도 피훈련자, 기타 방문자들도 있다)로 이루어진 대그룹은 적절하지 않다. 정신건강에 문제가 있는 많은 사람들이 타인을, 그리고 자신들에 대한 타인들의 반응을 무척 의식한다. 그들에게는 그룹 내에서 낯선 사람과 만나는 것, 그들 앞에서 새로운 경험에 대해 이야기하는 것이 무척 어려운 일이다. 게다가 성인학습과 코칭 모델의 원칙 사이에 약간의 긴장도 있을 수 있다. 이 긴장은 전문가들이 내담자의 삶의 선택을 도와주는 기술을 개발시키도록 돕는 사람으로서 하는 역할과 정신건강 전문가가 일반적으로 행하는 공식적인 보살핌 의무 사이의 긴장을 말한다. 이것은 환자의 정신건강상의 변화에 매우 주의를 기울여야 할 필요가 있음을 의미하며, 또한 필요하다면 특정 환자에게 추가적인 행동을 기꺼이 취할 수 있어야 한다는 것을 의미한다. 이것은 마음챙김 지도자가 그룹 내의 프로그램 참여자 개인에게 주의를 기울일 수 있어야 하며 참여자 개인에 대해—그가 출석했든 하지 않았든 간에—프로그램이 진행되는 매주마다 체계적으로 생각할 수 있어야 한다는 것을 의미한다.

그룹의 전체적인 규모나 참여자들이 압박감을 느끼지 않도록 프로그램 형식을 수정하는 것에 대해서도 고려해야 한다. 마음챙김 기술을 소개하고, 시를 읽어 주고 숙제를 내주는 과정은 그룹 전체를 대상으로 제공할 수 있지만, 연습 경험과 숙제로부터 알게 된 것을 논의하는 자기 모색과 발견의 단계는 더 작은 규모의 그룹으로 나누어 진행하는 것이 좋을 수도 있다. 새로운 교육 자료에 대한 반응을 처음으로 논의할 때는 그룹 전체보다 참여자들이 개인적으로 짝을 이루어 논의하는 것이 좋을 수도 있다. 지도자들의 조언(input)이 필요할 때는 각 하위 그룹마다 한 사람씩의 지도자를 배당하는 식으로 그룹을 나눌 수 있다. 시간이 흐르면서 논의에 대한 참여자들의 자신감이 향상되면 참여자 그룹은 치료적인 그룹의 성격을 더 많이 띨 수 있다. 이때 참여자들은 함께하는 다른 참여자들의 경험으로부터 직접적으로 학습을 하게 된다.

지역사회 혹은 입원환자 환경에서 코스를 개발하는 것은 책임자 스태프가 자신들로 구성된 그룹을 만들 수 있으면 훨씬 쉬워진다. 이것은 마음챙김에 대한 공유된 경험을 함께 모으는 것을 가능하게 하며(함께 명상을 하고 경험을 나누는 과정을 통해서), 환자 그룹의 경험을 공유하고 그로부터 배울 수 있는 기회를 제공한다. 여기서, (정신건강) 서비스 종사자들을 위한 세션에서 집단 형식을 유지하는 합의된 작업에서처럼 타인의 참여와 근접성에 의해 마음챙김이 향상되는, 공감의 원칙에 대한 탐색이 있을 것이다.

장래 전문가들의 필요를 충족시키기

마음챙김에 근거한 접근법은 거의 15년 동안 성공적으로 의대생들에게 사용되어 왔다. 이것은 의대생들이 종종 보여 주는 높은 스트레스 수준뿐만 아니라 이 과정의 실패가 초래하게 될 중대한 결과를 보여 준다. 이 대상 그룹을 참여시키고 가르치는 효과적인 방법에 대해 많은 것이 학습되고 보고되기는 했으나, 그러한 사실에도 불구하고 이들 개입법에 대한 평가 문헌은 상대적으로 희박하다. 필라델피아, 애리조나, 그리고 호주의 모나시에서 사용되는 현재의 모델을 간략하게 비교해 본다.

필라델피아 모델

레이벨(Reibel)과 로젠윅(Rosenzweig)은 제퍼슨 의대의 리더다. 그들은 1990년대 후반부터 마음챙김 훈련을 제공하는 두 가지 서로 다른 모델을 사용해 왔다. 처음에 이 훈련은 학생들이 정규 교육 시간 동안 선택하는 과정이었다. 오직 소수의 학생들만 마음챙김 훈련에 참여했다. 이후 그것은 참여하고 싶은 학생은 누구나 참여할 수 있는 방과 후 선택사항이 되었다. 마음챙김 훈련은 두 형식 모두에서 정규 스트레스 생리학 교육과 긴밀히 통합되었다. 의학 훈련의 첫 해에 이것에 관한 3시간짜리 교육이 제공된다. 이것은 경험된 스트레스에 대한 개인의 책임과 자신의 경험을 충분히 검토하는 데 강조점을 둔다(Rosenzweig, 2004). 예를 들어, 학생들은 '다음 슬라이드에 나오는 어떤 단어라도 시험에 나올 수 있다'는 말이 적힌 슬라이드가 소개되기 전에 자신의 몸과 마음에서 일어나는 것을 알아차리도록 요구된다. 그런 다음 학생들은 자신들의 몸에서 일어나는 감각을 슬라이드가 보여 주는 자율신경계 그림과 연결시키도록 요청받는다. 이후 학생들은 호흡 연습을 통해 어떻게 자신의 자율신경계 반응을 수정할 수 있는지 확인해 보게 된다. 자기조절의 더 극단적인 사례가 바이오피드백이나 자율훈련법(자기최면적 스트레스 이완요법) 같은 쉽게 사용할 수 있는 시스템을 소개하기 전에 제시된다. 이후의 교육도 이것에 기초해 학생들이 가지고 있는 기존의 과학 지식을 끊임없이 참조하며 스트레스와 자기조절 실패가 가져오는 심각한 건강 문제를 강조한다.

스트레스 생리학 교육 이후에, 더 많은 자기조절 기술에 대해 배우고 싶은 학생들은 소개 세션에 참가해 MBSR에 대해 배우게 된다. 명상 표본을 따라 6주의 '선택' 훈련이 자원자에게 제공된다. 이것은 의대생들의 학습 초기에 배치하는 것이 시간적으로 가장 좋지만 (의사로서의) 새로운 역할에 대한 스트레스를 경험하는 기회를 어느 정도 가진 다음이어야 할 듯하다. 의대생들의 스트레스는 사회적, 학업적 원인으로부터 온다〔그 밖에도 빚으로 인한 재정적 스트레스, 자유시간의 박탈, 가족으로부터의 단절, 의료 작업 중 (환자들의) 죽음에 직면해야 하는 존재론적 도전 등의 원인이 있다〕. 레이벨과 로젠윅은

(의대생들이) 환원주의적 사고로 끊임없이 유도되어 가는 것에 의해 삶이 탈(脫)신비화되는 영적 도전에 대해서도 지적했다. 이 모든 것에 더해서, 잠을 줄여야 하고 사회적 지원의 상대적 부재 등 개인적인 심리적 도전도 있다. 사회적 지지가 약화되는 것은 의료 공동체 내의 동료지지라는 전통적 메커니즘이 약화되었기 때문이다.

따라서 MBSR은 이러한 도전에 맞서 개인적 안녕감을 증대시키는 방식으로 생각될 수 있다. 또한 정서적 차단이나 환자의 어려움에 압도당하는 도전에 맞서 의사로서의 자애의 마음을 키우고 유지할 수 있는 수단으로 생각될 수도 있다. 이러한 훈련을 통해 분명하게 자애의 길을 가는 것은 자신의 개인적 민감성을 해치지 않고 갈 수 있는 중도의 길로 여겨진다. 그것은 또한 의대생들이 유용한 기술을 환자들에게 가르치는 방법을 배우는 데 기초했기 때문에 더 폭넓은 이익을 가져왔다.

실제로 의대생을 위한 코스는 다른 장면에서 가르치는 MBSR과 매우 유사하다. 정좌 명상, 바디스캔, 걷기 명상, 요가와 같은, MBSR에서 가져온 기초적 수련이 포함된다. 개인적 행복감이라는 주제는 '우물 명상'과 함께 소개된다. 여기서 참여자들은 진심으로 자신이 여기에 온 이유를 생각해 보도록 요청받는다. 적절한 과학 논문에 대한 정보도 제공되는 가운데 이들은 이 수업이 논문을 살펴보는 것이 아니라 참여자들의 직접적인 경험에 관한 것이라는 것을 상기하게 된다. 전반적으로 교육과정은 요약적이며 유연하다. 이것은 의대생들이 접하는 다른 수업의 과도한 조직성과 힘겨운 공부에 균형을 맞춰 주기 위한 것이다. 지도자는 학생에게 발표의 속도와 순서는 수업에서 일어나고 있는 것에 따라 달라질 것이라는 것을 재확인시켜 주고 참여자들이 수업 사이의 정기적 수련에 헌신할 것을 요구한다. 녹음테이프를 통해 진행되는 수련은 하루에 대개 20분 정도의 시간이면 된다.

머릿속에서 갇혀 고생하는 의대생들의 성향을 감안해 레이벨과 로젠윅은 이 그룹과의 수업에서 신체 움직임을 사용하는 것이 매우 중요하다는 것을 알게 되었다. 매 수업을 다른 형식으로 시작하는 것이다. 의대생들은 매우 경쟁적이고 자부심이 강한 성향으로 다른 그룹보다 그룹 토론에서 자신의 경험을 나누는 것이 훨씬 더 어려울 수 있다. 두 명씩 짝을 지어 연습하는 '마음챙김 듣기'의 소개와 더불어 처음에는 함께 나누는 것이 별로 요구되지 않는다. 의대생을 위한 마음챙김 교육과정의 특색은 특정 명상을 통하여 건강한 상태를 조용히 계발하는 것이다. 이런 방식으로, 다른 사람을 위하여 연민, 자애, 기쁨을 사용할 수 있다는 격려와 함께 경험하게 된다. 이것은 환자를 위해 더 이상 해 줄 수 있는 것이 없을 때 무엇을 해야 하는가에 대한 논의에서도 강조된다. 이것은 이 훈련에서 특별히 가치 있는 측면이다.

필라델피아 팀은 보완의학 수업을 듣기로 한 162명의 의대생과 비교하여(Rosenzweig et al., 2003) MBSR 수업을 듣기로 선택한 140명의 2학년 의대생에 대한 비임의적 비교 평가뿐만 아니라 이질적인 136명의 종합병원 환자 표본에 대한 MBSR의 효과도 자세히 측정했다(Reibel et al., 2001). 개입의 효과 측정에 대한 그들의 방식은 두 표본에서 매우 달랐다. '기분상태 프로파일'을 이용한 의대생들에 대한 관찰은 전체 기분 장애의 변화에 국한되었다. 연구 시작 시점에서 MBSR을 경험하는, 자가선택한 일군의 참여자들 사이에서 기분 장애가 훨씬 컸지만 그들의 점수는 현저하게 낮아졌다. 한편 통제 집단은 동일한 10주 간격에 걸쳐 기분 장애가 훨씬 더 큰 증가했다.

애리조나 프로그램

이것은 MBSR 모델과 밀접하게 관련되어 있다. 주요 변경 사항은 자애와 용서의 감정을 기르는 특수한 훈련을 포함시키고 소그룹 토의 과정에 공감 기술의 계발을 통해 긍정적인 정동의 계발에 더 큰 강조점을 두는 것이다. 이것은 효과적으로 훈련 교육과정을 제공하는 마음챙김의 질에 대한 재고(再考)를 반영한다. 카밧진(1990: 33-40)은 마음챙김의 7가지 태도적 토대를 다음과 같이 이야기했다.

1. 비판단(평가하거나 범주화시키지 않는다)
2. 인내(모든 것이 자연스럽게 스스로 전개되도록 내버려둔다)
3. 초보자의 마음(무엇이라도 새롭게 보려고 한다)
4. 신뢰(자신에 대한 그리고 자신의 경험과 삶에 대한)
5. 애쓰지 않음(특정한 목적이나 결과를 얻기 위해 노력하지 않는다)
6. 수용(사물을 현재 순간에 실제 있는 그대로 본다)
7. 내버려둠(생각과 느낌 같은 것들이 지나가도록 허용한다)

여기에 샤피로와 동료들은 다음 5가지를 덧붙였다(Shapiro & Schwarz, 1999).

1. 온화함(부드럽고 사려 깊고 따뜻함)
2. 관대함(보상받으려는 생각 없이 주는 것)
3. 공감(현재 순간 상대를 느끼고 이해하는 것)
4. 감사(여기 있는 것에 고마워하고 감사하는 것)
5. 자애(비조건적인 자비심과 사랑)

이것은 필라델피아 코스에서보다 훨씬 분명하게 연민, 용서(샤피로와 슈와츠가 자애의 일부라고 본)와 더불어 온화함, 베품, 자아 없음(self-negation)이 길러진다는 것을 의미한다. 개인적 스트레스와 대처의 관점에서 이익을 주는 것 외에도 이 코스는 전문가로서의 핵심 가치를 의도적으로 다루었다.

이 프로그램은 완전한 임의 비교 평가로서 현재까지 유일하다는 점에서 다른 프로그램과 구별된다(Shaprio et al., 1998). 1학년 이상의(본과와 예과의) 학생 200명에게 참여할 기회가 주어졌다. 그들은 자신들이 개입 그룹과 '대기자 목록' 통제 그룹 가운데 임의로 배정될 것임을 알고 있었다. 78명의 참여 동의자가 나왔고 '임의' 배정은 성, 인종, 학년에 따라 더 세분화되었다. 개입을 받았던 37명의 학생들은 두 수업에서 그렇게 했다. 각 수업은 서로 다른 지도자가 담당했다. 그 수업들은 8주에 걸쳐 진행되었고 연습 순서는 그룹 토의에 크게 중점을 두면서 카밧진(1990)의 방식을 충실하게 따랐다. 평가는 불안, 전체적인 심리적 스트레스, 공감, 영적 경험 등을 측정하여 코스 직후의 점수를 코스 이전의 점수와 비교했다. 코스 후 평가는 높은 외부 스트레스(시험) 때와 일치했다. 여기서는 대기자 목록 통제 그룹과의 비교도 이루어졌다(이들에게는 평가 당일 세션 후 효과를 통제하기 위하여 시험에 앞서 간단한 1회 명상수업이 주어졌다). 대기자 목록 통제 그룹은 스스로 개입을 진행했다. 그리고 8주 후에는 긍정적인 변화를 비슷하게 보여 주었다. 모든 평가는 처치 과정을 모르는 독립적 실험자에 의해 실시되었다. 프로그램 준수 정도의 영향을 분석하기 위해 참여자들의 수련을 매일 모니터링했다.

이 연구에서는 6가지 비교가 가능했다. 모두가 통제 그룹과 비교하여 참여자들의 개입 전과 후의 점수 사이에 상당한 차이가 있었다. 상태 불안, 우울, 공감, 이 세 개의 척도에서 두 그룹은 반대 방향으로 움직였다. 나머지 세 개 척도(특질 불안, 전반적 심각성 지표, '영성' 척도)에서는 통제 그룹의 점수가 그대로인 반면, 코스 참여자의 점수는 예상했던 방향으로 움직였다. 그리고 추후 코스에 참여했던 통제 그룹 학생들을 위한 개입 전과 후의 측정이 반복되었다. 모든 경우에(진행상의 이유로 생략해야 했던 특질 불안을 제외하고) 코스 전반에 걸쳐 점수의 변화는 최초 참여자들의 점수를 반복했다. 이 연구에서 특히 흥미로운 부분은 학생들이 공감에 대해 적어도 단기간의 영향을 보여 주었다는 점이다(공감 구성 평가척도의 지역 버전을 사용하여 측정했다). 우울과 불안 척도는 스트레스 감소 효과를 지지하지만 이것은 실제로 훈련이 전문가로서의 핵심 태도와 가치를 더 발전시켜 줄 수 있다는 것을 보여 주는 증거다.

모나시 모델

이 호주 모델은 MBSR 전통과 독립적으로 개발되었다는 점에서 여기 소개한 다른 모델들과 매우 다르다. 마음챙김 기술은 짧은 명상에서부터 긴 연습까지 점진적으로 개발된다. 그리고 '스트레스 해소'와 관련된 특정한 인지 기술의 동시 개발에 대해서도 특별한 강조점을 둔다(Hassed, 2004). 순서대로 소개하면, 이것은 시각, 수용, 마음의 현존, 제한, 듣기, 자기훈련, 감정 그리고 '자기 이익'의 이해로 구성된다. 수업에는 각 기술에 집중하는 보여 주기, 토론, 훈련이 포함된다. 그 후 다음 세션에 대한 검토가 뒤따른다. 그 기원에도 불구하고 해시드(Hassed)의 모델은 시간 제한이 있는 전문가 그룹을 위한 소개 훈련으로서 제공되었던 MBSR의 '약식' 버전과 크게 다르지 않다. 독특한 것은 이 프로그램이 의과대학 교육과정에 완전히 통합되었다는 점이다. 이 프로그램은 모든 의대생들의 필수과목이며, '건강 증진 프로그램'의 필수적 부분이다. '건강증진 프로그램'은 건강에 대한 긍정적인 개념에 모든 가르침의 기초를 두는 것으로 전체 프로그램의 5%를 차지한다(Hassed, 2005a). 스트레스 관리에 대한 설명과 기술 훈련이 1학년 첫 학기에 6주에 걸쳐 제공되며 이후 학년에서는 보충(top-up)된다. '마음챙김에 근거한 스트레스 관리'의 원리에 대한 이해가 OSCE(객관적 구조화된 임상 검사) 연구소에 의해 공식적으로 조사되었다.

해시드는 프로그램의 효과에 대한 연구를 실시했다. 그러나 표준 척도나 스트레스의 특정 원천과 관련한 상대적 이점에 대한 검토는 이루어지지 않았다. 그는 프로그램 후 학생들의 특정 대처 전략의 실질적 사용에 관한 자료를 만들었다(자원자에 한해 부분적 표본으로부터)(Hassed, 2005b). 이것은 새로 학습한 명상과 인지 기술에 더하여 학생들이 스트레스를 관리하기 위하여 건강에 좋은 영양, 운동, 사회적 지지에 더 의존함을 보여 준다. 그러나 이 프로그램 역시 스트레스 완화를 훨씬 넘어선 전문적 가치에 대한 교육을 제공하는 것으로 보인다.

마음챙김의 열매: 역설

이 장의 맨 처음에 인용한, 붓다가 바히야에게 건넨 말은 많은 사람들에게 있어 붓다 가르침의 정수다. '평화를 가져오는 단 하나의 시'를 위한 법구경의 염원을 충족하는 (첫 번째 장에서 보았던 불교 경구들의 특징인 정교화와 반복이 없는) 한 편의 시가 우리에게 주어진다. 볼 때는 보는 것 외에 다른 것은 하지 말라. 들을 때는 오직 들으라. 만지고 맛보고, 감각하고 인지하는 것도 마찬가지다. 정말로 이렇게 단순한가? 수많은 주석서와 경전에서와 같이 붓다의 기록된 말씀은 어떤 문맥 속에서 온다. 게다가 이 유명한 이야기를 말하는데 있어 그 말하는 속에서 크게 변화한 것은 그 문맥이다. 모든 버전에서 공통적으로 바히야는 어떻게 해탈을 성취할 수 있는지 붓다에게 묻기 위해 온 지원자였다. 붓다의 가르침의 효과는 즉각적인 것이었고, 그는 곧바로 깨달음을 성취한다. 그런데 바히야의 경우에서 붓다의 가르침은 왜 그토록 즉각적이고 효과적이었던 것일까?

전체 이야기에서 대략 두 가지 요인이 드러난다. 하나는 바히야가 죽음에 이르렀다는 점이다. 그는 자신이 죽을 것이라는 사실을 알고 있었다. 이제 곧 그가 죽을 것임을 붓다는 알았다. 방황할 시간이 없다. 모든 단어, 모든 호흡이 중요하다. 그래서 한 음절도 놓칠 수 없다. 그리고 해탈 직후 바히야의 죽음은 찾아온다. 또 하나의 요인은 준비다. 바히야는 붓다와의 윤회전(precarnate) 관계로 인해, 해탈을 위한 준비가 되어 있는 사람으로 표현된 것인지 모른다〔벌링게임(Burlingame) 자신의 설명대로〕. 혹은 그 이야기를 전하는 사람은 좋은 일과 마음의 순수함으로 성취한 바히야의 성인다움을 강조하는 것인지 모른다(예: Hart, 1988: 116-117). 때로 바히야는 8선정을 성취하였고 거기에 붓다가 다른 상황에서는 별 효과가 없었을 설명하기 어려운 최후의 자극을 주었다고 전해진다.

영적 확장의 심원한 경지에 이르기 위해 (아는 것을 넘어) 행해야 하는 것들이 벌써 추가적으로 많이 이루어져 있었다. 그리고 그것은 말이 실제로 바히야에게 말로서 의미를 가졌고 죽음의 순간에 일어나는 것이 다른 삶의 단계에도 적절하다는 가정이다. 혹은 붓다의 완전한 현존이 마음챙김 노력과 깨달음 사이의 관련에 영향을 미치지 않았을까 하는 가정이다. 1장을 열심히 읽은 독자들은, 마음챙김에 관한 위대한 경전이 어떻게 끝맺었는지 기억할 것이다. 명상가의 내적 조건이 무르익으면, 해탈에 이르는 문턱을 붓다가 급격히 낮추는 것으로 끝을 맺었다. 집중수행에 관한 이 장의 토론에서 균형 잡힌 주의의 바람직한 상태로 인내심을 갖고 점진적으로 나아가는 것의 중요성이 분명했다. 그것은 우리가 여기서 다루었던 초기 불교의 다른 어느 교파보다 더 컸다. 바히야의 이야기는 오염되지 않은 봄, 들음, 감각, 인지가 지금 여기서 가능해지기 전에 진정으로 필요한 준비—만일 있다면—에 관해 수수께끼처럼, 거의 답변을 주지 않는다.

결 론

마음챙김을 계발하는 많은 방법이 이미 사용 가능하지만, 아직도 계발해야 할 많은 영역이 남아 있다. 다른 종류의 미적 경험으로부터 내면의 반향을 추적하는 것에 대해서는 단 한 가지 사례가 있다. 거주를 하면서 하는 집중수행 동안 마음챙김의 강화는 수련, 지속성, 타인의 존재, 가르침이 자각의 변화에 주는 상대적 기여를 평가하는 중요한 기회를 제공한다. 개인적 기술을 사람에게 적용하는 방법들은 나이와 같은 비심리적 요인을 고려할 수 있다. 한 사람의 주의의 강점과 맹점을 공식화하는 것은 개인의 임상적 필요를 위한 치료 계획을 설계하는 데 도움을 줄 수 있다. 적절한 수정이 가해진다면 정신건강 장면에서 혼합된 그룹에게 마음챙김을 응용하고 가르치는 것이 가능하다. 그러나 입원환자에 대한 잠재적 사용은 아직 덜 탐색된 것 같다. 미래의 마음챙김 전문가들을 훈련시키는 현안은 의대생들의 특수한 필요와 관련하여 고려된다. 마음챙김 수련이 긍정적 정동과 연민을 함양하기 위해 마련된 다른 것들에 의해 보완됨에 따라 이들 현안에는 기본적 동기와 가치의 정화 및 회복이 포함된다.

Chapter 6

정신건강과 마음챙김

행복의 비밀은 이것이다. 자신의 관심사를 가능한 한 넓히고, 자신을 흥미롭게 하는 사물과 사람에 대한 반응이 적대적이지 않고 최대한 우호적이 되도록 하는 것이다.

–버트런드 러셀 『행복의 정복』(1955: 123)

마음챙김이 확실히 건강한 발달을 지지하는가? 이것은 심리 상태, 적응, 만족, 생산성 그리고 서로 다른 정도의 성취를 보여 주는 사람들의 지표를 고려함으로써 답할 수 있는 질문이다. 나는 그 정도의 폭을 갖고 있는 연구에 대해서는 알지 못한다. 그러나 이런 종류의 가정을 완전히 무효로 할 수 있는 반대 사례들이 많이 존재한다. 부정적 기분, 긴장, 침습적 정신적 사건에 대해서 마음챙김이 종종 긍정적인 영향을 미쳤다는 과학적이고 일화적인 증거는 많이 있지만, 많은 사람들이 건강의 주요한 지표라고 느끼는 것—즉, 대인관계—에 관해서는 상대적으로 관심이 적다. 우리는 우선 정신건강이 정신질환이 없다는 것 이외의 것으로 어떻게 생각될 수 있는지 살펴볼 것이며 또 건강의 대안 개념을 개발하는 데 있어 자각과 주의를 언급하는 모델에 우선권을 둘 것이다. 이것은 마음챙김이 정신건강과 관련하여 어디에 서 있는가에 대한 향후의 고려에 유용한 맥락을 제공해 줄 것이다.

정신건강

1장에서 우리는 전통 불교 내에서 마음챙김이 슬픔과 비탄, 고통과 슬픔을 극복할 뿐만 아니라 열반이라고 하는 영원한 해방을 성취하는 올바른 길에 수행자를 올려놓는 독특한 형태의 마음정화라는 것을 살펴보았다. 2장에서 경험이 풍부한 마음챙김 수련자들에 대해서 행해진 세 개의 대비되는 유형의 연구가 보고되었다. 그것들은 시간에 걸쳐 자각의 지속적인 변화와 연관이 있는 마음챙김 수련, 그리고 그보다 훨씬 큰 안녕을 의미하는 심리적 변화와 일치했다. 3장에서는 마음챙김을 받아들인 몇 가지 서양 치료 접근법들의 목적과 방법을 개괄했다. 이것은 마음챙김이 정신장애를 경감시킬 뿐 아니라 예방을 통해서도 건강을 증진시키는 다양한 방법을 보여 준다. 우리는 또한 마음챙김이 소개된다면 마음챙김과 전통적 심리치료 틀의 다른 측면들 사이에 어떻게 긴장이 나타날 수 있는지에 대해서도 살펴보았다. 4장에서는 심리적 장애를 경감시키는 데 사용되는 마음챙김에 의존하는 치료법을 개괄했다. 현재로서는 증거가 충분하다는 것을 확인했다. 특정 질환에 치료 목적으로 사용될 때 가능한 마음챙김 행동은 그것의 치유 기능에 무엇이 핵심적인가를 확인하는 데 도움을 준다. 5장에서는 마음챙김의 기초와 확립에 대해 현대적 관점에서 생각해 보았다. 전통적 장면에서 그것을 보완했던 기술들, 예를 들면 자애나 연민에 대한 수련 같은 것들도 현대적인 유사물을 찾고 있다.

이 연구에 대하여 적어도 두 가지 중요한 질문이 남는다. 하나는 4장에서 한 번 이상 나왔던 것인데 마음챙김이 정신장애의 치료에 있어 도움을 주는 무언가로부터 개인적 성장과 잠재적 능력의 계발을 통해 정신건강에 기여하는 무언가와 구분되는 정도다. 나머지 하나는 1장과 2장에서 마음챙김의 영역을 조사할 때 다룬 것으로 정신건강의 광범위한 측면에 대한 마음챙김의 근본적 공헌이다.

그에 대한 대답은 처음에 보였던 것보다 덜 분명할 수도 있다. 마음챙김의 분명한 특징 중 하나는 과정에 대한 강조다. 마음챙김은 경험의 내용에 관한 것이라기보다 자각으로 시작해 자각으로 끝난다. 마음챙김은 특정한 목적 혹은 특정한 결과와 동일한 것으로 간주될 수 없다. 카밧진(Kabat-Zinn, 2005)은 명상이 기술이라기보다 하나의 존재 방식이라는 것을 강조함으로써 이러한 이해를 요약했다. 자각에 나타나는 모든 것을 선호 없이 공유하는 것이 마음챙김의 본질이지만 그는 또한 자각의 전개에 영향을 미치는 요소들을, 그리고 이 요소들이 어떻게 매순간 우리를 해방시키기도 하고 감옥에 가두기도 하는가에 관하여 집중된 방식으로 지각하는 것의 중요성도 지적한다. 마음챙김은 무언가를 얻으려고 하거나 어딘가에 이르려고 하는 것이 아니라 있는 그대로의 것을 받아들이는 것이기 때문에 다음과 같은 옛 시가 적절한 것 같다. "중요한 것은 당신이 무엇을 하느냐가 아니라 어떻게 하는가다."

과정에 대한 이러한 초점과 대비적으로 정신건강은 사람들의 인간관계 혹은 의미와 목적에 대한 그들의 감각과 같은 요인들에 달려 있다고 흔히 생각되고 있다. 이것들이 마음챙김의 계발을 지지해 줄 수 있고 마음챙김으로부터 이익을 볼 수 있지만 그것들은 주의를 기울이는 과정이 아니며 마음챙김과 동일한 것이라고 할 수 없다. 심리적 안녕에 대한 논의에 연관된, 그리고 주의를 기울이는 과정과 동일한 것으로 생각되는 최근의 대안적 구성개념은 칙센트미하이(Csikszentmihalyi, 1990)의 '몰입(flow)'이라는 개념이다.

몰입과 정신건강

몰입이라는 개념은 사람들이 자신이 행복하다고 인식할 때의 경험이나 환경을 면밀히 관찰함으로써 정교화되었다. 식사나 섹스 같은 명백히 즐거운 상황과 비교하여 사람들이 도전감을 느끼면서도 자신의 능력으로 완전히 몰입할 수 있는, 그리고 그 행위와 함께 흘러가는(carried along by the activity) 상황이 더 큰 즐거움과 연관된다. 최근 개관되는 내용은 경험으로서의 몰입의 특징과 몰입을 일으키고 유지하는 데 핵심적인 특징을 구분하는 데 도움을 준다(Nakamura & Czikszentmihalyi, 2003). 다섯 가지 본질적 특징은 ① 지금 여기에의 강렬하고 초점이 맞추어진 집중, ② 행위에의 몰입과 함께 자신에 대한 자각이 사라짐, ③ 요구되는 무엇에라도 응답할 수 있다는 자신감, ④ 시간이 어떻게 흘러가는지 모름, ⑤ 그 행동을 본질적으로 가치 있는 것으로 경험함(공개강연에서 칙센트미하이는 자신의 자각이 사라지는 것에 동반되는 주관적 평온함과 문자 그대로 황홀감에 필적할 정도의, 일상 현실에서 벗어난 느낌을 강조한다) 등으로 기술되었다. 나카무라와 칙센트미하이가 활동 중 몰입을 증진시키는 세 가지 측면이라고 이야기한 것은 ① 직접적 목적에 대한 분명함을 유지, ② 자신의 수행의 질에 대한 지속적이고 명확한 피드백을 받음, ③ 기존 능력을 확장시키는 기회를 가짐 등이다.

여기서도 의식의 특정한 질에 의해 특징지어지는 과정을 강조한다. 몰입의 본질적 동기뿐만 아니라 참여, 현존, 명확성 같은 몰입의 몇 가지 특징들은 마음챙김과 공통되는 부분이다. 자기를 초월하거나 심지어 현실을 초월하는 것과 같은 몰입의 다른 특징들은 마음챙김과 공통되는 부분이라고 하기 어렵다. 그러나 몰입에서 발견되는 종류의 전념(absorption)은 참여할 수 있는 생산적 활동을 갖는 것에 의존하고 있다. 그것은 또한 지속적인 피드백뿐만 아니라 성취, 일정한 정도의 도전을 제공하는 활동과 관련되어 있다(여기서는 당신이 어떻게 하는가뿐 아니라 무엇을 하는가도 확실히 중요하다). 많은 사람들이 몰입 상태를 정기적으로 경험하기는 하지만 사람들이 그것을 실제로 느끼는 정도에 있어서는 큰 차이가 있다. 15%의 사람들이 몰입을 전혀 경험하지 않는다고 한다. 실제적으로 몰입은 한 사람이 갖고 있는 '기술'에 맞는 적정 수준의 '도전감'을 제공하는 것으로 삶을 조정하라는 초대다. 기술에 비해 너무 큰 도전은 '각성'의 중화를 가져와 기술이 충분하지 않은 사람들에게 지나친 불안과 걱정을 야기한다. 또 기술에 비해 너무 적은 도전은 이완이 자리를 잡기도 전에 '통제'라는 만족스러운 상태를 덜 일으킨다. 도전과 기술이 모두 부족한 곳에서는 몰입의 정반대 상태인 무관심이 나타난다.

의식의 변화가 요구되기는 하지만, 몰입은 주의를 직접적으로 기울이는 것이 아니라 대개 주의를 자극하는 요인들을 간접적으로 조작함으로써 생긴다. 행복 및 생산성과 몰입의 관련성으로 인해 몰입이 바람직한 상태라고 생각할 수 있지만 그것은 정신건강에 관한 견해를 실험하고 다듬는 데 있어 상충되는 흥미로운 현상일 수 있다. 몰입이란 그 자체로 어떤 상태인가, 아니면 건강하다고 하는 하나의 결과인가? 상태라면 건강과 같은 광범위한 무언가가 특정 활동에의 참여 같은 주변 상황에 매우 의존적인 상태(즉, 몰입)와 동일한 것으로 간주될 수 있는가? 몰입이 결과라면 만족과 행복의 전반적 느낌과 반대되는 것으로서 그것에 독특한 몰입 경험의 결과가 있는가? 그리고 주의를 필요로 하는 다른 것들에 대한 무관심, 혹은 다른 관점에서 볼 때 건강하지 않아 보이는, 주의를 분산시키지 못하는 것 같은 부정적 결과가 있는가?

이런 식으로 사용할 때 몰입이라는 개념은 우리로 하여금, 건강에 대한 논의에서 곧장 환경을 연상하게 만든다. 실제로 주어진 환경에 건강을 적응시킬 필요를 고려하지 않고 정신적 혹은 신체적으로 고정된 몇몇 상태와 동일시하는 문제는, 적어도 히포크라테스 이래로 서구 의료 철학의 주제였다. 르네 뒤부아(Rene Dubois, 1966) 같은 현대 저자는 건강에 대한 현대적 개념에 이 관점을 회복시켰다. 그리고 조나선 헤이트(Jonathan Haidt, 2006) 같은 저자에 의해 긍정심리학 운동 내에서 정신건강을 자아와 환경 사이의 균형과 동일시할 가능성이 개발되고 있다.

정신건강과 안녕

최근 들어 질병이 없는 것 이상의 무언가를 의미할 때의 정신건강이라는 말에 대한 호소력 있는 대체 개념으로 '안녕(Well-being)'에 대한 관심이 다시 증가하고 있다. '안녕'이란 행복한 상태로 잘 존재하는 것(being well)과 좋은 느낌을 갖는 것(feeling well)을 모두 아우른다. 이것은 반드시 동일한 것은 아니다. 잘 존재하는 것과 좋은 느낌을 갖는 것 사이의 긴장은 적어도 아리스토텔레스까지 거슬러 올라간다. 아리스토텔레스는 그가 인간 영혼의 정수라고 생각했던 자질들을 실현한다는 의미의 인간 번영 혹은 *eudaemonia*(행복)라는 개념을 만들었다. 아리스토텔레스 자신의 관심사는 외적인 균형을 반영하는 내적 균형이 있으면 심리적 조화뿐만 아니라 결과적으로 사회적 조화도 생긴다고 하는 것이었다. *Eudaemonia*는 환경의 중요성을 반영하는 정신건강 개념의 좋은 후보자이긴 하지만 그러나 동시에 그것이 단순한 행복 개념과 같은 것으로는 볼 수 없다(Nussbaum, 1994).

안녕은 이미 '주요 장점'인 것, 그리고 개인적 안녕을 극대화시키기 위해 주의가 필요한 다른 것들이 어떻게 기능하는가 하는 요소를 확인하는 것을 돕기 위해 긍정심리학 운동 내에서 채택되었다(Peterson & Seligman, 2004). 따라서 안녕을 성취하려는 사람들은 강력한 자기 진단을 하고, 상대적으로 취약한 장점을 개발하기 위해 고안된 일련의 훈련에 참여한다. 헤이트(2006)는 여기서 '혹독한 자기 개발'과 '참됨(authenticity)' 사이에서 일어날 수 있는 혼란에 대해 이야기했다. 그는 또한 잘 행위(doing)하는 것이 안녕과 같지 않을 수 있다고 이야기했다(바꿔 말하면, 잘 존재하는 것은 단지 존재하는 것이다. 다른 말이 필요 없다).

구체적으로 채택되는 방법이 무엇이든지 간에 특정 어려움으로부터의 회복을 넘어 안녕을 개선시키는 것에 대한 강조는 정신건강이라는 것이 그것과 보통 관계가 있는 좋은 인간관계, 만족스러운 활동과 관심사를 얻는 것에 있다는 것을 말한다. 이것은 자신의 욕구나 관계, 그리고 계획을 의도적으로 혹은 도움을 받아 재조정하는 것을 말한다. 이 계획은 일반적으로 생각하는 것보다 재창조에 더 가깝다. 성격, 가치성향, 그리고 긍정심리학자들 사이에서 유행하는 그러한 방법적 관점에서 안녕을 공식화하는 것은 앞서 아리스토텔레스에 관한 언급에서 말한 서양 문화의 지속적인(비록 최근에는 경시되었다 하더라도) 이상과 일치한다. 그러나 그것은 '몰입'과는 달리, 경험 과정의 중요성을 무시한다. 그러므로 두 가지를 조합할 수 있는 모델이 현재의 논의에 더 도움이 될 것이다.

건강과 안녕에 대한 클로닝거의 모델

최근에 국제적으로 저명한 정신과 의사 로버트 클로닝거는 정신건강의 광범위한 지도를 그리는 데 있어서 심리적 잠재력에 대하여 연구했다(Cloninger, 1999, 2004). 그것은 정신장애에서 시작해서, 사람의 적응능력, 잠재되어 있는 창조적이고 영적인 능력을 실현하는 방법에까지 이른다. 그렇게 하는 데 있어 클로닝거는 성격의 기본 측면에 관한 상당량의 자신의 연구에 초점을 맞추고 있다. 어떤 부분은 병리 발달에 더 중요한 관심을 보인다. 또 어떤 부분은 심리적 성장의 자기초월적 형식에 더 중요한 것으로 보인다. 그의 작업은 마음챙김을 정신건강과 연결시키는 데 특히 적절하다. 왜냐하면 그는 사람들을 구분할 수 있는 근본적인 차원으로 자각의 정도를 활용하고 있기 때문이다. 성격에 관한 그의 연구에 대한 이해가 이것을 제시하는 데 필요하다.

성격에 관한 자신의 연구에서 클로닝거는 소수의 독립적 구성요소들을 확인했다. 이것들 각각은 행동적 그리고 심리적 특질에 대응하고 양적으로 측정될 수 있으며, 독립된 유전적 양상들을 보여 주고 뇌 활성화의 특정 패턴과 관련이 있다는 것을 보여 줄 수 있다. 4개의 '기질적' 요인으로 구성된 첫 번째 그룹은 출생 후 사람이 자신의 환경 속에서 자극에 어떻게 상호작용하는지를 결정한다. 이 요인들은 정신병리학의 많은 형태들, 특히 성격장애에 기인한 형태들을 실증한다. 아래 글상자에서 그 요인들을 이야기한다.

해를 피함 문제의 예상, 불확실성의 두려움, 타인에 대한 수줍음, 빠른 피로감 등에서 비관적 걱정으로 관찰된다.

새로움을 구함 새로움, 충동, 보상단서 접근에서의 과도함, 그리고 좌절감의 적극적 회피에 대한 탐험적 행위에서 관찰된다.

보상 의존 감상벽, 사회적 예민함, 애착, 타인의 인정에 대한 의존으로 관찰된다.

지속 부지런함, 결심, 완벽주의(강화가 매우 간헐적일 때 보상 의존의 유지와 연관된 등으로 관찰된다.

클로닝거의 모델은 이들 요인들 사이의 대응성과 상호관련성을 표현하는 데 특히 효과적이다. 예를 들자면, 미국정신의학회의 분류(APA, 2004)에서는 네 가지 성격장애—연극성, 반사회적, 경계선적, 자기애적—를 이들의 불안정성에 의거하여 같은 그룹으로 묶는다. 이것들은 신뢰할 수 있는가, 분열증적인가, 강박적인가, 회피적인가라는 소인이 발견되는 것에서 각각 색다를 뿐이다. 정신병리학의 매우 광범위한 영역이 분명히 망라되고 있다.

두 번째 조합(아래 글상자를 보라)은 세 가지 '성격학적' 요인으로 구성된다. 이것들 각각은 자기자각이 성장함에 따라 더 발전할 여지가 있다.

자기방향성: 책임, 신뢰, 자원, 목적 지향, 자신감

협조성: 공감, 인내, 연민, 지지, 절조

자기초월: 영적임, 꾸미지 않음, 겸손, 충만

클로닝거는 이들 성격 특질의 발달과 자기자각의 일반적 증가에 기여하는 주의의 측면들 사이에 특정한 유추를 만든다. 그가 자각의 '고양'이라고 부른 것이 있는데 이 자각은 의도적인 비편향성과 회상(recollectability) 속에서 성장한다. 이것은 자기주도성(그리고 내측 전전두엽의 활성)의 특질과 관련이 있다. 둘째, 기민한 주의를 유지하는 동안 주의의 폭에 있어서의 유연성이 있다. 이것은 협조

성(또한 우측 전두엽, 하위 두정엽, 섬피질에서 일어나는, 각성과 협력성을 위한 연결망)과 관련이 있다. 셋째, 의미 있는, 전에는 무의식적이었던 경험에 비판단적으로 주의를 기울이는 능력에서 분명하게 드러나는, 주의의 깊이가 있다(그는 이것을 갈등과 자기초월의 억제성 통제를 위한 네트워크와 연관시킨다. 전대상회, 외측 전전두피질, 기저핵).

성격 요인들을 조합하면 서로 다른 기질들로 이어진다. 자기주도성과 협조가 있으나 자기초월이 없으면 결과적으로 '조직화된' 상태가 나타난다. 자기초월이 추가되면 '창조적' 기질이 출현한다. 이 창조적 상태의 정반대가 세 가지 모두에서 약점을 보여 주는 '우울적' (풀이 죽은) 상태다. 우울과 창조성 사이의 이 상반성은 주관적 행복과 이들 세 성격 특질들의 상호연관성에 관한 클로닝거의 경험적 연구에 의해 나타났다. 이것은 특히 '자기주도성'을 갖는 것이 한 사람이 행복감을 느끼느냐, 슬픔을 느끼느냐에 크게 영향을 미친다는 것을 보여 주었다. 자기주도성, 협조성, 자기초월이 모두 부족한 사람은 슬픔을 느낄 가능성이 매우 높다(Cloninger et al., 1988). 언어와 방법은 다르지만 창조성과 우울, 그리고 칙센트미하이의 모델에서 '몰입'과 '무감각' 사이의 이 대조에는 놀라운 상응성이 있다(위 '몰입과 정신건강' 참조).

경험 과정을 무대 중앙으로 가져올 때 클로닝거는 인간의 자각이 조직되는 세 가지 수준을 대략적으로 분류했다. 첫 번째 단계는 자신의 의지작용, 감정, 생각을 확인하는 능력이 있으면 확립된다. 두 번째 마음챙김 단계는 잠재의식적 재료를 자각하고 상위인지(관찰자와 관찰 대상 사이의 분명한 이원성을 유지하고 있기는 하지만) 능력이 있을 때 확립된다. 세 번째 명상적 단계는 점진적으로 비이원적인 단계다. 이것은 지각이 자기초월적 성질을 갖고 행동이 힘들지 않고 갈등으로부터 자유로운 것으로 경험될 때 관찰자와 관찰 대상 사이의 구분이 줄어든다는 것을 의미한다. 정신 기능에 관한 클로닝거의 분류체계에서 연속적인 각각의 단계를 성취하는 것은 더 큰 개인적 건강과 일치한다.

클로닝거의 작업은 그 폭이 상당히 대담한 것이다. 그리고 이러한 자각 단계의 구조에 대해 여기서 요약할 수 없을 정도로 매우 자세히 설명하고 있다(Cloninger, 2004: 5장). 그는 이것이 상담실의 환자들에게 더 접근 가능하도록 하는 실용적인 개입법에 대해 중요한 제안들을 제시했다(207~208쪽 참조). 명백한 정신병리에서부터 더 높은 잠재력에 이르는 건강의 전 범위를 연결하는 능력은 향후 연구할 가치가 있다. 그러나 정신 건강을 인간의 잠재력과 관련하여 생각한다면, 긍정심리학의 진정한 주창자는 에이브러햄 매슬로(Abraham Maslow)다. 그는 정신건강이라는 것이 무엇인지 재평가하기 위해서는 특별히 건강해 보이는 사람들의 실제 경험을 자세히 조사하는 것이 유용할 것이라고 예상했다.

매슬로와 자기실현

매슬로는 평생 인간의 가능성에 대해 평생 관심을 가졌다. 그는 동기의 계층 개념에서 최초로 인간의 가능성에 대해 표현했다

(Maslow, 1954). 음식물, 안전, 관계, 존중에 대한 필요가 일단 충족되면 의미와 초월에 대한 추구 같은 다른 필요들이 등장한다는 것이다. 건강이라는 것으로 주의를 돌렸을 때, 그는 건강이 활동의 전 영역을 포괄해야 한다고 느꼈다. 건강의 긍정적 상태를 자신이 표현한 자기실현과 동일한 것으로 간주하면서, 그는 진정으로 건강한 사람은 질병으로부터 상대적으로 자유롭고, 방금 위에 열거한 네 가지 기본 욕구도 충족시켰으며, 또 그들이 타고난 재능과 능력의 실현을 통해 자기 자신과 조화를 이루고 있을 것이라고 생각했다. 그는 이 건강 범주들을 충족시킨 사람이 다른 특징들을 공유한다는 것을 발견했다. 그는 그 특징들을 인지의 독특한 유형을 보여 주는 것으로 요약했다.

매슬로는 인지의 두 가지 양식을 구분했다. 두 가지 모두 수백 명의 참여자들과의 심층 면접에 기초하고 있다. 그들은 그가 '절정 경험(peak experiences)'이라고 부른, 자기 한정적(self-limiting) 초월적 순간을 경험한 혹은 한 번도 경험하지 못한 사람들, 그리고 그가 '자기실현하는' 사람이라고 본 이들이었다(Maslow, 1954). 두 가지 방식 모두 상세한 관찰에 기초하기 때문에, 주관적 경험과 심리학적 일반화의 연결이 간신히 이루어진다. 매슬로는 첫 번째, 그리고 가장 흔한 인지 양식을 '결핍(deficiency)'의 D를 따서 'D양식'이라고 불렀다. 이 D양식은 자기실현을 하지 못한 사람들, 그리고 결핍이 언제나 존재하는 세상에 대한 기본적 태도에 적합한 사람들 사이에서 자주 발견된다. 매슬로(1908~1970)는 사르트르(1905~1980)와 동시대인이었다. 논평가들에게 인식되지는 못했지만 이들의 연구 간에는 상당한 보완성이 존재한다. 사르트르가 자신의 소설과 철학—내면의 부족에 대한 생각과, 근본적 성격이 결핍된(scarcity) 세상에 대한 허무주의적 태도에 의해 지배받기는 하지만—에서 보여 준 인간 조건에 대한 묘사는 (매슬로의) D인지의 핵심과 일맥상통한다. 매슬로의 D인지는 개인적이고 도구적이다. 경험은 현재의 동기에 따라서 언제나 선택적이다. 세상에 대한 인식은 우리가 세상에 대해 갖는 생각에 따라 미리 범주화된다. 타인에 대한 우리의 인식은 그들에 대한 우리의 분명한 필요와 우리가 그들에 대해 갖고 있는 사용에 따라 걸러진다. D인지는 결핍에 대한 계획과 기안을 마련할 수는 있지만, 그것을 제거하는 진정한 방법은 갖고 있지 못하다.

나머지 하나의 인지 양식은 B인지〔'존재(being)'의 B를 딴 것이다〕다. 매슬로에 따르면 두 개의 구별되는 종류의 이해를 포함한다. 하나는 그 대상자가 많은 경험 수준을 동시에 생생하게 자각할 수 있도록 인식이 확장되는 것이고, 다른 하나는 그것 자체로 완전한 중요성을 갖는 하나의 세밀함에 대한 골몰하는 집중이다. 일상적으로 관찰되지 않은 많은 측면들이 분명하게 나타난다. 두 종류의 이해가 공유하는 것은 자아에 대한 생각을 유보하는 것, 그리고 현존하는 모든 것 사이의 통일감을 가지고 시간과 공간에 대한 일반적인 생각을 유보하는 것이다.

D인지와 B인지 개관에 대한 대조로 인해 매슬로의 개념은 매우 적절하고 도움이 된다. 실제로 D인지에 대한 그의 관찰을 가지고 핵심 과정과 그와 연관된 경험의 측면에서 정신질환의 심리학을

개관하는 것도 가능할 것이다. 주요 정신장애에 연관된 심리적 기능에 있어서, D기능의 다양한 요소들이 과장된다. 예를 들어, 어떠한 대상이라도 그것을 인식의 장의 분리된 부분으로 보는 경향은 정신병 상태의 분열을 추정하게 한다. 또 매우 선택적인 주의는 정서적, 그리고 편집증적 장애의 특징이다. 극단에 대해 반복적으로 비교하는 것은 강박장애에서 흔히 나타난다. 또 유용성에 대해 끊임없이 계산하는 것은 나르시시즘의 특징이다.

B인지에 대한 설명은 1950년대에 행해진 연구에 기초하고 있다. 과거 윌리엄 제임스처럼 매슬로는 실험 대상자들의 자발적인 초월 경험—특히 삽화적 '절정' 경험의 형태를 띠는—에 관심을 갖고 있었다. 이런 경험은 다양한 환경에서 일어날 수 있다. 강렬한 사랑의 경험을 통해서, 혹은 창조적 생산의 순간을 통해서, 혹은 마음이 단순히 매우 이완되어 있고 한가한 상태에도 그런 경험을 할 수 있다. 절정 경험은 다양한 심리적 특징을 가지고 있다. 매슬로는 서로 다른 경우에 대한 그 특징들을 열거했다(Maslow, 1968, 1976). 매슬로는 그의 광범위한 설명에서 다음과 같은 특징들을 구분하고 있다(Maslow, 1968: 74–96).

1. 자족할 수 있는 전체로서의 대상에 대한 인식
2. 오로지 한곳에, 그리고 완전히 주의를 기울이는 지각 표상
3. 인간적 동기가 없는 인식
4. 질적으로 더 풍부한 인식
5. 비개인적인 인식

6. 자기 정당화하는, 그리고 본질적 가치를 지닌 인식
7. 시간과 공간의 특징적인 방향상실
8. 오직 좋고 바람직한 것으로 경험되는 인식
9. 절대적이고 독립적인 실재를 나타내는 인식
10. '선택 없는 자각'의 수동적이고 수용적인 특질
11. 놀라움, 경외, 존경, 겸손의 감정
12. 인식되는 모든 것 사이의 통일성에 대한 감각
13. 구체적인 것과 추상적인 것을 동시에 인식할 수 있는 능력
14. 이분법, 양극성, 갈등이 해결되거나 초월된 상태
15. '신과 같은' 견지에서의 사랑, 연민, 수용의 경험
16. 개별적 인식, 분류를 거부하는 인식
17. 두려움, 불안, 억압, 방어, 통제의 부정적 느낌이 없는 상태
18. 내면과 외면 사이의 역동적인 병행. 자신의 존재에 더 가까워지는 상태

2장에 인용한 것과 같은 보고서는 상당한 훈련을 받은 사람에 의해 경험되는 마음챙김 자각이, 목록에 나열한 특징들의 절반보다 적게 일치하지는 않을 것임을 암시한다. 하지만 목록의 모든 것과 일치할 가능성 또한 별로 없다. 대신 많은 것들이, 클로닝거가 자발적 묵상의 관점에서 더 높은 수준을 지칭하는 데 있어 초월적 마음챙김이라고 본 수준과 일치할 것으로 보인다. 클로닝거의 작업, 그리고 그 작업이 '마음챙김'을 건강의 범주 안으로 종합하는 힘이 있음에도 불구하고, 인지적 변환과 긍정적 정신건강 사이의 관련성

에 대해 가장 접근 가능한 증거를 제공하는 것은 매슬로의 상세한 설명이다. 인식과 마음챙김 수련, 그리고 정신건강 사이의 특수한 관련성을 더 깊이 연구하기 전에 우리는 정신건강이 사용되고 있는 방식에 대해 살펴볼 필요가 있다.

마음챙김과 건강의 범위

정신건강을 정신질환의 치료가 아니라 긍정적인 성취라고 생각할 때 세 가지 측면이 구분될 수 있을 것으로 보인다. 그것은 유능한 마음(able-mindedness), 적응(adaptation) 그리고 자율성(autonomy)이다. 유능한 마음은 면역을 통해 정신질환을 견뎌내고 그것의 재발을 피하는 능력을 반영한다. 유능한 마음으로서의 정신건강은 질병으로부터의 자유를 유지하고 정신질환이 일어나는 위험성을 최소화하는 데 도움이 되는 요인들과 동일한 것으로 간주된다.

적응이란 자신을 (지금과는) 다른 환경에 적응시키는, 혹은 그 아래에서 키워지는 능력을 가리킨다. 이것은 정신건강을 정신질환의 회피가 아닌 다른 것으로 긍정적으로 규정하려는 시도를 지지한다. 영국 정신건강재단의 정신건강에 대한 정의를 보자(Lee, 2006).

그 정의에 따르면 양호한 정신건강을 가진 사람은

- 정서적으로, 창조적으로, 지적으로, 그리고 영적으로 발전한다.
- 상호 만족스러운 인간관계를 시작하고 발전시키고 지속한다.

• 문제를 직시하고 그것을 해결하며 그로부터 배운다.

• 자신감이 있고 적절한 자기주장을 할 줄 안다.

• 타인을 자각하고 그들에게 공감할 줄 안다.

• 고독을 이용하고 즐길 줄 안다.

• 잘 놀고 즐거움을 찾는다.

• 자신과 세상에 대해 웃을 줄 안다.

(이 목록들은 확실히 타인, 어려움, 고독과 자신에 대한 긍정적인 적응을 다루고 있다).

정신건강의 세 번째 목록인 자율성은 개인적 성장의 정도를 가리킨다. 이것은 개인적 적응도 고려하지만, 정신건강재단의 정의에 의하면 본질적으로 첫 번째 항목, 즉 정서적, 창조적, 지적, 영적 성장—어떤 실용적, 기능적 고려로부터도 독립적으로 그 가치를 인정받는—의 확장이다(자기실현은 자율성을 개념화하는 하나의 영향력 있는 방법이지만, 그것이 유일한 방법은 아니다). 자율성은 마음의 '보다 높은' 측면—그것이 초월적 느낌의 경험이든, 창조적 능력이든, 현실의 숨은 측면에 대한 직관이든—의 개발을 포함한다. 전체적인 인간성의 중요성 안에서 그들의 존재를 고려하는 관점으로는 그러한 발달의 가치를 추론하는 것이 때로 가능하지만, 오도할 가능성도 있다. 그것이 실제로 개인적 만족을 가져올 것이라고 보장할 수 없는 것과 마찬가지로 정신건강의 다른 두 측면과 상당한 긴장 속에 있게 될지 모른다. 매우 창의적인 사람이, 혹은 신비적 경험에 개방적인 사람이 정신질환의 증상을 보여 줄 때 정말로 그렇다. 그리고 일상적 삶의 요구에 대한 적응은 대부분 사람의 관점에서 볼 때 만족스러운 것과 거리가 먼 것처럼 보일 때 그렇다〔긍정적 정신건강의 표지가 분명한 정신질환의 증상과 독립적으로 분포한다는 것을 가리키는 경험적 작업의 유용한 요약은 코리 키예스(Corey Keyes)에 의해 제공되었다. 그러나 키예스(2003) 자신의 긍정적 정신건강과 그가 정서적, 심리적, 사회적 안녕이라고 부른 것을 동일하게 생각하는 것은 여기서 사용된 '적응'의 영역에 완전히 들어간다〕.

이 세 개의 측면 중 하나인 유능한 마음은 마음챙김과 관련된 가장 의미가 있는 것으로 아직은 증명되어야 할 것이다. 우울증은 세계보건기구의 질병 영향목록에서 심장병 다음의 질환이 될 것으로 예상되고 있어 예방 대책이 절실히 필요하다. 마음챙김은 배우기 쉬운 것으로 보이지만, 마음챙김 효과 연구에서 발견된 것들이나 부작용에 관한 문헌들은 마음챙김의 예방적 가치가 현재로서는 우울증에 취약한 하위 표본에 제한되어 있다는 것을 시사하고 있다(4장 155쪽 참조).

마음챙김이 적응과 자율성과 관련하여 어떻게 건강을 증진시킬 수 있을까? 우리는 명상적 추구에의 참여가 반드시 두 경우 모두 건강을 보장하는 것은 아니라는 것을 보여 주는 중요한 증거들을 살펴보았다(2장과 4장 참조). 잔 술러(John Suler)는 자신의 임상 경험으로부터 사람들이 명상을 하는 10가지 부정적인 동기(혹은 '정신역동적 문제')를 확인했다. 이 동기가 크면 학생들은 더 큰 자각과 변화보다는 방어적 상태에 직면할 가능성이 높다.

1. 자율성에 대한 두려움
2. 책임을 맡는 것을 거부함
3. 관계로부터의 철수(친밀성과 가까움에 대한 두려움을 합리화시키는 것)
4. 슬픔과 애도에 대한 대체
5. 불안을 일으키는 감정을 회피(예: 공격성)
6. 수동성과 의존성(경쟁 회피)
7. 자기처벌적 죄책감(금욕 생활을 통해 충족되는)
8. 경쟁심과 완벽에 대한 추구(영적 자만심으로 표현되는)
9. 이성과 지성에 대한 평가절하(자기반추의 회피를 가지고)
10. 다른 종류의 정신 내적 경험으로부터의 탈출(예: 자아의 부정된 측면).

(Suler, 1993: 142-146)

술러의 관찰은 실질적으로 중요한 점들을 요약할 뿐 아니라 전통적 심리치료 접근의 규범적 가치도 강조하고 있다. 이 관점에서 볼 때 정신건강이란 유연하고 공감적이고 정서적으로 가능한 자아—느낌, 친밀감, 사고, 현실 인내 능력을 성장시키는 것과 함께 책임감을 갖는—와 동일한 것으로 생각된다. 여기 명상적 추구와 갈등을 일으키는 자기 발달의 도전적인(unashamed) 모델이 있다. 왜냐하면 명상적 추구는 치료자가 추구하는 발달 그 자체를 뒤엎는 것일지도 모르기 때문이다. 정신역동 전통 안에서는 이런 종류의 회의가 있어 왔다. 이러한 회의적 전통은 죽음 본능을 지지하는 프로이트 자신의 '열반 원칙'의 개념화로 이어졌다(Freud, 1924). 또 프로이트는 기본적인 심리적 실재를 무시한다고 스스로 생각했던 융 치료의 무용함에 대해 신랄하게 비판했다.

> 신(新) 취리히 치료가 어떻게 그러한 경향 아래 모양을 갖추었는지 나는 그것을 경험해야 했던 한 환자의 보고에 의해 그것을 전달할 수 있다. '과거나 전이에 대해 생각하는 데 조그만 노력도 기울이지 않았다. 내가 전이가 건드려졌다고 생각할 때마다 그것이 리비도의 단순한 상징으로서 설명되었다. 도덕적 교육은 매우 훌륭했고 나는 그것을 충실히 따랐다. 그러나 나는 한 발짝도 앞으로 나아가지 못했다. 이것은 의사보다 나에게 더 괴로움이었다. 그러나 내가 어떻게 그것을 피할 수 있었을까?—나를 분석적으로 자유롭게 해 주는 대신, 각 세션은 나에게, 그리고 신경증의 극복에 달려 있다고 생각되는 충족에 대해 새롭고 엄청난 요구를 했다. 이런 요구들 중 몇몇은 다음과 같은 것이었다. 내관, 종교적 명상을 통한 내면의 집중, 나의 아내와 사랑스러운 헌신 속에서 함께 사는 것 등. 그것은 거의 나의 능력 밖이었다. 왜냐하면 그것은 실로 완전한 영적 인간의 급격한 변화였기 때문이다. 나는 강력한 회개의 느낌과 최선의 결심을 가진 그러나 동시에 가장 깊은 실망감을 가진 불쌍한 죄인으로서 그 분석을 떠났다. 이 의사가 추천해 준 것은 어떤 목사라도 조언했을 만한 것이었다. 그러나 나는 어디에서 그 힘을 얻을 수 있었을까?'(Freud, 1914a: 63-64)

명상 훈련이 어떻게 그리고 왜 사람들이 기본적이고 오래된, 적응에의 어려움을 극복하는 것을 돕지 못하는가에 관한 가장 통렬한 비판은 명상 훈련이 무의식적 정신과정에 대한 이해의 부족 때문에 자기 기만에 대한 인간의 타고난 재능을 너무 과소평가한다는 것이다. 이것은 정신분석가이자 선(禪) 지도자인 배리 매지드의 견해다. 그의 의견은 경험이 많은 명상가에 대한 임상 서비스를 제공한 오랜 세월을 반영한다(Magid, 2002). 매지드의 경험은 명상 지도자의 기여가 명상이 오랜 심리적 어려움을 영속화하느냐 아니면 그것을 해결하기 위한 독립적인 심리치료적 노력을 지지하느냐를 결정하는 데 있어 얼마나 중요한가를 나타내고 있다.

물론 명상의 비치료적 힘에 관한 주장에는 상당한 역설이 존재한다. 4장에서는 여기서 확실히 부정되거나 간과되고 있는 친밀한 관계와 자기 기능의 영역에서, 마음챙김 수련이 임상적으로 유용할 것이라는 몇몇 예상을 보고했다. 이런 비판은 더 집중적인 형태의 명상 수련의 한계에 적용될 수 있다고 주장될 수 있다. 만약 마음챙김이 적절히 수행되어 내면의 사건(아무리 불쾌한 것이라도)을 방어적 회피의 대안으로서 면밀하게, 객관적이고 수용적으로 경험하는 것을 언제나 촉진할 수 있다면 상대적으로 (이런 비판으로부터) 자유로울 수 있다.

마음챙김의 결실에 관한 엥글러의 견해

이러한 주장이든 이에 반대되는 주장이든 오직 경험에 의해서만 결정될 수 있다. 그런 일을 잘할 수 있는 사람이 잭 엥글러다. 그는 심리치료사로서 그리고 통찰명상 지도자로서 오랜 개인적 경험을 가진 인물이다. 엥글러는 2장에서 설명했던, 서양과 동양의 마음챙김 명상가들의 인지에 관한 연구를 주도했던 인물이다. 이 연구에서 밝혀졌듯이, 엥글러는 서양 명상가들의 매우 느린 향상과 낮은 성취가 서양인들의 정서적, 심리적 내면 어려움이 마음챙김의 능력을 방해한 결과라고 보았다. 그는 이런 갈등이 상대적으로 적은 동양인들의 경우 훨씬 더 멀리, 훨씬 더 빨리 진보했다고 보았다. 엥글러는 그 연구의 발견에 대한 2차 분석에서 로르샤흐 투사검사법에 대한 연구 참여자들의 반응을 해석하는 전통적인 임상적 방법으로 되돌아감으로써 이 추론에 대한 지지를 발견했다(Brown & Engler, 1986).

심리치료사로서 엥글러는 인식의 조건화에 대한 전통적인 불교의 이해에 대해 서양 학생들에게 설명할 때 인지뿐만 아니라 정동의 참여(engagement)도 무시되지 않도록 배려했다. 환자와 학생들에게 심리적, 명상적 어려움의 동시 발생을 경험한 자신의 경험과 함께 엥글러는 심리치료와 명상의 건강에 대한 상대적 기여를 발달적 공식화하기에 이르렀다.

사랑과 일의 문제, 특히 관계 속에서의 신뢰와 친밀성의 문제는 단지 마음속의 생각과 느낌, 감각의 매순간의 흐름을 지켜보는 것만으로 해결될 수 없다. 이런 방법을 시도하는 학생들을 30년 동안 지켜본 결과 얻은 결론이다(Engler, 2003: 45).

20년 전 엥글러는 정신병리를 세 가지 독특한 유형으로 나누었다(Engler, 1986). 이것은 발달 순서를 나타내는 것으로 자아 기능의 서로 다른 유형의 관점에서 그 특징을 묘사할 수도 있다. 그는 처음 두 개 유형과 불교심리학 사이에는 어떠한 실질적 동등성도 없는 것으로 관찰했다. 왜냐하면 불교심리학은 심리적 발달에 관심이 없기 때문이다. 그러나 두 가지 모두 대부분의 서양 심리치료사들에게는 익숙하다. 첫 유형은 생애 초기에 자아와 타인의 차별화, 응집성 있는 자아 감각을 확립하는 데 있어서의 실패로 인한 것으로, 경계선 정신병리의 특징과 임상적으로 관련이 있다. 자아감의 영속성 상실, 극단적인 정동, 타인에 대한 매우 왜곡된 경험(타인에 대한 극단적이고 부적절한 반응과 연결된), 그리고 심지어 환각 현상도 전형적으로 나타난다.

두 번째 유형은 적극적으로 방어된 느낌 및 충동과 함께, 상대적으로 분화된 그리고 통합된 자아감이 존재하는 유형이다. 이것은 높은 수준의 불안을 경험하는 신경증적 정신병리와 관련이 있다. 환자의 느낌, 인식, 행동의 범위는 적응의 일환으로서, 의식으로부터 어떤 내용을 비교적 안정적으로 배제하는 것으로 제한된다. 세 번째 유형에 가서야 잘 분화되고 통합된, 그리고 상대적으로 효과적으로 기능할 수 있는 자아가 있다.

엥글러는 이 중 첫 번째 유형에서 명상과 치료에 관한 분명한 함의를 파악한다. 본질적으로 마음챙김 수련은 첫 번째 유형의 정신병리를 경감시키는 데 어떠한 역할도 하지 못한다. 왜냐하면 마음챙김의 드러내는 행위는 이런 종류의 성격 조직에 이미 존재하는 정체성의 혼란을 더 키우기 때문이다. 참여의 위험은, 매우 부서지기 쉬운 잔여(residual)의 자아구조가 아직 존재하는 상황에서, 반대되는 강렬한 정동과 충동이 드러나면 그 자아구조가 놀랄 것이라는 것이다. 엥글러는 이 사실을 인식하는 것이 무엇보다 중요하다고 말한다. 왜냐하면 이런 마음 상태로 고통받고 있는 사람들은 자신에게 부족한 평정과 초연함을 발견하려는 노력의 일환으로 명상을 찾을 것이기 때문이다. 엥글러는 그들이 집중 마음챙김 수련을 시작한다면 증가된 방향상실과 스트레스가 명상 지도자에 대한 극단적인 반응을 통해 표현될 것이라고 말한다. 명상 지도자들은 이런 상황에 매우 익숙할 것이다. 엥글러는 여기서 명상의 역할이 있다면, 그것은 환자가 다른 곳에 주의를 집중하도록 도움을 주고 안녕의 긍정적 감정으로 이어지도록 도움을 주는 집중수행의 형태일 것이라고 생각한다.

엥글러는 두 번째 상태에 대해서는 거의 언급을 하지 않는다. 마음챙김을 현명하게 사용하면 회피하던 내용의 재동화(reassimilation)를 통해서 잘 분화된, 그리고 통합된 자아를 회복할 수 있는 내면의 정신 재조직화로 이어질 것이라는 사실을 3장과 4장에서 살펴본 자료들이 보여 주고 있음에도 말이다. 그러나 엥글러가 언급을 하지 않은 것은, 명상이 신뢰, 친밀성, 성적인 바람과 관련된 갈등의 영역에서 어려움을 해결하는 데 있어 상대적으로 취약하다는 그 자신(그리고 술러)의 관찰에 비추어 볼 때 의미심장하다. 이것이 공격성과 자기주장의 표현을 둘러싼 몇몇 갈등에서 발견되는 것과 유사한 근본적 심리 패턴을 가질 수도 있지만, 나는 가장 친밀한 관계 문제가 치료자 혹은 치료 그룹과의 밀접한 관계가 없어도 혹은 치료 바깥의 실제적인 관계 경험이 없어도 해결될 수 있다고 생각하는 경험 많은 임상가를 아직 만나지 못했다. 그러나 여기서 마음챙김에 어떤 본질적인 치료 한계가 있느냐라는 질문은 엥글러가 언급하고 있는 집중 마음챙김 수련의 상황, 즉 유사 종교 환경에 의해 더 복잡해진다. 유사 종교 환경에서는 이런 종류의 어려움을 마음챙김 발견을 통해—다른 종류의 개인적 어려움에는 적용되지 않는 방식으로—직면하려는 시도를 더 복잡하게 만드는 친밀감과 성(性)에 관한 서로 다른 태도가 명백하게 혹은 암묵적으로 전달된다.

두 번째 종류의 자아로부터 일어나는 문제들에 대해 마음챙김의 가능한 역할이라는 전체 주제를 지나가면서 엥글러는 계속해서 전통적 지도자들의 전망에 다소 숙명론적으로 기울고 있다. 그는 서양 학생들의 진보가 빈약한 것을 내면에 대한 몰두와 연관시킨다. 그가 아시아 지도자를 방문해서 듣고 다른 곳에 인용했던 말이 꼭 들어맞는다. "많은 서양 학생들은 명상을 하지 않는다. 그들은 치료를 한다. 그들은 마음챙김을 가지고 깊이 들어가지 않는다." (Engler, 1986: 29)

사실, 발달적으로 구분되는 세 가지 상태를 설명하는 엥글러의 주된 목적은 세 번째 가장 발달된 상태의 특성을 강조하려는 것이다. 그리고 이것은 이번 장의 주제에 가장 중요한 것이기도 하다. 서양에서는 세 번째 상태, 즉 자아가 잘 분화되어 있고 통합되어 있으며 안정되어 보이는 상태가 정상적인 것으로(사실, 건강한 것으로) 간주한다. 엥글러에 따르면 그것은 비록 서양에서는 인식되지 않는 종류의 병리이긴 하지만, 독특한 형태의 병리다. 이슈는 '조건화된 상태' 중의 하나다. 거기서는 안정된 자아감과 그것이 대상에 대해 갖는 관계의 성취 자체가 문제를 구성한다. 심리치료적 언어로 바꿔 말하면, 이 자아는 불필요한 고착으로 인해 발달이 정지된 형태로 남는다. 엥글러는 마음챙김 명상을 이런 종류의 자아를 가지고 사는 데서 오는 고통을 경감하려는 목적을 가진 불교 내의 치료로 본다. 1장에서 불교심리학 범주의 관점에서 설명된 마음챙김의 효과는 심리치료적 용어로 말하면 "자아와 대상관계 발달을 다시 한 번 상대적 정체(arrest)의 관점으로부터 작동시키는 것"이라고 말할 수 있다(Engler, 1986: 48). 여기서 엥글러는 두 수련이 이 내면의 느낌을 성취한다면 그것은 서로 매우 다른 수단을 통해서라는 사실을 인정하는 한편, 정신분석에서 행하는 드러내기와 직접적으로 비교한다. 그에 따르면 마음챙김은 '자아'와 '대상'의 감각을 일으키는 재현 과정의 억선을 지켜봄으로써 작동한다. 그래서 이것들이 그 기초 요소로 해체될 수 있다. 이것은 세상이 나타나는 방식의 근본적인 역전이다.

보다 최근 엥글러(2003)는 자신의 발달적 관점의 한계를 인정한다. 조건화된 상태로부터 의도적으로 조건화되지 않은 상태를 얻을 수 있다는 생각은 본질적인 모순으로 인해 문제가 있다〔이 점에 관한 크리슈나무르티의 언급(208~209쪽 참조)〕. 분명히 정적인 자아와의 확실한 차이 때문에 엥글러는 콜타트(Coltart) 및 다른 이들과 함께 해방된 해체 자아('무아', '무심', '큰 마음' 등의 개념에 상응하는)가 반드시 일상적인 건강한 자아를 대체해야 하는 것은 아니라고 주장한다. 중요한 것은 완전히 자유로운 과정이 더 이상 방해받지 않는다는 것이다. 이것이 가장 중요해짐에 따라 건강과 괴로움의 기준 역시 이동할 수 있다. 엥글러는 마음챙김 경험이 증가하면서 어떻게 기쁨과 항구성(constancy)을 받아들이는 일상적 작용이 고통의 근원이 될 수 있는지 이야기한다.

> 이 자각의 상태에서, 기쁨과 고통에 대한 어떠한 접근/회피 반응도-끌림과 회피, 원함과 원하지 않음, 기쁨을 좋아하고 고통을 회피하는, 이것을 원하고 저것을 원하지 않는 등의 가장 단순한 반응이라도—그것의 특수한 목적과 대상에 관계없이—사건의 자연스러운 흐름을 방해하는 엄청난 고통, 그리고 잘못된 노력으로 경험된다. 분리된 그리고 지속적인 자아의 표상을 모으려는, 그리고 어떤 자아 표상을 '나'와 동일시하고 다른 것들은 '나 아닌 것'으로 밀어내려는 어떠한 시도도 순간순간의 구성개념의 흐름으로서의 자아-표상을 방해하고 되돌려 놓고 변화시키는 쓸모없고 괴로운 시도로 경험된다(Engler, 2003: 69-70).

무아(no-self) 상태의 어떤 기능 때문에 건강해진다는 것에 대해서는 이제 의문의 여지가 없다. 무아 상태가 선호되는 것은 그것이 우리 본성의 더 완전한 표현, 존재 그 자체와 일치될 수 있는 상태이기 때문이다. 그런 것이 논쟁거리가 될 수 없는 여기에는 하나의 의견이 존재하고 있다. 오직 경험만이 확신을 줄 수 있다는 것이다. 그러나 엥글러의 논문에 대한 스테판 미첼(Stephen Mitchell)의 반응이 보여 주는 바와 같이, 긍정적이고 초월적인 건강 개념에 공감하면서도 그러한 주장에 대해 회의를 가질 수 있을 것이다(Mitchell, 2003).

존재, 마음챙김 그리고 건강하다는 것

안녕에 대한 우리의 앞선 논의는 우리를 매슬로의 존재 세계의 흥미로운 문으로 데려갔다. 자아를 실현한 사람들의 자신과 현실에 대한 감각 변화와 쉽게 상호작용하고 주변 사람들에게 영감을 주는 능력은 절정 경험에 대한 그들의 개방성으로 표현된 인지적 변화와 관련이 있다. 매슬로는 이러한 절정 경험을 경험과 가치의 융합을 소개하는 것으로 설명한다. 그래서 자기실현을 한 사람들은 도덕적 의미에서 무엇이 본질적으로 좋은 것인지를 매우 분명하게 안다. '절정 경험'은 움직이는 모든 존재에 대한 지각에 관한 엥글러의 관찰과 잘 부합하는 놀라운 유동성과 생명력을 가지고 있다. 그러나 절정 경험은 엥글러가 절대적 몰입의 이상적 상태에 대한 인지된 방해와 연관 지어 보고한 고통스러운 민감성을 지니지 않는 것으로 보인다.

이러한 대조로부터 무언가 의미 있는 것을 창출할 수 있을까? 보고된 두 경험 모두에서 다루고 있는 한 가지는 이상과 가치다. 고양된 지각은 일상적인 사실/가치 구분의 개념에 도전하는 것으로 보인다. 예를 들면, 매슬로의 설명이 모든 상황에서 정확하다고 말하는 것이 아니다. 그것이 사건들에 정보를 주는 절대가치의 세계를 제공할 것이라는 예상은 상당히 안심이 된다. 그것은 그 자신의 인간 동기와 욕구에 대한 계층적 분석과 정확하게 일치한다. 실제로 그것은 플라톤의 존재론을 현대의 언어로 풀이한 뛰어난 21세기적 재해석이다. 그러나 아직도 대답해야 할 몇 가지 질문이 남는다. 매슬로의 심리학은 그가 관찰했던 것에 대한 해석이 아니라 자신의 필요에 대응해 만들어진 것일까? 매슬로의 제자였던 리차드 로리(Richard Lowry)는 이 연구에 대한 논평에서 절정 경험과 자기실현에 대한 매슬로의 연구는 동기에 대한 계층분류 작업이 그랬던 것처럼 지지를 얻지 못했다고 말한다. 로리는 매슬로가 자신의 자기실현 연구 지원자를 선택함에 있어서, 그가 개인적으로 이상화했던 사람들의 삶을 이해하려는 바람이 반영되어 있다는 사실을 스스로 인정했다는 것을 이야기했다(Lowry, 1999). 외부의 심리적 고려보다는, 이것이 매슬로의 지원자 평가 기준을 결정한 것으로 보였다. 자기실현을 한 사람들의 존경할 만한 특징은 그들 스스로가 어느 누구도 완전하게 들어맞지 않는 '이상형'(Weber의 의미에서)이었다는 사실이다. 게다가 매슬로가 건강이라는 개념으로부터 시작해서 건강한 사람이 공통적으로 갖고 있는 것이 B가치라는 것을 발견했다는 생각도 착각이었다. 로리가 말하듯이, 매슬로가 사실 연구에서 그 사람들을 선택한 이유는 그들이 B언어를 사용했기 때문이며, 다른 사람들은 건강 기준을 충족시켰음에도 그 언어를 사용하지 않았기 때문에 제외시켰다는 사실을 자신의 저널에서 인정했다. 존재(being)로서 제시된 것은 편견으로부터 나온 것이었다.

그럼에도 불구하고 가치를 내재된 어떤 것으로서 생각하는 매슬로의 견해는 다른 종류의 경험적 진실을 반영하는 것일지도 모른다. 마음챙김에서 드러내는 주의는 경험에 일상적으로 분명하지 않은 일관성의 형태를 부여하는 가치를 밝혀 주는 데 효과적인 것 같다. 명상가가 자신의 탐색이 진전되면서 실재에 대해 전할 수 있는 진실이나 지혜를 발견하고 있다고 믿을 때 이 일관성이 드러나는 것은 드문 일이 아니다. 진실이나 지혜의 발견은 그 발견이 '통찰'로 이어질 것이라는 기대가 광범위하게 받아들여진다면 더 고무될 수 있다. 물론 마음챙김/위빠사나 전통의 지도자들이 사물의 궁극적 본성에 관하여 직접적이고 직관적이며 비개념적인 깨달음의 성격을 강조하고 제자들의 언어적 표현을 만류하는 경향이 있긴 하지만 말이다. 개념적 통찰에 대한 엥글러의 설명에는 어떻게 되어야 한다는 놀라운 통찰이 있었다. 그가 보고한 고통의 감각은 이것과 일치하는 것이다.

본질적 가치의 감각은 거기서도 명백하다. 그러나 그것이 최종적으로 필요한, 존재의 절대적 속성을 반영하는 것일까? 아니면 명상가의 지각을 더 깊게 정화함으로써 해결되는 부수적인 것일까? 이 질문은 1장에서 이야기한, 개인적 변화에 있어서 마음챙김의 전통적 개념과 역할의 핵심으로 향한다. 거기서 우리는 『대념처경』의 마지막 절에서 마음의 내용을 마음챙김하는 것을 어떻게 다루는지를, 가르침 혹은 법(*dhamma*)의 관점에서 살펴보았다. 이 가르침들은 실재(신체적이고 심리적인)의 기본적 분류에 대한 언술로 구성된다. 그 실재라는 것은 '장애'나 '깨달음의 요소' 같은 언어가 암시하듯이, 가치와 분리될 수 없다. 그러나 이러한 요소들과 관련하여 명상가가 채택하는 접근법에 대해서 이 경전은 다소 모호하다. 1장에서 제공된 설명은 이 법이라는 영원한 진리에의, 일종의 순종이 요구된다는 보편적인 가르침을 반영한다(36~37쪽 참조). 지각은 그것과 일치해야 하고, 모든 경험은 그것의 범주와 합치하는 것으로 이해된다(2장에서 소개한 엥글러와 브라운의 투사검사법에 대한 동양 스승들의 반응은 이것의 좋은 예가 된다). 이것은 일상적 자아의 만족스러움에 날카로운 의문을 제기한, 많은 고귀하고 미묘한 가치들—건강과 관련된 가치를 포함하여—을 지지하는 질서의 초월적 감각을 확인해 줄 것이다.

그런데 이 경전에서는 정신적 대상을 다루는 것에 대해서도 볼 수 있다. 그것은 가장 간단한 것으로서 그 정신적 대상 속에서 심지어 법의 가르침조차도 자각에 나타나는 다른 어떤 것과도 전혀 다르지 않게 다루어진다. 법의 가르침의 일어남과 사라짐 속으로 깊이 들어가는 것이 과제다. 그 유혹이 아무리 크다 하더라도 더 이상 다른 어떤 대상 혹은 정신적 내용보다 더 뿌리를 내리도록 환영받지 않는다. 불교 사상 체계의 핵심이 담겨져 있는 사성제와 같은 마음의 대상은 가장 강인한 것이다. 그것은 다른 모든 것이 떨어져 나간 다음에도 여전히 수행자의 지각을 조건 짓는 것이다. 경전을 이렇게 다르게 읽고 나면 그것은 최후의 진리라기보다 최종적인 장애가 된다. 일단 그것들이 다른 어떤 대상처럼 경험될 수 있다면 마음챙김이 진정으로 확립된 것이다. 그때라야 아무런 제한이나 조건화가 없는 과정이 남게 된다.

그러한 상태를 표현하는 데 있어서 말은 매우 제한적인 도움만을 줄 수 있을 것이다. 탈연쇄(dechaining), 재감각(resensing), 탈중심화(decentering)라는(4장 참조), 분명히 구분 가능한 마음챙김의 심리적 기제로부터 추론함으로서 일단 자각이 더 자유로워지면 사물에 대한 경험의 무언가가 추론될 수 있다. 세 가지 활동 모두 이제는 어떤 구속 없이 자유롭게 인식의 반전을 가져온다. 각각의 요소는 아무리 작은 것이라도 그것 자체로 완전성을 갖게 된다. 생생하게 살아 있으며 상반되는 것들을 상호 침투하고 담아 낸다. 그리고 자각으로 세상에 가 닿는 관찰자 대신에 모든 것이 그 속에 담기는 비개인적 자각만이 있을 것이다. 이것에는 논리가 있다. 그리고 매슬로의 절정 경험과 B인지에 대한 관찰 몇 가지와(모두는 아니라 하더라도)도 공명한다. 그러한 인식의 변화가 실재에 대해 근본적으로 다른 관계를 가져온다면—이것이 바로 여기에서 '존재하는 것'에 관해 말할 때를 의미한다—무엇이 건강한 것이고 무엇이 건강하지 않은가에 관한 이전의 판단은 그 적절성을 잃게 될 것이다. 존재의 기반과 관련하여 조절이나 자율성이 표현하는 것과, 우리에게 친숙한 조건화된 세상의 맥락에서 설명되는 조절이나 자율성은 거의 공통점이 없다. 실제로 조절이나 자율성 같은 용어들이 다른 맥락에서 어떤 의미를 갖는다고 한다면 그것들이 어떻게 똑같은 것일 수 있겠는가.

만약 마음챙김이 그 수련자들을 완전히 자기 밖으로 이끌고 그들을 B가치가 스며들어 있는 비이원적 세계로 직접적으로 이끌어 준다면 건강의 문제에 대해 더 이상 별로 할 말이 없게 될 것이다. 낡은 기준이 적용될 필요가 없을 것이다. 하지만 마음챙김이 충분한 도구를 제공한다는 전통적인 가르침의 함의에도 불구하고, 이것이 반드시 그런 것은 아니다. 예를 들어, 클로닝거(Cloninger)는 마음챙김을 이런 종류의 세계(그의 명상적 수준에 상응하는)와 연결시키지 않았다. 그는 마음챙김을 자각의 일상적인 양식과 더 큰 내적 자유와 관련된 양식 사이의 과도기적인 세계와 연결시켰다. 감각경험의 다른 측면에 조율된, 그러나 여전히 관찰자로서 그것과 관계맺고 있는 약화된 자아감의 보유가 2장에서 보고된 경험 많은 마음챙김 지도자들과의 그룹 면접에서 확인되었다.

존 웰우드(John Welwood)는 심리치료 작업에서 자신의 광범위한 경험의 존재론적 함의에 대해 생각하기를 두려워하지 않은 또 한 명의 임상가다. 그의 '자아초월적' 견해는 마음챙김의 기초 이론을 끌어낸 테라와다 불교를 딴 불교 학파에 그 빚을 지고 있다. 그러나 웰우드(2000)는 클로닝거와 매우 유사한 자각의 범위를 인정한다. 웰우드의 범위에서도 마음챙김은 중간에 위치한다. 그의 접근법에서 특이한 것은 각 단계의 독특한 인지적 과정에 관한 설명이다. 그들은 다음과 같다.

1. **개념적 반성** 경험을 분명하게 하는 것(articulation)을 통해 분리감과 유연성이 성취된다.
2. **현상학적 반성** 언어에 걸리지 않는, 직접적이고 전(前)개념적인 경험에 대한 열림이 있다.
3. **반성적 주시** 여기서 '맨마음챙기는 주의(bare, mindful attention)'는 경험 속의 개별 대상보다 경험의 흐름에 주의를 기울인다.
4. **변형(transmutation)** 질적 변화로 더 거친 지각 내에서 삶과 지성에 대한 즉각적인 자각이 가능하다.
5. **지속적인 자기해방** 관찰자 자기의 생각이 사라짐으로써 통일적 현존 감각이 일어난다.

웰우드나 클로닝거의 구도 속에서 마음챙김이 갖는 중간적 위치는 마음챙김이 과도기 과정이라는 것을 보여 준다. 과도기 과정이라는 것은 더 미세한 자각의 양식에 대한 접근을 도와주는 것을 말한다. 그러나 여기서 고려되고 있는 개인적 발달에 있어서 마음챙김의 역할은 궁극적 해방이라기보다 과도기적인 성격에 가깝다. 이 위상은 건강 증진의 수련으로서, 또한 영적 수련으로서 마음챙김이 가지고 있는 모호한 현대적 이미지와 일치한다. 비범하게 날카롭고 열린 자각과 함께 평정과 고요의 자질을 키우는 데 있어 마음챙김은 회복과 수행이 선호되는 많은 문맥들에서 적응적인 것 같다. 이런 점에서 마음챙김은, 그 결과로 생겨나는 자각의 질은 약간 다르지만(그리고 마음챙김이, 그 정의상, 열릴 수 있는 상황의 무제한성에 있어서는 몰입과 많이 다르지만) 칙센트미하이의 '몰입'과 유사하다. 이처럼 발달상으로 과도기적인 마음챙김의 성격은 비록 마음챙김이 유능한 마음과 적응을 포함하는 것이긴 하지만 자율성의 다른 버전과 마찬가지로, 유능한 마음이나 적응으로 완전히 환원될 수 없는 개인적 성장의 형태를 증진시키는 잠재력을 지시한다. 동시에 이 잠재력은 '자기실현' 같은 유사한 발달과 똑같은 것이 아니다. 개인적 자율성에 대한 마음챙김의 기여가 무엇인지, 또 마음챙김의 한계로 남아 있는 것이 무엇인지 이해하기 위해서는 이 책의 두 기둥인 불교 이론과 과학에 의지해야 한다.

불교 이론은 무아(*anatta*)의 근본적 성격을 깨닫고 나면 개인 간 구별이 없어져 진정으로 안정된 균형 상태가 성취된다는 점을 매우 확실히 하고 있다. 심리적으로도 이것은 유능한 마음, 적응, 자율성 사이의 구분이 줄어들 뿐 아니라 완전히 사라지는 명백한 토대로 보인다. 그러나 우리는 1장과 5장에서 마음챙김이, 그 상호 관계 전체가 매우 복잡한 시스템의 한 구성요소로서, 어느 정도까지 그러한 상태를 실현하는 충분한 수단이 되어 줄 수 있는지에 대해 불교 내에서 필요한 다의성(多意性)이 있을 수 있다는 것을 살펴본 바 있다〔그 사례들은 마음챙김의 행동이 '분명한 이해'에 의해(39~40쪽 참조) 혹은 마음챙김을 계발하는 연습들이 보다 미묘하고 자아초월인 감정에 대한 이해를 키우는 다른 훈련들로 보완되는 수련(42쪽 참조)에 의해 보완될 필요성이 있다는 것이다. 다른 사례들도 더 인용할 수 있다〕.

과학에 대해서는 2장에서 다룬 마음챙김 명상가에 대한 질적, 생리적 연구로부터의 증거가 이 모호성을 보여 준다고 할 수 있다.

무아가 더 분명해진 상태에 접근하는 사람들에게서 얻은 발견으로부터 생각해 보면, 이것은 의식의 마음챙김 상태가, 그것의 변화적 힘과는 상관없이, 더 넓은 범위 안에서 중간 위치를 차지하고 있다는 견해를 지지한다. 게다가 마음챙김 수련과 정신과적 증상의 일치에 관한 2장과 4장의 관찰은 과학이 말하는 긍정적 정신건강으로 여겨지는 심리 상태와 대개 정신질환에 기인한 것으로 생각되는 다른 경험들 사이에 분명한 선을 긋지 않는다는 것을 의미한다.

불교의 떠어남 중의 하나는 영적 성취의 측면들을 인지적 용어로 표현될 수 있는 심리적 변화와 연결시켰다는 점이다. 이것은 이성을 존중하고 인간의 잠재력을 믿지만 이신론적(deist) 종교는 믿지 않는 서양인들에게 불교가 호소력을 갖는 이유다. 그러나 더 궁극적인 목적이 드러날수록 불교의 가치와 서양 심리학의 가치 사이의 간극은 더 분명해질 것이다. 서양 심리학이 아무리 '긍정적'이라고 할지라도 말이다. 마음챙김과 관련하여 긍정적 상태 혹은 존재의 질의 관점에서 건강을 생각하는 것은 반드시 도움이 되지 않는 듯하다. 그럼에도 우리는 아직 마음챙김의 기여 중 무엇이 가장 두드러지는지 밝혀내지 못했다.

건강, 자기이해 그리고 고통

이 시점에서 갈 수 있는 몇 가지 길이 있는 듯하다. 하나는 목적(건강보다 더 설득력 있는 목적은 별로 없다)과 그 목적이 마음챙김과 맺는 관계, 그리고 마음챙김을 키우는 수련에 점점 더 몰두하는 것이다. 샤피로 등(Shapiro et al., 2006)이 시작한, 가치에 따른 수련의 구별은 다른 결정 요인들과 더불어 이런 종류의 딜레마에 대한 중요한 반응이다. 우리는 2장에서 마음챙김의 분명한 통일성에 의문을 던지는 이런 상호 관계가 향후 경험적 탐색의 가치가 있으며, 또 그래야 한다는 것을 살펴보았다.

또 하나의 반응은 서양 고유의 변화 심리학의 몇몇 측면에 대한 회상을 선호하며, 건강이라는 목적의 탐험 가치에 대해 위에서 채택된 종류의 관점에서 질문을 제기하는 것이다. 우리가 3장에서 본 것처럼 마음챙김에 대한 관심은 불교 사상의 인기가 폭넓게 흥성하고 있는 것과 함께하고 있다. 그 결과 중 하나가 서구에서 불교 가르침에 대한 일반적인 참조가 점점 더 받아들여지고 있다는 것이다. 즉, 자아라고 하는 것은 하나의 환상이며 누구나 자기의 구원은 자기 스스로가 책임지고 있다는 생각이다. 이것과 함께, 그리고 그것이 다른 것에 미치는 실질적인 결과에도 불구하고, 자기기만의 더욱 불편한 세부 문제들이 검토되지 않은 채 지나갈 수 있다. 그러한 맹목성이 불교를 오해하는 것이든 아니든 간에 그것은 서구 심층 심리학을 통해 얻을 수 있는 교훈을 이해하거나 수집하지 못했다는 것을 의미한다. 정신분석과 분석심리학에 지식을 제공했던 생각들과 친숙하지 못하다는 것은 사람들이 자기 자신에게 더 맹목적일 수 있음을 의미한다. 예를 들어, 우리의 심리적 그림자(우리가 부정하는 모든 것으로 구성된)를 벗어나는 것이 우리의 신체적 그림자를 벗어나지 못하는 것만큼이나 가능하지 않다는 것이다. 그것은 또한 사람들이 그것을 다른 방식으로 발견하게 될 운명이라는 것을 의미한다.

빛나는 깨달음 상태를 얻는 것에 관한 환상을 통해서든, 모든 불편과 걱정을 마술처럼 날려 버릴 치료에 대한 꿈에서든 자기기만의 흔하고 널리 공유되는 측면 하나는 이상화에 대한 거의 끝없는 필요다. 마음챙김 현상은 건강에 대한 환상처럼 이 두 가지 방식 모두로 이상화될 소지가 있다. 역설적으로, 이상에 의해 끌려가는 것(순간순간의 자각에 머물지 않고)은 마음챙김을 무력화시키는 방법인 것 같다. 왜냐하면 점점 더 많은 이견이 열리기 때문이다. 이것은 불가피하다. 카밧진 같은 마음챙김 지도자들은 "우리는 우리의 마음, 그리고 마음이 보고 아는 능력을 계발하고 다듬을 필요가 있다. 어떠한 동기, 개념, 자각 없음의 습관이 만든 것을 인식하고 초월할 필요가 있다. 또 우리 자신이 얽혀 있는 어려움을 복잡하게 만든 것을 인식하고 초월할 필요가 있다."고 말한다(Kabat-Zinn, 2005: 62). 하지만 그러한 필요의 본질은 무엇인가?

건강에 관한 난국에 대한 세 번째 반응은 불교와 서구의 관점을 연결해 주는 이해와 수련의 대안적 토대를 찾는 것이다. 유력한 후보는 건강의 정반대가 되는 고통(suffering)이 될 것이다. 아마도 고통은 이 담색을 바쳐야 할 시점이다. 1장에서 우리는 불교 존재론의 가장 근본적인 가정이, 실재는 세 가지 피할 수 없는 속성—고통(*dukkha*), 무상(*anicca*), 무아(*anatta*)—을 갖고 있다는 것을 보았다. 건강에 대한 추구는 우리를 높은 무아의 경지로 점차 이끌었고, 고통을 포함한 다른 두 토대로부터는 멀어지게 만들었다. 이 추구는 또한 불교와 서양적 접근 사이의 남아 있는 차이점—양립 불가능까지는 아니더라도—을 더욱더 상기시켜 줄 뿐 아니라 마음챙김을 넘어서 가라고 위협했다. 대신에 만약 우리가 어떤 공통적 관심사가 두 전통—실질적 훈련으로서의 불교, 그리고 현대 심리치료의 기원인 실용철학의 서구 전통(Mace, 1999a)—에 동기를 부여하는지 묻는다면 우리는 고통으로 돌아가게 된다. 마음챙김을 가지고 작업하는 것은 현존과 고통의 특성에 대한 감각을 높여 준다. 고통에 대응하는 것의 중요성은, 마음챙김이 건강에 대한 보조수단이 되면서, 불교와 서구 수련 사이의 핵심적인 공통 토대이기 때문이다.

불교 이론에서 고통의 뿌리는 탐욕, 혐오, 미망에 있다. 이것들 각각의 임상적 중요성에 대한 인식이—다른 것들을 상대적으로 제외하고—현대 심리치료 내에서 각각 정신역동, 행동주의, 인지주의 움직임에 영감을 주었다고 말할 수 있다. 불교 관점에서 볼 때 탐욕, 혐오 그리고 미망은 서로 상호 의존적이다. 이것이 의미하는 것은 마음챙김을 완전히 체화시킨 치료 접근이라면 이 세 가지 모두를 가지고 작업하는 능력을 가져야 한다는 것이다. 현재로서 우리는 기존의 마음챙김에 근거한 치료가 그 기제에 있어 서로 다른 것처럼 보인다는 것을 보았다. 이러한 차이점은 특정 접근법의 특징으로 보이는 탈연쇄, 재감각, 탈중심화의 조합의 관점에서 분석될 수 있다. 이런 구성 행동들의 분석은 추론뿐만 아니라 경험에도 토대를 두고 있고, 임상적 효과에 대한 관찰과 가정 실험뿐만 아니라 내관(introspection)에 의해서도 지지받고 있다. 이 세 가지 행동 모델이 잠정적인 것이라고 아무리 증명되더라도 탈연쇄와 탐욕 사이의,

재감각과 혐오 사이의, 탈중심화와 미망 사이의 놀라운 보완성이 또한 존재한다. 이것들 각각은 나머지 하나에 대한 해독제다. 마음챙김에 근거한 치료 접근이 상당히 발전하기는 했으나, 그들 사이의 명백한 차이점과 한계는 다른 전통 심리치료와 마찬가지로 그들이 아직 정신 고통에 영향을 미칠 수 있는 잠재력을 완전히 실현하지 못했다는 것을 의미한다. 그렇게 하기 위해서는 향후 연구자들이 치료로부터 얻은 통찰, 이론, 과학 사이의 상호관련성에 대한 더 완전한 이해에 의존해야 할 것으로 보인다.

결 론

정신건강은 정신장애로부터의 자유(유능한 마음), 최적의 적응, 잠재력의 실현(자율성)으로 이해될 수 있다. 심리학과 생리학의 발달은 이 세 가지 긍정적 정신건강 개념을 상호 연결시키고 그것을 다른 형태의 자각과 연결시키는 안녕 모델을 그리는 것을 가능하게 하였다. '몰입' 현상은 건강한 상태라는 것이 그것의 주의적 특성(물론 그 범위는 제한되어 있지만)으로 구분될 수 있다는 것을 보여 주는 좋은 예가 된다. 마음챙김을 긍정적인 정신건강과 관련해서 보면, 그것을 엄격한 치료적 용도로 논의할 때와는 다른 마음챙김 기제들이 드러나게 된다. 정서장애를 예방하는 데 있어 마음챙김이 갖는 역할은 유능한 마음과 관련하여 중요한 것처럼 보인다. 적응에 대한 마음챙김의 잠재적 기여는 현재로서는 덜 분명하다. 마음챙김이 얼마나, 예를 들면 관계를 치유하는 데 기여할 수 있느냐에 대해서는 한계가 분명히 존재한다.

건강을 자기개발(self-development)로 생각하면 평범한 자아는 (그 정의상) 덜 건강한 것이 되는 심리학과 개인 심리학 사이의 차이가 강조된다. 물론 기존의 심리적 어려움이 그 과정을 더 복잡하게 만들 수도 있지만 마음챙김은 이 자아구조를 느슨하게 만드는(그러나 완전히 제거하지는 않는) 접근 가능한 방법을 제공하는 것인지 모른다. 이러한 종류의 발달은 건강한 것, 잘 적응하는 것에 대해, 매슬로의 존재 심리학이 말하는 것보다 덜 의존하게 된다. 건강을 보다 전통적인 영적 이상과 동일시하는 것은 안녕에 대한 불교와 서구적 접근 사이의 양립 불가능성을 폭로하는 것이다. 이런 모순은 마음챙김이 단지 고통을 직접적으로 자각하는 수단일 때—이것은 마음챙김이 현재까지 발견한 용도와 잘 맞는 결론이다—덜 분명해진다.

참고문헌

Albeniz, A. and Holmes, J. (2000). Meditation: concepts, effects and uses in therapy. *International Journal of Psychotherapy, 5,* 49-58.

APA (2004). *Diagnostic and Statistical Manual of Mental Disorders IVth edn (Text Revision).* Washington, DC: American Psychiatric Association.

Astley, N. (ed.) (2002). *Staying Alive.* Tarset: Bloodaxe.

Austin, J. H. (1998). *Zen and the Brain.* Cambridge MA: MIT Press.

Bach, P. and Hayes, S. H. (2002). The use of acceptance and commitment therapy to prevent the rehospitalisation of psychotic patients: a randomized controlled trial. *Journal of Consulting and Clinical Psychology, 70,* 1129-1139.

Bach, P., Gaudiano, B., Pankey, J. et al. (2006). Acceptance, mindfulness, values, and psychosis: applying ACT to the chronically mentally ill. In *Mindfulness-Based Treatment Approaches. Clinician's Guide to Evidence Base and Applications* (ed. R. Baer), New York: Academic Press, pp. 94-116.

Baer, R. (2006). Meditation, mindfulness, and psychological functioning in a sample of experienced meditators. In *4th Annual International Conference on Mindfulness in Medicine, Health Care and Society.* Worcester, MA.

Baer, R. A. (2003). Mindfulness training as a clinical intervention: a conceptual and empirical review. *Clinical Psychology: Science and Practice, 19,* 125-143.

Baer, R. A., Smith, G. and Allen, K. (2004). Assessment of mindfulness by self-report: the Kentucky Inventory of Mindfulness Skills. *Assessment, 11,* 191-206.

Becker, D. and Shapiro, D. (1981). Physiological responses to clicks during Zen, yoga and TM meditation. *Psychophysiology, 18,* 694-699.

Bion, W. (1970). *Attention and Interpretation.* London: Tavistock.

Bishop, S. (2002). What do we really know about mindfulness-based stress reduction? *Psychosomatic Medicine, 64,* 71-84.

Bishop, S., Lau, M., Segal, Z. et al. (2003). Development and validation of the Toronto Mindfulness Scale. In *International Meeting of the Society for Psychotherapy Research.* Weimar.

Bishop, S., Lau, M., Shapiro, S. et al. (2004). Mindfulness: a proposed operational definition. *Clinical Psychological: Science and Practice, 11,* 230-241.

Bloch, A., Shear, M., Markowitz, J. et al. (1993). An empirical study of defense mechanisms in dysthymia. *American Journal of Psychiatry, 150,* 1194-1198.

Bohdi, B. T. (2000). *Connected Discourses of the Buddha.* Boston, MA: Wisdom Publications.

Brazier, C. (2003). *Buddhist Psychology.* London: Robinson.

Brown, D. and Engler, J. (1986). The stages of mindfulness meditation: a validation study. In *Transformations of Consciousness* (Also in *Journal of Transpersonal Psychology* (1980), *12,* 143-192) (eds. K. Wilber, J. Engler and D. Brown). Boston, MA: Shambhala, pp. 161-191.

Brown, K. and Ryan, R. (2003). The benefits of being present: mindfulness and its role in psychological well-being. *Journal of Personality and Social Psychology, 84,* 822-848.

________ (2004). Perils and promise in defining and measuring mindfulness: observations from experience. *Clinical Psychology: Science and Practice, 11,* 242-248.

Buchheld, N., Grossman, P. and Walach, H. (2002). Measuring mindfulness in insight meditation (vipassana) and meditation-based psychotherapy: the development of the Freiburg Mindfulness Inventory (FMI). *Journal of Meditation and Meditation Research, 1,* 11-34.

Buddhaghosa, B. (1999). *Vissudhimagga or the Path of Purification* (trans. N. Thera). Seattle, WA: BPS Pariyatti Editions.

Carson, J., Carson, K., Gil, K. et al. (2004). Mindfulness-based relationship enhancement. *Behavior Therapy, 35,* 471-494.

________ (2006). Mindfulness-based relationship enhancement in couples. In *Mindfulness-Based Treatment Approaches: Clinician's Guide to Evidence Base and Applications* (ed. R. Baer), Burlington, MA: Academic Press, pp. 309-331.

Chadwick, P., Newman Taylor, K. and Abba, N. (2005). Mindfulness groups for people with psychosis. *Behavioural and Cognitive Psychotherapy, 33,* 351-359.

Charmaz, K. (2001). Grounded theory: methodology and theory construction. In *International Encyclopedia of the Social and Behavioural Sciences* (eds. N. Smeser and P. Baltes), Amsterdam: Pergamon, pp. 6396-6399.

Cloninger, C. (2004). *Feeling Good: The Science of Well-Being.* New York: Oxford University Press.

Cloninger, C. R. (1999). A new conceptual paradigm from genetics and psychobiology for the science of mental health. *Australian and New Zealand Journal of Psychiatry, 33,* 174-186.

Cloninger, C. R., Bayon, C. and Svrakic, D. M. (1998). Measurement of temperament and character in mood disorders: a model of fundamental states as personality types. *Journal of Affective Disorders, 51,* 21-32.

Coltart, N. (1992). Attention. In *Slouching Towards Bethlehem* (ed. N. Coltart), London: Free Association Books, pp. 176-193.

_________ (1998). Slouching towards Buddhism: in conversation with Anthony Molino. In *The Couch and the Tree* (ed. A. Molino), New York: North Point Press, pp. 170-182.

Csikszentmihalyi, M. (1990). *Flow: The Psychology of Optimal Experience.* New York: Harper & Row.

Davidson, R., Kabat-Zinn, J., Schumacher, J. et al. (2003). Alterations in brain and immune function produced by mindfulness meditation. *Psychosomatic Medicine, 65,* 564-570.

Dilbeck, M. and Bronson, E. (1981). Short-term longitudinal effects of the transcendental meditation technique on EEG power and coherence. *International Journal of Neuroscience, 14,* 147-151.

Dubois, R. (1966). *Man and His Environment: Biomedical Knowledge and Social Action.* Washington, DC: World Health Organization.

Dunn, B., Hartigan, J. and Mikulas, W. (1999). Concentration and mindfulness meditation: unique forms of consciousness? *Applied Psychophysiology and Biofeedback, 24,* 147-165.

Engler, J. (1986). Therapeutic aims in psychotherapy and meditation: developmental stages in the representation of the self. In *Transformations of Consciousness* (originally in *Journal of*

Transpersonal Psychology (1984), *16*, 25-61) (eds. K. Wilber, J. Engler and D. Brown), Boston, MA: Shambhala, pp. 17-51.

________ (2003). Being somebody and being nobody. In *Psychoanalysis and Buddhism* (ed. J. Safran), Boston, MA: Wisdom Publications, pp. 35-100.

Epstein, M. (1984). On the neglect of evenly suspended attention. *Journal of Transpersonal Psychology, 16*, 193-205.

________ (1996). *Thoughts Without a Thinker.* London: Duckworth.

________ (1999). *Going to Pieces without Falling Apart.* London: Thorons.

Fava, G. (2000). Subclinical symptoms in mood disorders: pathophysiological and therapeutic implications. *Psychological Medicine, 29,* 47-61.

Fennell, M. (2004). Depression, low self-esteem and mindfulness. *Behavior Research and Therapy, 42,* 1053-1067.

Fonagy, P., Gergely, G., Jurist, E. et al. (2002). *Affect Regulation, Mentalization and the Development of the Self.* New York: Other Press.

Freud, S. (1912). Recommendations for physicians on the psycho-analytic method of treatment. In *Standard Edition,* vol. 12, London: Hogarth, pp. 109-120.

________ (1914a). *The History of the Psychoanalytic Movement.* In *Standard Edition,* vol. 14, London, Hogarth, pp. 7-66.

________ (1914b). Remembering, repeating and working through. In *Standard Edition,* vol. 12, London, Hogarth, pp. 145-156.

________ (1920). Mourning and melancholia. In *Standard Edition,* vol. 14, London, Hogarth, pp. 243-260.

________ (1923). The ego and the id. In *Standard Edition,* vol. 19, London, Hogarth, pp. 3-67.

________ (1924). The economic problem of masochism. In *Standard Edition,* vol. 19, London, Hogarth, pp. 159-172.

Gaylord, C., Orme-Johnson, D. and Travis, E. (1989). The effects of the transcendental meditation technique and progressive muscle relaxation on EEG coherence, stress reactivity and mental health in black adults. *International Journal of Neuroscience, 46,* 77-86.

Gendlin, E. (1996). *Focusing-Oriented Psychotherapy.* New York: Guilford.

Germer, G. (2005a). Teaching mindfulness in therapy. In *Mindfulness and Psychotherapy* (eds. G. Germer, R. Siegal and P. Fulton), New York: Guilford, pp. 113-129.

________ (2005b). What is mindfulness? In *Mindfulness and Psychotherapy* (eds. G. Germer, R. Siegel and P. Fulton), New York: Guilford, pp. 1-27.

Germer, G., Siegel, R. and Fulton, P. (eds.) (2005). *Mindfulness and Psychotherapy.* New York: Guilford.

Gethin, R. (1995). *Basics of Buddhism.* Oxford: Oxford University Press.

Gibbs, G. (2002). *Qualitative Data Analysis: Explorations with NVivo.* Buckingham: Open University Press.

Gilbert, P. (2005). *Compassion.* London: Brunner-Routledge.

Goenka, S. (1988). *Satipatthana Sutta Discourses.* Seattle, WA: Vipassana Research Publications.

Goleman, D. (1988). *The Meditative Mind.* New York: Putnam.

________ (2003). *Destructive Emotions.* New York: Bantam.

Grossman, P., Niemann, L., Schmidt, S. et al. (2004). Mindfulness-based stress reduction and health benefits: a meta-analysis. *Journal of Psychosomatic Research, 57,* 35-43.

Gunaratana, H. (1992). *Mindfulness in Plain English*. Boston, MA: Wisdom Publications.

Guthrie, E. (2000). Psychotherapy for patients with complex disorders and chronic symptoms: the need for a new research paradigm. *British Journal of Psychiatry, 177,* 131-137.

Haidt, J. (2006). *The Happiness Hypothesis*. London: Heinemann.

Hanh, T. (2002). *Anger*. Ithaca, NY: Snow Lion.

Hanh, T. N. (1991). *The Miracle of Mindfulness*. London: Rider.

Hart, W. (1988). *The Art of Living: Vipassana Meditation as Taught by S. N. Goenka*. Igatpuri: Vipassana Research Institute.

Hassed, C. (2004). Bringing holism into mainstream biomedical education. *Journal of Alternative and Complementary Medicine, 10,* 405-407.

________ (2005a). Introducing MBSR into undergraduate medical education. In *Integrating Mindfulness-Based Interventions into Medicine, Health Care and Society*. Worcester, MA.

________ (2005b). Preliminary evaluation of the MBSR program of medical students. In *Integrating Mindfulness-Based Interventions into Medicine, Health Care and Society*. Worcester, MA.

Hayes, S., Strosahl, S. and Wilson, K. (1999). *Acceptance and Commitment Therapy*. New York: Guilford.

Helminski, K. (2000). *The Rumi Collection. An Anthology of Translations of Mevlana Jalaluddin Rumi*. Boston, MA: Shambhala.

Horney, K. (1951). The quality of the analyst's attention. In *Karen Horney: The Therapeutic Process* (ed. B. Paris), New Haven, CT: Yale University Press, pp. 186-190.

________ (1987). *Final Lectures* (ed. D. H. Ingram). New York: Norton.

Horowitz, M. (2002). Self- and relational observation. *Journal of*

Psychotherapy Integration, 12, 115-127.

James, W. (1927). *The Principles of Psychology* (3rd edn.). New York: Holt.

Johnstone, L. and Dallos, R. (eds.) (2006). *Formulation in Psychology and Psychotherapy.* Hove: Routledge.

Kabat-Zinn, J. (1990). *Full Catastrophe Living.* New York: Delta.

_________ (1994). *Mindfulness Meditation for Everyday Life.* London: Piatkus Books.

_________ (2005). *Coming to Our Senses.* New York: Hyperion.

Kabat-Zinn, J., Chapman, A. and Salmon, P. (1997). Relationship of cognitive and somatic components of anxiety to patient preference for different relaxation techniques. *Mind-Body Medicine, 2,* 101-109.

Kabat-Zinn, J., Massion, A. and Kristeller, J. (1992). Effectiveness of a meditation-based stress education program in the treatment of anxiety disorders. *American Journal of Psychiatry, 149,* 936-943.

Kant, I. (2003). *Critique of Pure Reason* (trans. N. Kemp-Smith). London: Palgrave-Macmillan.

Kasamatsu, A. and Hirai, T. (1966). An electroencephalographic study on the Zen meditation (zazen). In *Altered States of Consciousness* (3rd edn.) (originally published in *Folio Psychiatrica and Neurologica Japonica* (1966), *20,* 315-336) (ed. C. Tart), San Francisco: HarperCollins, pp. 581-595.

Keyes, C. (2003). Complete mental health: an agenda for the 21st century. In *Flourishing: Positive Psychology and the Life Well-Lived* (eds. C. Keyes and J. Haidt), Washington, DC: American Psychological Association, pp. 293-312.

Khantipalo, B. E. (1996). *A Treasury of Buddhist Stories from the*

Dhammapada Commentary (trans. E. R. Burlingame). Kandy: Buddhist Publication Society.

Kornfield, J. (1993). *A Path with Heart*. New York: Bantam Books.

Krishnamurti, J. (1986). *Commentaries on Living: Second Series*. London: Gollancz.

_________ (1988). *Commentaries on Living: First Series* (2nd impression). London: Gollancz.

Kristeller, J. and Hallett, C. (1999). An exploratory study of a meditation-based intervention for binge eating disorder. *Journal of Health Psychology, 4,* 357-363.

Kristeller, J., Baer, R. and Quillian-Wolever, G. (2006). Mindfulness-based approaches to eating disorders. In *Mindfulness-Based Treatment Approaches: Clinician's Guide to Evidence Base and Applications* (ed. R. Baer), Burlington, MA: Academic Press, pp. 75-91.

Kutz, I., Borysenko, J. and Benson, H. (1985a). Meditation and psychotherapy: a rationale for the integration of dynamic psychotherapy, the relaxation response, and mindfulness meditation. *American Journal of Psychiatry, 142,* 1-8.

Kutz, I., Leserman, J., Dorrington, C. et al. (1985b). Meditation as an adjunct to psychotherapy: an outcome study. *Psychotherapy and Psychosomatics, 43,* 209-218.

Lama, D. (1997). *Healing Anger: The Power of Patience from a Buddhist Perspective*. Ithaca, NY: Snow Lion.

Lancaster, B. (2004). *Approaches to Consciousness: The Marriage of Science and Mysticism*. London: Palgrave.

Langer, S. (1989). *Mindfulness*. Cambridge, MA: Da Capo.

Lazar, S., Kerr, C., Wasserman, R. et al. (2005). Meditation experience is associated with increased cortical thickness. *Neuroreport, 16,* 1893-1897.

Leary, M. (2004). *The Curse of the Self.* New York: Oxford University Press.

Lee, M. (2006). *Promoting Mental Health and Wellbeing in Later Life.* London: Mental Health Foundation and Age Concern.

Linehan, M. M. (1993a). *Cognitive-Behavioral Treatment of Borderline Personality Disorder.* New York: Guilford.

________ (1993b). *Skills Training Manual for Treating Borderline Personality Disorder.* New York: Guilford.

Linehan, M. M., Armstrong, H. E., Suarez, A. et al. (1991). Cognitive-behavioral treatment of chronically parasuicidal borderline patients. *Archives of General Psychiatry, 48,* 1060-1064.

Linehan, M. M., Comtois, K. A., Murray, A. M. et al. (2006). Two-year randomized controlled trial and follow-up of dialectical behavior therapy vs therapy by experts for suicidal behaviors and borderline personality disorder. *Archives of General Psychiatry, 63,* 757-766.

Lowry, R. (1999). Preface. In *Toward a Psychology of Being* (ed. R. Lowry), New York: Van Nostrand, pp. 1-20.

Lutz, A., Greischar, L., Rawlings, N. et al. (2004). Long-term meditators self-induce high-amplitude gamma synchrony during mental practice. *Proceedings of the National Academy of Sciences of the United States of America, 101,* 16369-16373.

Lynch, T. R., Chapman, A. L., Rosenthal, M. Z. et al. (2006). Mechanisms of change in dialectical behavior therapy: theoretical and empirical observations. *Journal of Clinical Psychology, 62,* 459-480.

Ma, S. H. and Teasdale, J. D. (2004). Mindfulness-based cognitive therapy for depression: replication and exploration of differential relapse prevention effects. *Journal of Consulting and Clinical Psychology, 72,* 31-40.

Mace, C. (ed.) (1999a). *Heart and Soul: The Therapeutic Face of Philosophy.* London: Routledge.

________ (1999b). Socratic psychotherapy. *Changes, 17,* 161-170.

________ (2002). Groups and integration in psychotherapy. In *Integration in Psychotherapy: Theory, Models and Practice* (eds. A. Bateman and J. Holmes), Oxford: Oxford University Press, pp. 69-86.

________ (2003). Psychotherapy and neuroscience: how close can they get? In *Revolutionary Connections* (eds. J. Corrigal and H. Wilkinson), London: Karnac, pp. 163-174.

________ (2006). Long-term impacts of mindfulness on psychological wellbeing: new findings from qualitative research. In *Dimensions of Well-Being* (ed. A. delle Fave), Milan: FrancoAngeli, pp. 255-269.

________ (2007). Mindfulness in psychotherapy: an introduction. *Advances in Psychiatric Treatment, 13,* 147-154.

________ (in press). Mindfulness and the technology of healing: lessons from Western practice. In *Self and No-Self* (eds. D. Mathes, M. Miller and P. Anzo), Hove: Routledge.

Magid, B. (2002). *Ordinary Mind.* Boston, MA: Wisdom.

Marcus, M., Fine, P., Moeller, F. et al. (2003). Change in stress levels following mindfulness-based stress reduction in a therapeutic community. *Addictive Disorders, 2,* 63-68.

Marlatt, G., Witkiewitz, K. and Dillworth, T. (2004). Vipassana meditation as a treatment for alcohol and drug use disorders. In

Mindfulness and Acceptance: Expanding the Cognitive-Behavioral Tradition (eds. S. Hayes, V. Follette and M. M. Linehan), New York: Guilford, pp. 261-287.

Martin, J. (1997). Mindfulness: a proposed common factor. *Journal of Psychotherapy Integration, 7,* 291-312.

Mascaro, J. (1973). *The Dhammapada.* Harmondsworth: Penguin.

Maslow, A. (1954). *Personality and Motivation.* New York: Harper.

_________ (1968). *Towards a Psychology of Being* (2nd edn.). New York: Van Nostrand Reinhold.

_________ (1976). Further notes on cognition. In *The Farther Reaches of Human Nature,* Harmondsworth: Penguin, pp. 249-255.

Mason, O. and Hargreaves, I. (2001). A qualitative study of mindfulness-based cognitive therapy for depression. *British Journal of Medical Psychological, 74,* 197-212.

Meldman, M. (1970). *Diseases of Attention and Perception.* Oxford: Pergamon.

Miller, J., Fletcher, K. and Kabat-Zinn, J. (1995). Three-year follow-up and clinical implications of a mindfulness meditation-based stress reduction intervention in the treatment of anxiety disorders. *General Hospital Psychiatry, 17,* 192-200.

Mitchell, S. (2003). Somebodies and nobodies. In *Psychoanalysis and Buddhism* (ed. J. Safran), Boston, MA: Wisdom, pp. 80-86.

Morgan, W. and Morgan, S. (2005). Cultivating attention and empathy. In *Mindfulness and Psychotherapy* (eds. G. Germer, R. Siegal and P. Fulton), New York: Guilford, pp. 73-90.

Nakamura, J. and Csikszentmihalyi, M. (2003). The construction of meaning through vital engagement. In *Flourishing* (eds. C. Keyes and J. Haidt), Washington, DC: American Psychological Association, pp. 83-104.

Nanamoli, B. (1964). *Mindfulness of Breathing (Anapanasati)* (2nd edn.). Kandy: Buddhist Publication Society.

Nanamoli, B. and Bodhi, B. (1995). *The Middle Length Discourses of the Buddha (Majjhima Nikaya).* Boston, MA: Wisdom Publications.

Neborsky, R. (2006). Brain, mind and dyadic change process. *Journal of Clinical Psychology, 62,* 523-538.

Nolen-Hoeksema, S. and Morrow, J. (1991). A prospective-study of depression and posttraumatic stress symptoms after a natural disaster—the 1989 Loma-Prieta earthquake. *Journal of Personality and Social Psychological, 61,* 115-121.

_________ (1993). Effects of rumination and distraction on naturally-occurring depressed mood. *Cognition and Emotion, 7,* 561-570.

Nussbaum, M. (1994). *The Therapy of Desire: Theory and Practice in Hellenistic Ethics.* Princeton, NJ: Princeton University Press.

Ogden, P. and Minton, K. (2000). Sensorimotor psychotherapy: one method for processing trauma. *Traumatology, 6*(3). www.fsu.edu/~trauma/v6i3/v6i3a3.html.

Oliver, M. (1986). *Dream Work.* New York: Atlantic Monthly Press.

Pagano, R., Rose, R., Stivers, R. et al. (1976). Sleep during transcendental meditation. *Science, 191,* 308-310.

Paykel, E. S., Scott, J., Teasdale, J. D. et al. (1999). Prevention of relapse in residual depression by cognitive therapy—a controlled trial. *Archives of General Psychiatry, 56,* 829-835.

Peterson, C. and Seligman, M. (2004). *Character Strengths and Virtues: A Handbook and Classification.* Washington, DC: APA/Oxford University Press.

Ramel, W., Goldin, P., Carmona, P. et al. (2004). The effects of mindfulness meditation on cognitive processes and affect in patients with past depression. *Cognitive Therapy and Research, 28,* 433-455.

Reibel, D. K., Greeson, J. M., Brainard, G. C. et al. (2001). Mindfulness-based stress reduction and health-related quality of life in a heterogeneous patient population. *General Hospital Psychiatry, 23,* 183-192.

Roemer, L., Salters-Pedneault, K. and Orsillo, S. (2006). Incorporating mindfulness- and acceptance-based strategies in the treatment of generalized anxiety disorder. In *Mindfulness-Based Treatment Approaches. Clinician's Guide to Evidence Base and Applications* (ed. R. Baer), Burlington, MA: Academic Press, pp. 52-74.

Rosenberg, L. (1998). *Breath by Breath: The Liberating Practice of Insight Meditation.* Boston, MA: Shambhala.

Rosenzweig, S. (2004). Integrating MBSR into a medical school curriculum. In *Integrating Mindfulness-Based Interventions into Medicine, Health Care and Society.* Worcester, MA.

Rosenzweig, S., Reibel, D. K., Greeson, J. M. et al. (2003). Mindfulness-based stress reduction lowers psychological distress in medical students. *Teaching and Learning in Medicine, 15,* 88-92.

Rowan, J. (2005). *The Transpersonal: Spirituality in Psychotherapy and Counselling.* Hove: Routledge.

Rumi (1994). *Say I Am You: Poems of Rumi* (trans. John Moyne and C. Barks). Athens, GA: Maypop Books.

Russell, B. (1955). *The Conquest of Happiness.* London: Allen & Unwin.

Safran, J. (1989). Insight and action in psychotherapy. *Journal of Integrative and Eclectic Psychotherapy, 8,* 233-239.

________ (ed.) (2003). *Psychoanalysis and Buddhism: An Unfolding Dialogue*. Boston, MA: Wisdom Publications.

Safran, J. and Segal, Z. (1990). *Interpersonal Process in Cognitive Therapy*. New York: Basic Books.

Salzberg, S. and Kabat-Zinn, J. (1997). Mindfulness as medicine. In *Healing Emotions: Conversations with the Dalai Lama on Mindfulness, Emotions and Health* (ed. D. Goleman), Boston, MA: Shambhala, pp. 107-144.

Schore, A. (1994). *Affect Regulation and the Origin of the Self: The Neurobiology of Emotional Development*. Hillsdale, NJ: Lawrence Erlbaum.

Schwartz, J., Stoessel, P., Baxter, L. et al. (1996). Systematic changes in cerebral glucose metabolic rate after successful behavior modification treatment of obsessive-compulsive disorder. *Archives of General Psychiatry, 53,* 109-113.

Segal, Z., Williams, J. and Teasdale, J. (2002). *Mindfulness-Based Cognitive Therapy for Depression*. New York: Guilford.

Semple, R., Lee, J. and Miller, L. (2006). Mindfulness-based cognitive therapy for children. In *Mindfulness-Based Treatment Approaches* (ed. R. Baer), New York: Academic Press, pp. 143-166.

Sethi, S. and Bhargaa, S. (2003). Relationship of meditation and psychosis: case studies. *Australian and New Zealand Journal of Psychiatry, 37,* 382.

Shapiro, D. (1992a). Adverse effects of meditation: a preliminary study of long-term meditators. *International Journal of Psychosomatics, 39,* 62-66.

Shapiro, D. H. (1992b). A preliminary study of long-term meditators-goals, effects, religious orientation, cognitions. *Journal of*

Transpersonal Psychology, 24, 23-39.

Shapiro, S. (2001). Poetry, mindfulness and medicine. *Family Medicine, 33,* 505-507.

Shapiro, S. and Schwarz, G. (1999). Intentional systemic mindfulness: an integrative model for self-regulation and health. *Advances in Mind-Body Medicine, 15,* 128-134.

Shapiro, S. L., Carlson, L. E., Astin, J. A. et al. (2006). Mechanisms of mindfulness. *Journal of Clinical Psychology, 62,* 373-386.

Shapiro, S. L., Schwartz, G. E. and Bonner, G. (1998). Effects of mindfulness-based stress reduction on medical and premedical students. *Journal of Behavioral Medicine, 21,* 581-599.

Shaw, R. (2004). The embodied psychotherapist: an exploration of the therapist's somatic phenomena within the therapeutic encounter. *Psychotherapy Research, 14,* 271-288.

Silananda, U. (2002). *The Four Foundations of Mindfulness.* Boston, MA: Wisdom Publications.

Simmonds, J. (2004). Heart and spirit: research with psychoanalysis and psychoanalytic psychotherapists about spirituality. *International Journal of Psychoanalysis, 85,* 951-972.

Singh, N., Wahler, A., Adkins, A. et al. (2003). Soles of the feet: a mindfulness-based self-control intervention for aggression by an individual with mild mental retardation and mental illness. *Research in Mental Disabilities, 24,* 158-169.

Smith, A. (2006). 'Like waking up from a dream'. Mindfulness training for older people with anxiety and depression. In *Mindfulness-Based Treatment Approaches* (ed. R. Baer), New York: Academic Press, pp. 191-215.

Sole-Leris, A. (1992). *Tranquility and Insight.* Kandy: Buddhist

Publication Society.

Speeth, K. (1982). On psychotherapeutic attention. *Journal of Transpersonal Psychology, 14,* 141-160.

Stigsby, B., Rodenberg, J. and Moth, H. (1981). Electroencephalographic findings during mantra meditation (transcendental meditation). A controlled, quantitative study of experienced meditators. *Electroencephalography and Clinical Neurophysiology, 51,* 434-442.

Strauss, A. and Corbin, J. (1990). *Basics of Qualitative Research: Grounded theory Procedures and Techniques.* Newbury Park, CA: Sage.

Suler, J. (1993). *Contemporary Psychoanalysis and Eastern Thought.* Albany, NY: State University of New York Press.

Symington, J. and Symington, N. (1996). *The Clinical Thinking of Wilfred Bion.* London: Routledge.

Teasdale, J. D. (1999). Emotional processing, three modes of mind and the prevention of relapse in depression. *Behaivour Research and Therapy, 37,* S53-S77.

Teasdale, J. D., Moore, R. G., Hayhurst, H. et al. (2002). Metacognitive awareness and prevention of relapse in depression: empirical evidence. *Journal of Consulting and Clinical Psychology, 70,* 275-287.

Telch, C., Agras, W. and Linehan, M. (2001). Treatment of binge eating with dialectical behaviour therapy. *Journal of Clinical and Consulting Psychology, 6,* 1061-1065.

Thera, N. (1965). *The Heart of Buddhist Meditation.* York Beach, ME: Weiser.

________ (1994). The power of mindfulness. In *The Vision of Dhamma* (2nd edn.) (ed. N. Thera), Kandy: Buddhist Publication Society, pp. 69-116.

Thera, P. (1974). *The Buddha's Ancient Path*. Kandy: Buddhist Publication Society.

Urbanowski, F. and Miller, J. (1996). Trauma, psychotherapy and meditation. *Journal of Transpersonal Psychology, 28,* 183-200.

Van der Kolk, B. (2002). Beyond the talking cure: somatic experience and subcortical imprints in the treatment of trauma. In *EMDR as an Integrative Psychotherapy Approach* (ed. F. Shapiro), Washington, DC: American Psychological Association, pp. 57-83.

VanderKooi, L. (1997). Buddhist teachers experience with extreme mental states in western meditators. *Journal of Transpersonal Psychology, 29,* 31-46.

VRI (1996). *Mahasatipatthana Sutta: The Great Discourse on the Establishing of Awareness*. Seattle, WA: Vipassana Research Institute.

Wallace, B. (2006). *The Attention Revolution: Unlocking the Power of the Focused Mind*. Boston, MA: Wisdom Publications.

Walshe, M. T. (1995). *The Long Discourses of the Buddha: A Translation of the Digha Nikaya*. Boston, MA: Wisdom Publications.

Weiss, M., Norlie, J. and Siegel, E. (2005). Mindfulness-based stress reduction as an adjunct to outpatient psychotherapy. *Psychotherapy and Psychosomatics, 74,* 108-112.

Welch, S., Rizvi, S. and Dimidjian, S. (2006). Mindfulness in dialectical behavior therapy (DBT) for borderline personality disorder. In *Mindfulness-Based Treatment Approaches: Clinician's Guide Evidence Base and Applications* (ed. R. Baer), Burlington, MA: Academic Press, pp. 117-142.

Wellings, N. and McCormick, E. (2006). *Nothing to Lose: Psychotherapy, Buddhism and Living Life*. London: Continuum.

Welwood, J. (2000). Reflection and presence: the dialectic of self-knowledge. In *Toward a Psychology of Awakening*, Boston: Shambhala, pp. 98-129 (also in *Journal of Transpersonal Psychology* (1997), *28*, 107-128).

Whyte, D. (1990). *Where Many Rivers Meet*. Langley, WA: Many Rivers Press.

Williams, J. and Swales, M. (2004). The use of mindfulness-based Approaches for suicidal patients. *Archives of Suicide Research, 8*, 315-329.

Williams, J. M. G., Teasdale, J. D., Segal, Z. V. et al. (2000). Mindfulness-based cognitive therapy reduces overgeneral autobiographical memory in formerly depressed patients. *Journal of Abnormal Psychology, 109*, 150-155.

Witkiewitz, K., Marlatt, G. A. and Walker, D. (2005). Mindfulness-based relapse prevention for alcohol substance use disorders. *Journal of Cognitive Psychotherapy, 19*, 211-228.

Wolfsdorf, B. A. and Zlotnick, C. (2001). Affect management in group therapy for women with posttraumatic stress disorder and histories of childhood sexual abuse. *Journal of Clinical Psychology/In Session, 57*, 169-181.

Yorston, G. (2001). Mania precipitated by meditation: a case report and literature review. *Mental Health, Religion and Culture, 4*, 209-213.

찾아보기

인 명

내용

저자 소개

크리스 메이스 Chris Mace

워릭 대학교 심리치료학과 명예 부교수
코번트리 워릭셔 영국 국가 의료서비스(NHS) 협동 재단 자문 심리치료사
현) 로열 대학 정신의학 심리치료학부장
관심 분야: 심리치료 통합
저서: 로트리지 핸드북인 『심리치료 평가의 예술과 과학』 『가슴과 영혼: 철학의 치료적 얼굴』 『심리치료에서의 증거』

역자 소개

안희영

컬럼비아 대학교 교육대학원 성인교육학 박사
CFM(미국 MBSR 본부) MBSR 지도자 인증 한국인 최초 취득
풀브라이트 교환교수(뉴욕 대학교)
현) 서울불교대학원대학교 심신치유교육 전공 교수
한국 MBSR 연구소 소장, 대한통합의학교육협의회 부회장
한국불교심리치료학회 운영위원
역서: 『마음챙김에 근거한 심리치료』(공역, 학지사, 2009)
『현재, 이 순간을 알기』(공역, 보리수 선원, 2009)
논문: A Phenomenological Case Study of the Practicum in Mindfulness-Based Stress Reduction: Insights into Mindfulness and Its Connection to Adult Learning, Mindfulness and Its Mechanism for Transformative Education, MBSR 프로그램의 불교 명상적 기반 등

마음챙김과 정신건강

—치료, 이론과 과학—

Mindfulness and Mental Health: Therapy, Theory and Science

2010년 8월 25일 1판 1쇄 인쇄
2010년 8월 30일 1판 1쇄 발행

지은이 • Chris Mace
옮긴이 • 안희영
펴낸이 • 김진환
펴낸곳 • (주) 학지사
121-837 서울특별시 마포구 서교동 352-29 마인드월드빌딩 5층
대표전화 • 02)330-5114 팩스 • 02)324-2345
등록번호 • 제313-2006-000265호

홈페이지 • http://www.hakjisa.co.kr
커뮤니티 • http://cafe.naver.com/hakjisa

ISBN 978-89-6330-395-6 93180

정가 15,000원

역자와의 협약으로 인지는 생략합니다.
파본은 구입처에서 교환해 드립니다.